# 2023
# 콘텐츠가
# 전부다

# 2023 콘텐츠가 전부다

노가영
김봉제
이상협

미래의창

# 머리말

정확히 작년 이즈음인가 보다. 《2022 콘텐츠가 전부다》의 대표 저자 머리말을 "사족이지만, 제2의 〈오징어 게임〉은 또 나온다"라고 맺었다. 그리곤 한 달쯤 지났으려나. 거짓말처럼 〈지옥〉이 넷플릭스 글로벌 TV쇼 1위(영어권 포함)를 차지했고, 해가 바뀌어 〈지금 우리 학교는〉과 〈이상한 변호사 우영우〉, 〈수리남〉이 K-드라마의 글로벌 바이럴을 계속 이어가고 있다. 2022년 9월 비영어권 작품 최초로 작품상을 받으며, 74년의 에미상 역사를 뒤집어 놓은 〈오징어 게임〉은 더 이상 무슨 말이 필요할까 싶다.

K-팝도 여전하다. BTS의 잠정적 (그룹) 활동 중단 소식이 전해진 지 얼마 지나지 않아, 2022년 10월 블랙핑크는 정규 2집 〈본 핑크Born Pink〉로 빌보드 200 차트와 영국 오피셜 차트 1위를 차지했으며, 선공개 곡이었던 '핑크베놈Pink Venom'은 공개 40일 만에 세계 최대 음원 플

랫폼 스포티파이Spotify에서 스트리밍 2억 회를 달성했다. 아시아의 여성 뮤지션으로는 최초의 기록이고, 전 세계로 보더라도 비욘세가 보컬로 속해있던 걸그룹 데스티니스 차일드Destiny's Child 이후 21년 만이니 또 한 번의 K-팝 기적을 만들어낸 셈이다. 최근 방콕에 다녀온 업계 지인이 방콕의 거리 구석구석을 도배하고 있는 NCT, 블랙핑크, 갓세븐, 트레저 등이 출연한 광고판을 페이스북에 올린 글을 봤다. "(광고판이) 너무 많아서 다 찍을 수가 없었다"는 본문의 이야기와 "여기가 강남역인지 시암인지 모르겠어요"라는 농담 반 진담 반의 댓글들은 K-팝의 열기가 식지 않고 있으며, 오히려 앞으로 더 나아가고 있음을 잘 드러내 준다.

그럼에도 불구하고 여전히 찝찝한 구석은 K-콘텐츠의 사업 주권이다. 익히 알려졌듯이 국내 제작사는 미국산 OTT에 콘텐츠를 제공하고 제작비의 10% 내외를 취하는 수수료 거래를 하고 있다. 다소 자극적인 표현이지만, 간단히 말해 '납품 거래'인 셈이다. 물론 혹자들의 표현처럼 글로벌 흥행을 만들어낸 K-스튜디오들의 기업 가치가 상승하고, 〈오징어 게임〉 황동혁 감독의 몸값이 치솟고, 배우 이정재가 한국을 벗어나 〈스타워즈〉 시리즈 〈어콜라이트The Acolyte〉의 주인공으로 캐스팅된 것 또한 크게 보면 한국의 입장에서는 커다란 이득이자 성과이며, 콘텐츠 판 전체를 관통하는 긍정적인 산업 변화라고 볼 수도 있다.

그러나 궁극적인 변화를 끌어내기 위해서는 콘텐츠가 일으키는 현재와 미래의 결괏값을 주도적으로 설계해야 한다. 그것이 바로 사업 주권이자 IP의 확보다. 그렇기에 최근 넷플릭스의 독주 체제가 끝나고 콘텐츠 판의 경쟁이 과열되며 (더 좋은 콘텐츠를 잡기 위해) OTT들이 IP를 스튜디오와 공동으로 소유해가는 움직임은 꽤 고무적인 현상이다.

사업 주권이 없는 거래는 오래가지 못한다. 그간의 글로벌 미디어 역사는 이를 분명히 보여줬다. 2019년 콘텐츠 제국 디즈니는 "넷플릭스에 콘텐츠를 공급하지 않겠다"라고 선포했으며, BTS로 지구를 한차례 정복한 하이브는 2018년 자체 플랫폼 위버스를 통해 팬덤 경제 사업을 시작했다. 디즈니와 하이브의 입장에서는 모두 본전 생각이 간절했을 것이다. 디즈니는 '내 콘텐츠로 왜 넷플릭스가 돈 버는 것 같지?', 하이브는 '내 콘텐츠(BTS)로 왜 유튜브만 이득을 보는 것 같을까?'라는 생각을 하지 않았을까.

그런 측면에서 작금의 K-콘텐츠 산업에서 가장 건강한 생태계는 누가 뭐래도 웹툰이다. 미국과 일본, 프랑스 등에서 플랫폼과 콘텐츠가 동시에 진입하며, 글로벌 만화 시장에서 1~2위 사업자로 확실히 자리매김했다. 2013년 일 매출 10만 원 시절을 버텨온 카카오페이지(현 카카오엔터테인먼트)와 — 지금 생각하면 마냥 거짓말 같다 — 2014년 '웹툰'이란 단어도 없던 미국에 진입한 네이버가 10년도 채 지나지 않아 이뤄낸 성과다. 네이버 웹툰 미국 서비스의 콘텐츠 총괄 담당자의 말을 빌리자면, 미국 만화 업계의 양대 산맥 중 하나인 DC코믹스(슈퍼맨, 배트맨 등)가 먼저 K-웹툰 플랫폼에 협업을 요청하고, 좋은 집과 차를 사는, 이른바 성공한 20대 현지 작가들이 나오고 있으며, (자기 작품을) 웹툰에 연재하는 것이 꿈이라는 미국의 틴에이저들이 적지 않다고 하니 감개무량할 따름이다. 여기에는 기존의 것을 놓지 않으려는 미국과 일본의 배부름이 역으로 득이 된 것도 사실이다. 이들은 한국과 달리 2020년에 이르러서도 전체 만화 시장에서 출판 만화의 비중이 80%에 달하는 시장의 특성으로 인해 변화에 절실하지 않았다. 디지털 트랜스포메이션 역량이 충분한 국가들임에도 태세 전환에 속도를 내지 않았고, 한국은 그 절묘한 틈을 찾아내 제대로 공략했던 것이다.

가진 자들의 오류라는 측면에서는 2012년 파산 보호 신청을 한 코닥KODAK의 최후도 떠오른다. 코닥은 1975년 세계 최초로 디지털카메라를 개발했으나 필름 장사를 버리기에는 돈을 넘치게 벌고 있었고 사업 전환에 대한 내부 반발도 심했다. 1981년 소니가 디지털 카메라를 출시했을 때도 주저했고, 캐논과 니콘의 디지털 대응 역시 바라보기만 하더니 결국 마지막 진입 시기마저 놓쳐버린 것이다.

이러나저러나 K-웹툰은 코닥의 딜레마에 빠졌던 미국의 코믹스와 일본의 망가 덕에 철옹성 같던 그 시장을 야금야금 차지해가고 있는 셈이다. 콘텐츠와 플랫폼 모두에서 사업 주권을 갖고 '웹툰'이라는 생경한 장르를 전 세계에 전파한 점은 지극히 추앙받을 만하며 여타의 K-콘텐츠 산업들이 참고해볼 지점이다.

2022년 여름, 극장용 블록버스터 영화인 〈한산〉은 725만 명이라는 어마어마한 수의 관객을 동원했다. 보통 극장에서 내려온 영화는 IPTV에서 유료 결제로 서비스되는데, 우리는 대한민국에서 700만 명 이상이 본 흥행작 〈한산〉을 KT의 IPTV 서비스인 지니TV(전 올레TV)로 볼 수 없다. 쿠팡플레이가 여름 블록버스터 2편 〈한산〉과 〈비상선언〉의 독점 방영권을 확보했기 때문이다(쿠팡플레이는 IPTV 3사와 여타의 OTT

들에서 발생할 매출을 영화의 투자배급사에 전부 보전해줬다). 이 두 작품은 'OTT 오리지널'이 아니다. 1년에 1~2편 나올까 말까 하는 '모두의 흥행 영화'를 이제 IPTV에서 보려야 볼 수 없는 코미디가 발생한 것이다. 이는 IPTV의 20년 역사상 최초의 일이며, 이제 시장은 '오리지널 전쟁'에서 '수급 전쟁'으로 치닫고 있음을 보여주는 단적인 사례다.

글로벌 경제 매체 《블룸버그》는 "OTT 블록버스터 시대가 개막했다"라고 말했다. 실례로 2022년 가을 전 세계의 매체들은 '반지와 용의 싸움'에 집중하고 있다. 무슨 말인가 하면, 아마존 프라임 비디오는 〈반지의 제왕〉 시리즈의 수천 년 전의 이야기인 〈반지의 제왕: 힘의 반지The Lord of the Rings: The Rings of Power〉를, HBO맥스는 〈왕좌의 게임〉 시리즈의 200년 전 이야기인 〈하우스 오브 드래곤House of the Dragon〉을 단 열흘 차이를 두고 나란히 공개한 것이다. 특히 〈반지의 제왕: 힘의 반지〉의 경우 제작비가 6,600억 원 — 2021년 아마존 수익의 0.15%에 불과하다고 한다 — 으로 알려졌는데, 이는 〈오징어 게임〉을 33번 만들 수 있는 천문학적인 돈이다. 방영 첫날, 단 하루 만에 〈하우스 오브 드래곤〉은 1천만 명이, 〈반지의 제왕: 힘의 반지〉는 2,500만 명이 시청하며 한치의 의심 없이 OTT 블록버스터 시대가 시작됐음을 증명해냈다. 이를 두고 미국 대중문화지 《버라이어티Variety》는 "1936년 영국 BBC가 TV 방송을 시작한 이래 가장 큰 전쟁"이라고 보도했다. 매년, 올여름 영화 시장의 승리가 디즈니인지 폭스인지를 구경하던 언론의 시선이 아마존과 HBO맥스의 싸움으로 옮겨간 것이다. 〈하우스 오브 드래곤〉의 공개 첫날, 틱톡과 유튜브에서 순식간에 퍼져나간 '수백 개의 아파트 창문에서 새어 나가는 TV 불빛' 영상✦을 보면, 머지않아 OTT가

'거실 TV'의 또 다른 말이 돼있지 않을까 싶기도 하다.

길고 긴 팬데믹은 인간관계의 범위를 '나와 친밀한 사람들'로 축소하며 디지털 커뮤니티의 시대를 낳았고, 이 커뮤니티를 응집하는 본질은 다름 아닌 '개인의 취향'이다. 우리는 이러저러한 커뮤니티에 자의 반 타의 반으로 소속돼 있으며, 거대한 관중이 아닌 취향이 맞는 주변인과의 디지털 관계만으로 '사람 본연의 삶' — 인간人間의 의미 역시 '사람과 사람 사이에서 사회를 이루며 사는 고등동물'이다 — 이 가능하다는 것을 체득했다. 그리고 동시에 자신에게 더 집중하게 됐으며, 스스로가 콘텐츠가 될 수 있다는 것 또한 알게 됐다. 즉, 개인이 더 깊어지는 현상이다. 혹자는 일본의 저명한 전략 컨설턴트이자 작가인 야마구치 요헤이山口揚平가 "미래 경제의 중심은 물건이 아닌 '동료Peer'가 될 것이며 언젠가는 소사이어티Society라는 단어가 커뮤니티Community로 대체될 것"이라 예측한 것에 대해 급진적이라고 했으나, 최근 일련의 흐름은 여기서 한 발짝 더 나아가 이제는 '커뮤니티를 지나 개인의 시대로 전환'되고 있음을 분명히 보여주고 있다.

바야흐로 개인의 시대다. 이는 소비 행태적으로 미디어 산업의 다양한 분야에 영향을 주고 있다. 필자가 몸담았던 극장 산업에는 극장과 배급 종사자들이 십수년간 체득해온 산업의 법칙 같은 게 있다. 흔히 박스오피스라고 하는 영화 스코어score 예측법이다. 목요일 스코어

✦ SNS에서 퍼져나간 영상의 제목은 "All of these apartments watching 'Thrones' at the same time"으로 같은 시간대에 대부분의 가구가 〈하우스 오브 드래곤〉을 시청하고 있음을 뜻한다.

에 1.2배를 곱하면 토요일 스코어고, 토요일 스코어는 금요일 스코어의 2배 정도가 나온다. 또 개봉 둘째 주는 첫째 주 스코어에서 30% 정도가 하락한다(입소문이 좋지 않은 영화들은 40~50%가 하락하기도 한다). 그런데 오늘날의 극장 판에서는 이 암묵적인 법칙이 전혀 들어 맞지 않는다.

왜 그럴까? 우선 디지털 플랫폼의 과잉 공급으로 극장 관객이 줄어든 탓이다. 법칙이 작동하기엔 판이 작아졌다는 뜻이다. 그런데 더 정확히는 이제 대중이 자신의 취향을 알고 자기 주도적으로 콘텐츠를 선택하기 때문이다. 과거 콘텐츠 선택의 폭이 넓지 않았을 때 우리는 콘텐츠 공급자(극장, 배급사)의 마케팅에 따라 이리저리 휩쓸려 다녔다. 그저 주어진 콘텐츠를 열심히 소비했던 것이다. 그런데 이제는 극장용 영화는 물론, 각종 OTT와 유튜브에서 쏟아내는 콘텐츠까지 모두 포함해 그중에서 내가 볼 콘텐츠를 주도적으로 선택하고 있다.

한편, 좋은 콘텐츠의 극장 수명은 오히려 길어져 개봉 첫째 주의 성적만으로 최종 흥행 여부를 예측하기 어렵게 됐다. 스코어 예측법대로라면 관객 300만 명에서 그쳤을 〈탑건: 매버릭〉이 한국 시장에서 최종적으로 800만 명의 관객을 동원하는 기염을 토한 것이 좋은 사례다.

개인들의 취향이 모여 문화가 되고 트렌드를 만들며 산업을 움직이는 것. 이것이 곧 개인의 시대다.

북미에서 2017~2018년경부터 꿈틀거리던 '크리에이터 이코노미' 또한 더 깊어지고 있다. 크리에이터 이코노미는 내 콘텐츠에 돈을 지불하는 1천 명의 팬만 있으면 디지털 세상에서 경제 활동이 가능하며,

팬이 크리에이터의 콘텐츠를 (누군가를 통하지 않고) 직접 구독하는 생태계를 의미한다. 그렇다면 강한 팬덤을 보유한 크리에이터 집단은 내 콘텐츠를 관리하고 나 대신 영업해줄 타인의 도움이 절실하지 않게 될 것이다. 내 수익을 누군가와 나눌 필요도 없어진다. 이 지점이 바로 크리에이터와 플랫폼 사이에서 고군분투하는 MCN 사업자들의 어려움이다.

크리에이터 이코노미는 디지털 콘텐츠 산업의 규모화와 가치 상승에 따른 트렌드지만, 그 기본 철학은 '나의 노동으로 남이 수익을 올리는 것에 대한 불합리함'에서 출발했고 이는 바로 웹 3.0시대의 근간 중 하나다. 결국 크리에이터 이코노미의 본질은 개인의 독립이다. 참 아이러니하게도 인간다움의 부재를 우려하는 디지털 문명에서도 이처럼 인류의 생태계는 보편적인 사고의 틀에서 더 공정한 게임으로 흐르고 있다. 이것이 곧 디지털 문명 시대의 지향점이라면, 다가올 인공지능 및 메타버스의 미래도 인류가 최우선시되는 방향으로 흐를 테니 너무 두려워하지 않아도 될 것이다.

넷플릭스의 광고 요금제 도입이 예상보다 빠르게 진행되고 있다. 2022년 11월, 한국을 포함한 12개국에서 월 6.99달러의 가격으로 우선 출시한다(국내 광고주 시장에서 유튜브의 잠식력을 감안할 때 그들의 잠재적인 경쟁 집단은 TV 방송국보다는 유튜브와 페이스북이 될 것으로 보인다). 결국 넷플릭스마저도 수십 년간 기성 미디어를 먹여 살려온 올드 비즈니스(광고)를 조명한 셈이다.

콘텐츠의 포맷도 달라지고 있다. 두세 시간짜리 오리지널 무비는 넷플릭스의 'Short-Ass Movie' 섹션 등과 같이 한두 시간으로 짧아졌으며, '1시간, 12부작' 드라마는 '30분, 24부작' 드라마로 더 가벼워져간다. 지금은 넷플릭스조차 올드 TV처럼 그들이 '할 수 있는 모든 것을 해야만 하는' 처지가 된 것이다. 이러한 상황에서도 2022년 국내 이용자들의 넷플릭스 결제액은 1조 원을 넘어선다는 전망이다. 넷플릭스가 웬만한 국내 지상파 방송사만큼 매출을 낸다는 말이다(한국방송통신위원회의 〈방송사업자 재산상황 공표집〉에 따르면 2021년 기준 각 방송사의 매출은 MBC가 7,797억 원, SBS가 8,581억 원이었다).

최근 5년간 북미 기준 2,200만 가구가 유료 방송 TV 상품을 해지했다. 미국 외 국가들의 TV 방송은 (자국의 스트리밍이 아닌) 미국발 스트리밍 서비스들에 정복당해간다. 결과적으로 넷플릭스와 아마존 프라임비디오, 디즈니플러스, HBO맥스 등 서비스 과잉 공급은 OTT 시장의 출혈 경쟁을 낳았고(이 와중에 넷플릭스는 2022년 3분기에는 240만 명의 가입자가 다시 증가했다) 전 세계의 '콘텐츠 몸값' 상승으로 이어졌다. 콘텐츠와 크리에이터, 스튜디오의 가치 상승은 본서에서 수년째 펼쳐온 대담론이지만, 이젠 더 나아가 레거시 플랫폼은 죽고 콘텐츠는 사는 시대가 됐다.

2022년 9월, 글로벌 3대 아트페어인 '프리즈Frieze'가 한국에 상륙했다. 관련해 미술 업계는 아시아 미술 시장의 허브이던 홍콩의 역할을 한국이 대체하고 있다고 분석하는데 이 같은 손에 잡히는 실적 — '프리즈 서울'은 프리즈의 본고장인 영국 다음으로 큰 매출을 기록했다 — 외에도 한국인과 한국 시장 특유의 역동성에 주목하고 있다. 그 행간을 유추해보자면 문화 예술 콘텐츠에 진심인 개인 크리에이터들과 기관 및 기업 간의 유기적인 패러다임, 그리고 이를 받아들이는 구매자들의 빠른 속도를 중요한 요소로 여기고 있는 것이다. K-콘텐츠 역시 마찬가지다. K-콘텐츠의 글로벌 신드롬과 탄탄한 입지는 실리콘밸리의 OTT 공룡들에 기대어 있음을 인정하나, 이를 지금의 K-프리미엄으로 완성한 것은 오롯이 우리들이다.

K-콘텐츠는 더 비상할 것이다.

K-콘텐츠의 시작인 '한글'날

대표저자 노가영

✦ K-콘텐츠

넷플릭스의 어닝 쇼크와 비용 감축? 이러나저러나 넷플릭스의 선택과 집중은 또 아시아와 K-콘텐츠가 될 전망이다! 74년의 에미상 역사를 뒤집은 〈오징어 게임〉에 이어 〈지우학〉, 〈우영우〉, 〈수리남〉까지 진짜 한국의 이야기를 시작한 K-콘텐츠의 위력을 알아본다.

✦ 광고 품은 OTT

곧 저가형 광고 상품을 출시할 예정인 넷플릭스와 디즈니플러스. 이는 OTT 서비스의 성장 정체인가, 아니면 가입자 땅따먹기 게임인가. 구독 경제와 광고 모델 그 절묘한 틈에서 미래형 OTT들이 맞이할 새로운 판을 엿본다.

✦ K-예능

넷플릭스 CEO인 리드 헤이스팅스는 〈솔로지옥〉의 흥행을 두고 "전 세계가 한국의 데이팅 리얼리티 쇼 앓이를 하고 있다"고 말했다. 영화와 드라마를 넘어서 이제는 예능이다. '런닝맨 - 꽃할배 - 복면가왕 - 너목보 - 스우파 - 솔로지옥'으로 이어진 K-예능의 레전드 포맷과 OTT 날개를 단 'K-예능'의 미래를 살펴본다.

✦ 유튜브 예능 천국

TV 예능 판을 휘젓던 스타들이 이주한 유튜브 신대륙. 스타 PD와 작가들은 왜 지금 유튜브로 이동하는가.

✦ 숏폼 전성시대

이제 '소셜 네트워크'가 아닌 '보급형 OTT'가 되어가고 있는 SNS. 틱톡을 비롯해, 유튜브 쇼츠, 인스타그램 릴스 등 우리가 숏폼에 열광하는 이유를 분석하고, 다양한 기업과 브랜드들이 이를 어떻게 활용하고 있는지 알아본다.

✦ 코믹숏무비, 스케치 코미디

'짧은' 영상으로 스토리텔링을 완성하고 '긴' 웃음을 선사하는 스케치 코미디가 유튜브를 점령했다. 숏폼에 새로운 한 획을 그은 스케치 코미디의 매력 포인트를 알아보고, '너덜트', '숏박스', '싱글벙글' 등 대세 디지털 크리에이터 군단들의 인기 요인을 면밀하게 들여다본다.

### ✦ K-웹툰

네이버와 카카오를 필두로 한 K-웹툰 플랫폼이 미국, 일본, 프랑스 등 글로벌 만화 앱 시장을 점령하고 있다. 일본의 망가와 미국의 코믹스가 주름잡던 만화 시장을 파고들어 글로벌 독자를 사로잡을 수 있었던 비결은 무엇일까? 원작의 출발지에서 콘텐츠의 종착지가 된 K-웹툰은 앞으로 어떤 미래를 그리고 있을까?

### ✦ K-스토리

한국 웹소설에서 시작된 K-스토리가 웹툰과 결합하며 전 세계로 비상 중이다. 〈나 혼자만 레벨업〉, 〈내 남편과 결혼해줘〉 등 독보적인 노블코믹스의 탄생과 IP 확보에 총력을 기울이는 기업들의 미디어 믹스 전략을 들여다본다.

### ✦ 콘솔 대란과 이스포츠

한국은 콘솔이 안 된다고 누가 그랬나? 국내 콘솔 시장의 확장과 어떤 분야보다 급변하고 있는 이스포츠 산업을 점검하고 콘텐츠 활용 전략을 제언한다.

### ✦ 서브컬처

소수만이 즐겼던 서브컬처 문화가 더 이상 소수의 것이 아니게 됐다. 모바일 게임 '우마무스메 프리티 더비'의 성공과 함께 콘텐츠 전반에 스며든 서브컬처 트렌드와 국내 서브컬처 게임 시장의 현주소를 알아본다.

### ✦ 소셜 메타버스

유튜브, 인스타그램, 틱톡을 지나 '소셜 메타버스의 시대'에서 수익을 창출하는 법을 배운다. 글로벌 IT 공룡들의 뒤를 이어 속속들이 등장하고 있는 다양한 메타버스 플랫폼에서 '크리에이터 이코노미'는 어떻게 구현될까?

### ✦ 버추얼 인플루언서

가상현실에서 살아가는 버추얼 인플루언서들은 현실의 공간에서 더욱 산업화돼 가고 있다. 전 세계 200여 명이 넘는 버추얼 인플루언서들이 이제는 메타버스를 넘어 SNS로 이주해 우리의 일상에 스며들고 있다. 우리 곁에서 '현실의 인플루언서'로 살아가는 그들의 잠재성을 분석해본다.

# 목차

## 2 CHAPTER 런닝맨 - 복면가왕 - 너목보를 지나 OTT 날개 단 K-예능



## 3 CHAPTER 어느 날 인스타에서 내 지인들이 사라졌다

## 4 CHAPTER 원작의 출발지에서 콘텐츠의 종착지가 된 K-웹툰



## 5 CHAPTER K-게임, 제2의 비상을 준비하다

# 6 CHAPTER 가장 현실적인 가상현실, 메타버스

CHAPTER

# 1

# K-콘텐츠를 넘어 진짜 한국의 이야기가 시작된다

# OTT 주가 쇼크부터 디즈니의 마블 피로도까지

2022년 3월, 제94회 아카데미 시상식에서는 '윌 스미스의 펀치 한 방'이라는 두고두고 회자될 역대급의 해프닝이 있었다. 전 세계의 포털에서는 '윌 스미스' 검색량이 폭발했고, 이후 냉랭해진 LA 돌비 극장 현장은 대미의 마지막 시상만을 남겨두고 있었다. 잠시 후, 아카데미 최우수 작품상의 영광은 유력 후보였던 〈파워 오브 도그The Power Of the Dog〉를 제치고 애플TV플러스의 오리지널 무비인 〈코다CODA〉에게 돌아갔다. 〈코다〉는 작품상 외 남우조연상과 각색상까지 3관왕을 차지했는데, 당시 전 세계 매체들이 대서특필했듯 이는 OTTOver The Top 영화 최초의 아카데미 작품상 수상이었으며, 그 주인공이 넷플릭스도 디즈니플러스도 아닌 애플TV플러스라는 점은 화제가 되기 충분했다. 물론 아카데미 작품상이라는 왕관이 매출에 직접적인 기여를 하는 건 아니지만, 그동안 OTT로 지구를 정복한 마냥 요란한 행보를 보였던 넷플

출처: 애플TV플러스

OTT 영화 최초로 아카데미 작품상을 수상한 애플TV플러스의 〈코다〉. 이렇게 애플은 넷플릭스와 디즈니에 우아한 한방을 날렸다.

릭스나 디즈니 제국과는 달리 고고한 자세로 몇 안 되는 오리지널 콘텐츠를 제공해왔던 애플이 날리는 우아한 한방이었다.

지금껏 애플은 OTT를 한다면서도 가입자 증가가 신통찮던 것에 대해 태연하게 처신해왔다. 하긴 독보적인 글로벌 시가총액 1위 기업이 OTT 가입자 수 따위에 일희일비하는 것이 어불성설일지도 모르겠으나, 그렇기에 더욱 이번 〈코다〉의 아카데미 3관왕은 애플TV플러스를 향한 지극히 애플스러운 프리미엄 마케팅이 된 셈이다. 고액 과외 한 번 받지 않고 조용히 공부하던 학생이 소리소문없이 전교 1등의 자리를 거머쥔 그런 우아함이다. 거기다 《뉴욕타임스》 베스트셀러 소설 원작의 오리지널 드라마 〈파친코PACHINKO〉까지 큰 기대감을 모으며, 연이어 소설 바이럴을 만들어내는 데 성공했다. 이를 통해 애플은 더 이상 오리지널이라는 수식어가 넷플릭스와 HBO만의 전유물이 아니라는 것, 그리고 OTT 판의 넷플릭스 독식에도 대변화가 일어나리라는 것을 서서히 예고하고 있었던 셈이다.

## 제동 걸린 OTT, 고공행진 멈출까?

2022년 4월, 넷플릭스는 지난 1분기 실적에서 유료 가입자 수가 20만 명 줄었음을 발표했는데(전체 가입자 수는 2억 2,164만 명), 이는 그동안 쾌속 질주를 계속해오던 넷플릭스가 11년 만에 마주한 첫 가입자 감소였다. 물론 우크라이나 침공 이후 러시아에 넷플릭스 제공이 중단된 것과 북미 지역의 OTT 경쟁 심화가 가져온 자연스러운 가입자 땅따먹기가 주요 원인이겠으나, 이는 자연스럽게 어닝 쇼크로 이어지며 넷플릭스의 주가는 대폭락했다. 뉴욕 증시 정규장에서 4월 20일 단 하루 만에 주가 35%가 폭락하고 540억 달러(약 75조 원)에 달하는 시총이 증발했다. 넷플릭스의 주가 하락과 더불어 지금까지도 지속되고 있는 인플레이션 심화는 OTT와 빅테크 기업으로 번지며 디즈니, 워너미디어, 메타(구 페이스북), 아마존, 애플 등의 주가 하락으로 이어졌다(코로나19 팬데믹 때 고평가된 플랫폼들의 가치 조정과 이들의 과열 경쟁이 가져온 불가피한 수순으로 해석된다).

한편, 팬데믹 시기 '디지털 세상에선 뭘 해도 (사람이) 모인다'던 언택트 신드롬도 점차 시들해져 가는 모양새다. 2022년 3월 29일은 OTT 업계뿐 아니라 전 세계 뉴스 방송의 메카인 미국의 TV 방송국에도 기념비적인 날이었다. 뉴스 저널리즘의 중심인 CNN이 폭스뉴스FOX News 등에서 활약하던 스타 앵커들을 대거 영입해 5.99달러(약 8,400원)짜리 뉴스 전용 OTT인 CNN플러스를 출시한 것이다. 게다가 "4년간 10억 달러(약 1조 4천억 원)를 투자해 뉴스, 다큐멘터리, 여행, 요리, 라이프스타일 등 오리지널 라이브 콘텐츠를 생산하겠다", "이젠 뉴스 앵커가

### 전 세계 OTT 가입자 수(누적)

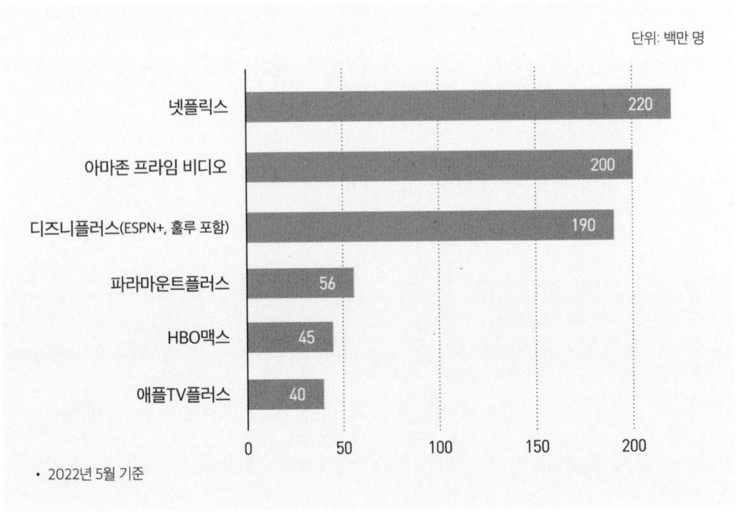


출처: Company Filing, Direct Media Han

### 2022년 1분기 OTT별 시장 점유율

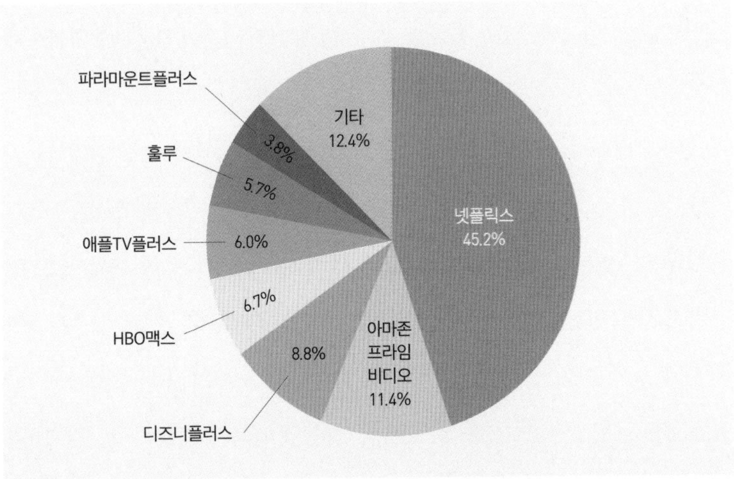


출처: Parrot Analytics

넷플릭스 독주 체제는 끝나가는가? 글로벌 OTT 판의 가입자가 분산되고 있다.

출처: CNN플러스

출시 1개월 만에 서비스 종료를 선언한 CNN 플러스.

아닌 뉴스 크리에이터라고 불러야 한다"라는 야심 찬 포부도 던졌으니 한마디로 '시사 뉴스 버전의 넷플릭스'가 되겠다고 선언한 셈이다. 그러나 막상 결과는 지지부진했다. 돈 들어가는 구석이 너무 많은 시청자들은 뉴스라도 공짜로 보고 싶다는 생각이었는지, 일 시청자 수는 1만 명을 오락가락했다. 결국, 1980년 CNN 개국 이후 가장 큰 투자였던 OTT 사업은 그렇게 '30일짜리 셧다운'이라는 오명을 뒤집어쓴 채 폐지됐다. (필자가 CNN플러스 개국일에 구매한 그들의 첫 오리지널 뉴스쇼 〈5 Things with Kate Bolduan〉의 29초짜리 영상 NFT Non Fungible Token도 그렇게 허공에 날아갔다.)

슈퍼 IP 제국인 디즈니가 OTT를 한다고 나섰을 때 전면에 내세웠던 건 바로 마블과 픽사라는 양대 축이었다. 이는 〈어벤져스〉나 〈토이 스토리〉 등 더 이상의 부연 설명이 불필요한 레전드 콘텐츠를 오롯이 디즈니플러스에서만 볼 수 있다는 뜻이자, 2시간짜리 극장용 영화에는 다 담기지 않는 마블 히어로들의 독립된 서사가 드라마 시리즈로 탄생할 것임을 의미했다. 두말할 것 없이 전 세계의 마블 시네마틱 유니버스MCU 팬들은 흥분했다. 그런데 출시된 지 3년이 채 되지 않은 지금 — 한국은 1년째다 — 무슨 일이 벌어지고 있는가. 필자는 강연이나 포럼에서 "디즈니플러스의 등장으로 마블 피로도Marvel Fatigue가 시작됐다"라는 이야기를 종종 듣게 되는데, 아직은 모두가 각자의 논리를 앞세울 뿐인 이 '썰'에는 대체로 두 가지 시각이 존재한다.

2000년대 초반 미국의 금융회사인 메릴린치Merrill Lynch가 마블 코믹스에 종이 만화책의 영상화를 제안하고 2008년 〈아이언맨〉이 개봉한 이래, 마블은 팝콘을 먹으며 아이맥스 스크린으로 즐기는 극장 영화의 상징이었다. 극장에서 1년에 고작 1편, 많으면 2편 정도가 감칠맛 나게 개봉하던 그 마블이 디즈니플러스와 만나면서 종류도 편수도 과잉 공급되기 시작한다. 마블의 콘텐츠가 365일 24시간 손에 닿을 수 있게 된 것이 좋은 건지 아닌지는 마블 덕후들에게조차 의견이 갈리는 듯하다.

게다가 디즈니의 작품들은 OTT에서 드라마 시리즈를 봐야 극장 영화의 스토리가 온전히 이해되는 유기적인 구성을 취하고 있다. 쉽게 설명해, 2021년 연말 디즈니플러스에 공개된 〈완다비전Wanda Vision〉과 〈왓 이프What If〉의 9회차 에피소드를 모두 섭렵해야 2022년 5월에 극장에서 개봉한 〈닥터 스트레인지: 대혼돈의 멀티버스Doctor Strange in the Multiverse of Madness〉를 이해할 수 있는 식이다. 그야말로 확장성 있는 슈퍼 IP들과 어마어마한 기술력 및 제작력, 그리고 이를 서비스할 플랫폼을 모두 가진 자만이 할 수 있는 부러운 전술이다. 소비자가 극장과 OTT를 양자택일해 결국 두 플랫폼이 제로섬 게임이 되지 않도록, 즉 극장과 OTT 매출이 윈윈win-win할 수 있도록 만드는 것이다. 말 그대로 '세계관의 확장은 OTT 드라마에서 상세히 공부하고 극장에서는 즐기라'는 것인데, 문제점은 이러한 'OTT 예습 - 극장 엔터테인먼트' 구조가 마블 영화에 대한 피로감이 쌓이게 한다는 것이다. 다 가진 자의 영리한 전략이지만, 지극히 공급자 중심임은 분명하다. 물론 이러한 예습마저도 즐겁게만 느껴지는 최상위 덕후들에게는 해당 사항이 없겠지만 말이다.

출처: The Comic Book Cast LLC

극장과 OTT를 모두 잡겠다는 지극히 공급자 중심의 디즈니 전략은 '마블 피로도'를 가져왔다.

영화 〈아바타〉를 연출한 제임스 카메론 감독이 2018년 SF 다큐멘터리 〈AMC 비저너리AMC Visionaries〉를 소개하는 자리에서 "나 역시 마블 영화를 좋아하지만, 2시간 내내 싸우면서 도시를 파괴하는 슈퍼 히어로물만 계속 반복되다 보면 머지않아 '어벤져스 피로감'이 올 수 있으니 다른 무언가가 필요하다"라고 우려했던 것과 생각의 출발점은 다르지만 '콘텐츠의 (일방적인) 충분함enough'이라는 측면에서 본질은 같다고 해석된다.

이와 동시에 디즈니는 할리우드 자본 시스템이라는 굴레 안에서 신규 유입(마블 비기너)을 지속적으로 늘려야 하는 미션도 있다. 그래서인지 2022년 7월 개봉한 〈토르: 러브 앤 썬더Thor: Love and Thunder〉 같이 독한 OTT 예습이 필요 없는 편안한 코미디도 공개하는데, 아이러니하게도 이 같은 '팝콘 무비'는 혹평을 쏟아내기 좋은 먹잇감이 되기도 한다.

넷플릭스의 독주만 막으면 될 것 같던 OTT 시장에 후발주자들이 대거 유입되고 이에 따라 가입자가 분산되면서, 이러나저러나 디즈니 역시 사용자를 확보하기 위해 전력을 쏟아부어야 하는 상황이다.

이처럼 지금 OTT 세상은 사업자들에게 무척이나 험난하고 곤욕스럽다. 설상가상 전 세계가 한 차례 방역의 끝을 보고 서서히 포스트 코로나로 접어들기 시작하면서, 같은 OTT 플랫폼이나 극장, TV 채널만이 아닌 '인간의 외출'과도 경쟁해야 하는 시대에 봉착한 것이다. 그럼에도 불구하고 결국 그들의 치열한 밥그릇 싸움은 더 좋은 콘텐츠와 서비스로 이어질 테니, 시청자는 환호하고 비평하며 마음껏 즐기면 된다.

# 넷플릭스의 선택과 집중은 아시아와 K-콘텐츠

2021년 가을, 전 세계의 미디어는 〈오징어 게임〉이 가져온 넷플릭스의 주가 상승과 한화 25조 원에 달하는 시총 상승에 대해 떠들어댔다. 이와 동시에 한국 시장에서는 '앞으로 넷플릭스가 K-드라마에 더 많이 투자하고, 그러면 K-콘텐츠 몸값은 더 높아지겠지'라며 꽃길만 걸으리라 예상했다. 그런데 2022년 현재 상황은 어떤가. 전 세계는 넷플릭스의 어닝 쇼크와 연결 지어, OTT 산업의 성장 정체를 우려한다. 2022년 7월을 기준으로 넷플릭스의 주가는 지난해 〈오징어 게임〉 효과로 최고치(691.69달러)를 찍었을 때와 대비해 채 30%도 안 되는 수준이니 말 그대로 폭락이다. 이는 올해 상반기 미국 증시의 시총이 9조 달러 증발한 와중에도 눈에 띄는 하락 폭이다.

넷플릭스 주가 폭락의 표면적인 이유는 가입자 감소다. 2022년 1분기와 2분기에 각각 20만 명, 97만 명에 달하는 가입자가 감소했다(참고

### 넷플릭스의 2021년 4분기 주가 상승과 2022년 1~2분기 주가 급락

로 2분기의 경우 애초의 예측이었던 200만 명 감소보다는 꽤 선방했으며, 3분기에는 다시 240만 명이 증가했다). 물론 더 본질적인 문제는 동종 사업자들의 대거 등장이다. 십수년간 넷플릭스와 아마존 프라임 비디오가 끌어가던 OTT 판에 디즈니플러스, HBO맥스, 애플TV플러스, 파라마운트플러스 등 수많은 서비스가 등장하며 그야말로 지금은 OTT가 발에 채는 시대가 됐다. 이러한 과열 경쟁 시장에서 80억 명이라는 세계 인구는 정해져 있고 그들이 '콘텐츠'에 쓸 수 있는 시간과 돈은 한정적이므로, 넷플릭스의 가입자가 끝없이 늘어난다는 것은 애당초 불가능하다. 냉정하게 말해 넷플릭스의 독주 시대는 끝났다. 어쩌면 지금은 2018년에 넷플릭스 CEO 리드 헤이스팅스가 "우리는 지금 고객의 잠(수면)과 경쟁해야 한다"라고 했던 말장난을 모든 OTT 업체에서 신중하게 되짚어봐야 하는 시점인지도 모른다.

## 넷플릭스의 비용 감축, K-콘텐츠는 열외?

이런 상황에서 넷플릭스는 즉각 몇 가지의 비용 감축안을 발표하고 시행 중이다. 우선, 2022년 5~6월에 걸쳐 직원 450명을 해고했고 "주주들의 돈을 현명하게 쓰겠다"라는 계획을 강하게 밝혔다. 그간 "고액의 보수를 지급하고 업계 최고가 되도록 연봉을 계속 인상해줘라", "넷플릭스는 (별도의) 경비 승인이 없다" 등 세상에서 플렉스Flex에 가장 힙Hip했던 회사가 하루아침에 천하의 스크루지 영감이 된 것이다. 다만, 이 지점에서 넷플릭스가 말하는 '돈을 현명하게 쓴다'의 맥락은 다시 한 번 짚어볼 필요가 있다.

넷플릭스가 어떤 회사인가. 2008년 스트리밍 사업을 시작한 후 가입자 수 증가보다 콘텐츠 투자액 증가 속도가 가팔랐고, 할리우드 출신이 아니라는 핸디캡은 전년도의 '수익'이 아닌 '매출'의 70~80%를 다음해에 오롯이 콘텐츠에 투자하는 무모함으로 극복하며 '콘텐츠 최우선주의'를 지켜왔다. 그렇다면 그들이 말하는 비용 감축과 현명한 투자는 결국 '선택과 집중'으로 귀결되리라 유추할 수 있다. 즉, 지역적인 선택과 내실의 집중이다. 2022년 상반기 넷플릭스의 어닝 쇼크는 11년 만에 처음으로 감소한 1분기 가입자 실적이 직접적인 원인이었다. 그런데 같은 기간, 아시아 지역의 가입자는 오히려 110만 명이 증가했다. OTT 가입자 비율이 아직 성숙기에 접어들지 않아 정복할 인구가 남아있는 땅 역시 아시아와 EMEAEurope, the Middle East and Africa(동유럽과 아프리카)다. 그리고 익히 알려진 대로 K-드라마의 제작비는 미국 드라마의 10분의 1 수준이고, 〈오징어 게임〉, 〈지옥〉, 〈이상한 변호

### ∗∗∗ 넷플릭스 가입자 순증 추이

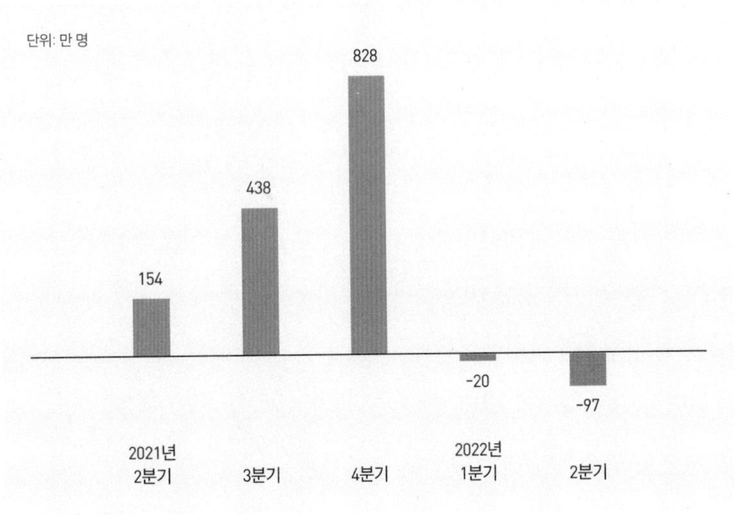


출처: 넷플릭스

### ∗∗∗ 넷플릭스 콘텐츠 투자 추이

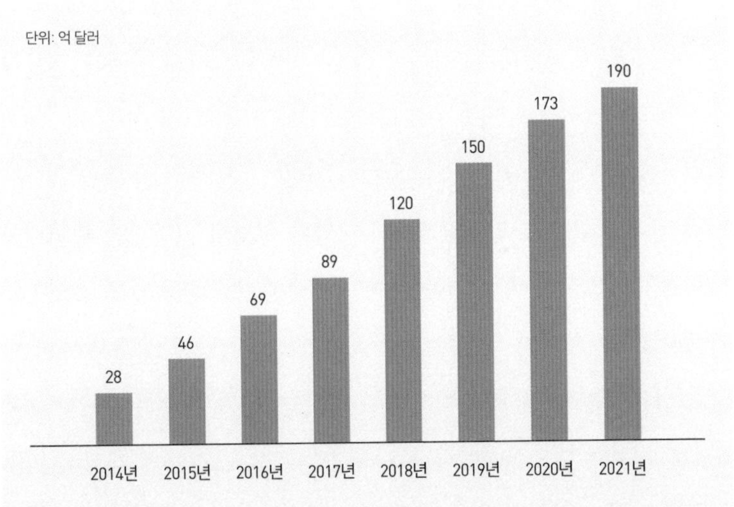


출처: 넷플릭스

사 우영우〉 등 K-콘텐츠는 이미 아시아와 북미, 유럽까지 포괄하며 콘텐츠 시장에서 효자 역할을 톡톡히 하고 있다.

그렇다면 선택과 집중의 타깃은 당연히 아시아 지역, 그리고 K-콘텐츠가 될 것이다. 넷플릭스의 첫 한국 콘텐츠 투자는 2017년 공개된 봉준호 감독의 영화 〈옥자〉로 알려져 있다.(엄밀하게는 브래드 피트가 설립한 '플랜B엔터테인먼트'라는 미국 제작사의 작품이므로 한국 감독이 미국 배우와 한국 배우들을 캐스팅해 만든 미국 콘텐츠로 보는 것이 정확하다.) 이후 2018년 이지은(아이유) 주연의 〈페르소나〉, 2019년 〈좋아하면 울리는〉, 2020년 〈킹덤〉과 〈인간수업〉 등으로 이어지며 2021년 5,500억 원, 2022년 8천억~1조 원(추정)으로 투자 규모가 지속해서 늘어나고 있다.

한편, 앞서 언급한 선택과 집중의 초점을 굳이 아시아와 K-콘텐츠에 맞추지 않더라도 2021년 넷플릭스가 〈오징어 게임〉으로 벌어들인 직간접적인 수혜를 따지고 들면 — 넷플릭스에 따르면, 내부적으로도 〈오징어 게임〉을 넷플릭스의 최대 TV쇼로 평가하며 〈오징어 게임〉이 공개된 2021년 3분기에만 신규 가입자 440만 명이 증가했다고 한다. 경제적 효과는 1조 605억 원으로 추산된다 — 리드 헤이스팅스가 꽤 오랜 기간 한국 콘텐츠에 공을 들일 것이라는 사실은 자명해 보인다. 게다가 그 관심은 K-예능으로도 확장됐다. 그동안 디즈니플러스나 쿠팡플레이에 비해 K-예능은 약하다는 평이 거슬렸던 걸까. 2022년 7월에는 보란 듯이 '한국 예능 상견례'라는 쌈박한 이름의 오프라인 행사를 열어 앞으로는 한두 달에 1편씩 새로운 K-예능 오리지널을 공개하겠다는 전략과 콘텐츠 라인업을 대대적으로 발표했다. 이쯤 하면 넷플릭스의 주가 하락이나 비용 감축이 K-콘텐츠와는 별다른 상관관계가

**넷플릭스의 한국 콘텐츠 투자액 추이**

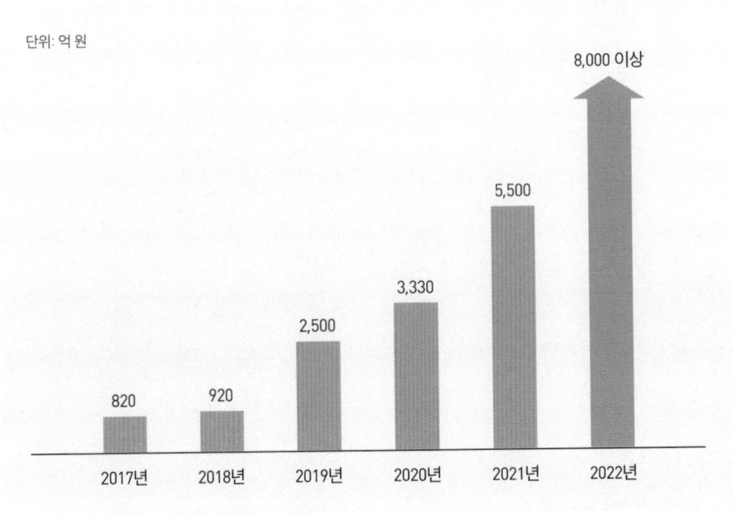


출처: 넷플릭스 공식 발표 및 추정

없을 것으로 쉽게 추측할 수 있다. 넷플릭스의 한국 콘텐츠 밀어주기는 오늘도 앞으로도 계속될 것이다.

## 〈우영우〉로 재확인한 K-드라마 르네상스

2022년에 빛났던 K-콘텐츠는 별다른 이견 없이 〈지금 우리 학교는〉(이하 〈지우학〉)과 〈이상한 변호사 우영우〉(이하 〈우영우〉)다. 네이버의 인기 웹툰이었던 〈지우학〉은 넷플릭스에서 공개되자마자 TV쇼 글로벌 1위에 등극하며 10일 연속 1위 자리를 지켰다. 외양은 '좀비 액션'이지만 학교 폭력, 미혼모 등의 사회적 문제를 다루며 〈오징어 게임〉, 〈지옥〉,

〈소년심판〉으로 이어진 K-드라마의 내적 혈통, 즉 가족과 연결된 사회 문제를 건드린다는 특징을 이어 나갔다.

〈우영우〉는 글로벌 OTT에 제공된 역대 K-드라마 중 가장 미미한 반응으로 시작했다가 그 인기가 수직 상승했다는 점, 그리고 KT스튜디오지니(KT의 자회사)와 에이스토리가 공동 제작한 작품으로 본 방송이 KT 스카이라이프가 운영하는 ENA 채널에서 방영됐다는 점이 특별하다. 즉, 〈우영우〉는 넷플릭스가 기획한 드라마가 아니라 케이블 TV 채널의 오리지널 드라마로, 넷플릭스에 해외 판권 전체가 팔린 경우다. (ENA 채널의 수목 9시 드라마로 넷플릭스에는 본 방송이 끝나는 10시경 편성됐다.) tvN도 JTBC도 아닌 ENA라는 '듣보(듣지도 보지도 못한)' 채널에서 0.9%의 시청률로 시작해 최종회에서는 17.5%로 막을 내리며, 시청률이 거의 20배 가까이 수직 상승한 전무후무한 기록을 남겼다. 〈우영우〉가 소셜 바이럴을 만들어내며 포털과 SNS에서는 'ENA 채널 번호' 검색량과 관련 밈meme이 폭발했고, 커뮤니티에서는 제로TV✦ 직장인들이 〈우영우〉를 TV 본방송으로 보기 위해 수요일 밤엔 부모님 댁에 들른다는 댓글들이 넘쳐났다.

넷플릭스에서는 190개국에서 가장 많이 본 비영어권 TV 드라마 1위에 등극했고, TV쇼 전체 순위에서도 5위까지 올라섰다. 엄밀히 〈우영우〉에는 (배우분들에게는 죄송하지만) 단 1명의 스타 배우도, 그간 K-드라마를 해외 OTT에 알렸던 스타 감독도 없다. 또 K-드라마의 성공 문

✦ TV를 보지 않거나 보더라도 전통적 형태의 TV 수상기를 통한 것이 아니라 스마트폰, 태블릿PC, PC 등을 통해 TV를 보는 것을 일컫는다.

### <우영우>의 흥행과 제작사 에이스토리의 주가 상승

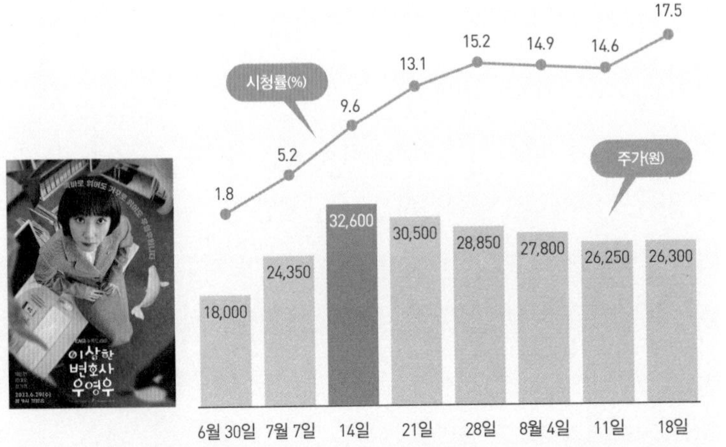


출처: ENA, 한국거래소, 닐슨코리아

### K-드라마 한 편의 흥행이 가져온 국내 스튜디오 주가 변화

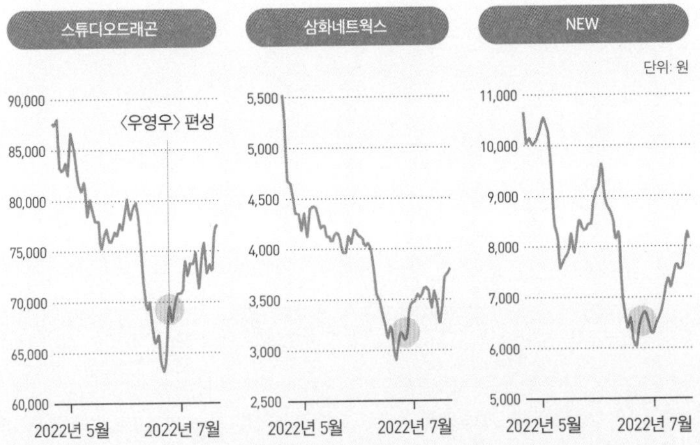

법처럼 여겨진 좀비나 B급 정서, 그리고 잔혹한 폭력성도 전혀 찾아볼 수가 없다. 앞서 언급된 K-드라마의 내적 혈통인 사회적 문제(자폐아의 사회생활과 편견 등)는 다루고 있으나 이를 자극적이지 않게 순한 맛으로 풀어냈다. 〈우영우〉 바이럴에서 가장 많이 등장하는 해시태그가 '#착한드라마'인 이유다.

한편, 〈우영우〉 신드롬은 관련 산업 전반의 상승세를 끌어내며 'K-드라마 르네상스의 지속성'에 대한 의구심에도 종지부를 찍었다. 2회차 방영이 끝나자마자 K-드라마를 대표하는 스튜디오드래곤, 삼화네트웍스, NEW의 주가가 10% 가까이 동반 상승하는 기염을 토해냈다. 특히 최근 OTT 시장은 넷플릭스 독주 체제가 끝나고 해외 OTT 간의 경쟁이 치열해진 상황이라, 〈우영우〉의 대대적인 성공은 K-콘텐츠 투자 조건 등 실질적인 협상에서도 긍정적인 효과로 이어질 것으로 보인다.

2022년 6월 넷플릭스는 매우 정성스럽고 로맨틱한 방법으로 〈오징어 게임〉의 시즌2를 알려왔다. 제작자이자 작가이기도 한 황동혁 감독의 편지 한 장이 그것이다. 편지에서 그는 "이제 기훈이 돌아옵니다. 프런트맨이 돌아옵니다. 시즌2가 돌아옵니다. 영희의 남자친구 철수도 만나보실 수 있을 겁니다. 더 새로운 게임으로 다시 만나 뵙겠습니다"라며 전 세계가 기다리는 시즌2 제작 소식을 직접 알렸다. 그리고 그 후 정확히 30일 만에 〈오징어 게임〉은 에미상Emmy Award에서 총 14개 부문에 후보로 올랐고, 2022년 9월에 진행된 시상식에서 감독상(황동혁)과 남우주연상(이정재)을 포함해 총 6관왕을 달성하며 비영어권 드라마의 에미상 최초 수상이라는 쾌거를 거뒀다. 황동혁 감독은 수상 인터뷰에서 "〈오징어 게임〉이 에미상을 수상하는 마지막 비영어권 드라마가 되지 않기를 바란다"는 인상적인 소감을 남기며, "곧 시즌2로 돌아오겠다"고 덧붙였다. 참고로 에미상은 70년이 넘는 전통을 가진 미국 방송계 최고 권위의 시상식으로 영화계의 아카데미상, 음악계의 그래미상과 함께 미국의 3대 시상식이다.

2022년 5월, 하나금융투자는 넷플릭스의 비용 감축 발표에 대해 "제작비의 효율화를 위해서는 가입자가 증가하는 지역으로 제작비가 투자돼야 하므로 K-제작사에 대한 투자가 늘어날 가능성이 높다"라는 해석을 내놓았다. 실리콘밸리의 OTT 공룡들이 결국은 유일하게 성장하고 있는 아시아 시장과 K-콘텐츠를 재조명할 것이라는 예측이다. 이 같은 자본의 흐름과 함께 콘텐츠 내실로도 지금은 한국의 드라마와 영화의 전성기다. 백상예술대상과 청룡영화제가 아닌 세계에서 가장 보수적이라는 아카데미상과 에미상의 작품상 후보가 되고 수상을 '턱' 해내는 시대니, K-콘텐츠 르네상스는 끝나지 않을 것이다.

# 이제 OTT에서도 광고를?

시장은 급변한다. 특히나 IT 서비스처럼 그 발전 속도가 상상을 초월할 만큼 빠른 분야에서는 면밀하게 세워둔 전략보다 시장이 늘 더 빨리 움직이기 마련이다. 미디어 판에서 회자되는 후일담이 있다. 2013년 당시 디즈니 산하의 스트리밍 서비스인 훌루HULU의 부사장이었던 요하네스 라처Johannes Larcher는 확신에 찬 어조로 이렇게 발표했다. "훌루는 자체적으로 실시간 채널 서비스를 제공할 계획은 없다. 아카데미 시상식이나 대통령 연설 같은 라이브 스트리밍 이벤트는 있겠지만, 실시간 TV 채널은 하지 않을 것이다. 우리는 최고의 VODVideo On Demand 서비스를 목표로 하고 있다." 그러나 불과 4년만인 2017년, 훌루는 50여 개의 실시간 TV 채널을 제공하며 TV 시장 진출을 선언했다.

최근 이와 데자뷔인 사례가 하나 있었다. 2020년 넷플릭스의 리드 헤이스팅스는 "광고 시장보다 소비자 시장이 훨씬 크다"는 점을 강조하며 광고 수익 대신 1~2년에 한 번씩 요금을 인상하는 비즈니스 전략을 취할 것이라 밝혔다. 그러나 이로부터 2년이 채 지나지 않은 2022년 4월, 리드는 광고를 편성하는 대신 구독료를 인하하는 광고 상품 — 예를 들어 HD 화질에 2명까지 동시 접속이 가능한 옵션을 원하는 가입자의 경우, 기존의 스탠더드 요금제(월 1만 3,500원)와 일정 부분 광고를 시청하지만 좀 더 저렴한 하이브리드 요금제 중에서 선택 — 을 출시할 것임을 알렸다. 이는 "광고를 탑재해 더 저렴한 가격으로 더 많은 사람들이 우리의 놀라운 콘텐츠를 보게 하겠다"라고 한 디즈니보다 딱 한 달 늦은 발표였다. 결국, 구독 모델만이 답인 것처럼 확신하던 디즈니도, 넷플릭스도, 아마존도 가입자 땅따먹기 게임에서 영토를 확장하기 위해 광고 판으로 뛰어들었다. 탄탄했던 구독 경제의 '틈'이 열리는 순간이다.

잠시 앞으로 돌아가 2020년 당시 넷플릭스가 광고와 뉴스를 제공하지 않겠다고 결정한 배경을 살펴보자. 그 이유는 바로 "오리지널 콘텐츠의 시청 경험을 극대화한다"라는 전략에 위배되지 않으면서, 동시에 광고를 넣을 수 있는 방식을 찾지 못했기 때문이었다. 그러던 그들이 손바닥 뒤집듯 발언을 뒤바꾸며, 2022년 7월에는 "광고 탑재를 위해 손잡은 파트너는 마이크로소프트고 현재 고도화된 개인화 광고를 개발 중이다"라고 알려왔다. 디즈니플러스 역시, 글로벌 애드테크 기업 트레이드 데스크Trade Desk와의 협력을 통해 다양한 광고주를 대상으로 광고 판매를 시작했다. 트레이드 데스크는 콘텐츠 IP를 활용해 광고를 자동으로 노출하는 기술을 보유한 기업이다.

이로 미루어 볼 때, 향후 이들이 탑재할 광고의 방향성은 십수년간 유료 방송 서비스와 TV 채널이 선보였던 광고와는 결이 다를 것으로 예상된다. 글로벌 OTT와 빅테크 광고 기업들과의 궁합도 더할 나위 없다. OTT가 가진 전 세계 수억 명의 시청 데이터와 빅테크 기업의 실시간 '어드레서블 광고Addressable Advertising'✦ 기술이 더해지면 시청자와 광고를 최적으로 매칭해 광고 이탈이나 콘텐츠와의 거슬림을 최소화할 수 있을 테니 말이다. 게다가 광고주 입장에서는 특정 OTT 브랜드의 기본적인 가입자 데이터, 그리고 그들이 특정 장르와 소재의 콘텐츠를 시청 중이라는 사실만으로도 고객의 취향을 꽤 깊게 읽을 수 있다. 무엇보다 고품격의 오리지널 콘텐츠에 광고를 탑재하는 것이므로 정량적인 노출 효과와는 별도로 브랜드 이미지도 높일 수 있다.

그러나 2022년 9월 《블룸버그》의 보도에 따르면 넷플릭스가 당장 도입을 준비 중인 광고 상품의 형태는 콘텐츠 시작 전과 중간에 1시간당 약 4분의 광고를 넣는 일반적인 방식이라고 한다. 광고가 포함된 요금제의 가격은 예상했던 대로 표준 요금제의 절반 수준(월 6~7달러)이며, 동일 광고가 반복되는 것을 막기 위해 고객사별 연간 수주를 2천만 달러(약 280억 원) 수준으로 제한할 것으로 알려졌다. 이러한 광고 도입을 통해 2023년 넷플릭스의 실적이 어떻게 달라질지 주목해 본다.

✦ 동일한 시간에 가구별, 개인 디바이스별로 서로 다른 광고가 송출되는 형태의 광고.

## 새로운 광고 트렌드와 무료 OTT의 등장

한편 넷플릭스는 마이크로소프트와의 협업을 통해 '개인 타깃 광고'와 '가상 PPL Product PLacement 광고' 개발을 추진하고 있다고 공식적으로 밝혔다. 〈쥬라기 월드 Jurassic World〉, 〈미니언즈 Minions〉, 〈슈츠 Suits〉 등의 레전드 IP를 보유한 NBC 유니버설 스튜디오의 자체 OTT인 피콕 Peacock 과 아마존 프라임 비디오 역시 마찬가지다. 이들은 매년 뉴욕에서 열리는 스트리밍 서비스 및 소셜 미디어 업체들의 광고주 설명회 '뉴프런츠 NewFronts'에서 OTT에 실시간으로 광고를 탑재할 수 있는 기술을 선보이며 광고주들의 이목을 집중시켰다. 이는 가입자가 어느 시간대에 어떤 콘텐츠를 시청하느냐에 따라 실시간으로 광고가 다르게 스트리밍되는 방식이므로 사전에 광고표가 편성될 필요도 없다.

결국 중장기적으로 OTT들이 설계할 광고 형태는 콘텐츠가 중간에 멈추고 삽입되는 (다소 무례한 방식의) 중간 광고나 프로그램 광고가 아닌, VPP Virtual Product Placement 기술을 적용한 가상 PPL 광고다. 가상 PPL 광고는 현장에 광고 상품을 배치하고 촬영하는 기존의 PPL 방식과 달리, 이미 완성된 콘텐츠에 가입자별로 서로 다른 PPL이 실시간으로 입혀져 스트리밍되는 형식이다. 이러한 가상 PPL 광고는 콘텐츠 시청을 방해하지 않으면서도 가입자가 관심을 가질 만한 상품 위주로 노출된다는 장점이 있다. 예를 들어 앞으로는 아마존 프리비 FreeVee✦에서

✦ 아마존이 미국에서 제공하는 광고 삽입형 무료 OTT 서비스. 아마존은 1998년 영화·TV 정보 사이트인 IMDb를 인수한 뒤 2019년 IMDb TV를 출시했는데, 지난 2022년 4월 IMDb TV의 명칭을 프리비로 변경했다.

출처: 아마존 프라임 비디오, Ryff, BidX

매년 뉴욕에서 열리는 광고주 설명회 '뉴프런츠 2022'에서 소개된 가상 PPL 광고. 서비스 가입자에 따라 각기 다른 광고가 입혀져 스트리밍된다.

〈보슈: 레거시Bosch: Legacy〉를 볼 때, 전광판 앞을 걷는 동일한 장면에서도 가입자의 국가, 연령, 콘텐츠 취향에 따라 나에겐 엠앤엠즈M&M's 초코볼이 보이고, 친구에겐 삼성전자의 무선 청소기가 보일 수 있는 것이다.

작금의 OTT 과잉 공급과 가입자 확보 전쟁에는 최근 1~2년 사이 급격히 늘어난 FAST 서비스나 무료 OTT들도 한몫을 했다. FASTFree Ad-supported Streaming TV란 시청자가 광고를 보는 대신에 종일 콘텐츠가 제공되는 TV 채널인데, 쉽게 말해 광고가 나오는 '무료 스트리밍 TV'라고 할 수 있다. 국내에서 가장 친숙한 FAST는 2015년 스마트 TV에 탑재된 후, 2021년 모바일 앱 서비스로 확장한 삼성전자의 '삼성TV플러스'다. 채널 편성표에 따라 순차적으로 스트리밍되는 콘텐츠가 24시간 무료로 제공되는데, 이를 보기 위해서는 광고 시청이 필수다.

기존의 지상파나 종합편성 채널과 다르게 특정 콘텐츠에 특화된 채널이며, 뉴스, 드라마, 예능 및 엔터테인먼트, 코미디, 영화, 시사교양, K-팝 등 그 종류도 다양하다. 예를 들어 하나의 채널에서 SBS의 〈백종원의 골목식당〉이나 tvN의 〈유 퀴즈 온 더 블럭〉이 회차별로 주야장천 스트리밍되는 식이다. 초기에는 삼성전자의 스마트 TV에서만 제공했으나 최근에는 PC, 모바일, 태블릿뿐만 아니라 홈 가전 제품(비스포크 냉장고 등)까지 제공 범위가 확장된 것으로 보아, 이제 삼성전자의 모든 디바이스가 디지털 광고판이 된 모양새다. 2022년 7월 기준, 25개국에 1,300여 개의 채널을 제공하는데(지역마다 제공되는 채널 상이, 국내의 경우 약 30개 내외) '무료' 서비스인 덕에 사용량 증가가 가파르다. 다만, 스트리밍 TV라는 특수성으로 인해 특정 콘텐츠를 시청하고자 하는 직접적인 목적성이 상대적으로 낮으므로, 최신작보다는 과거의 인기 콘텐츠를 중심으로 편성표가 구성되는 것이 일반적이다. 어느 정도 광고를 감수하면서 FAST 채널만 요령껏 잘 활용해도 유료 방송(IPTV, 케이블TV 등)의 실시간 채널을 대체할 수 있을 테니 엄밀히는 TV 방송 채널의 미래라고도 할 수 있겠다. 《월스트리트 저널》은 2022년 FAST 플랫폼 광고 시장이 약 25조 원 규모로 성장할 것으로 전망하기도 했다.

광고를 제공하는 대신 월 구독료를 내지 않는 무료 OTT들은 한마디로 넷플릭스나 디즈니플러스의 무료 버전인 셈이다. 이처럼 전 세

출처: 삼성전자

디바이스를 확장 중인 삼성TV플러스. 광고를 보는 대신 무료로 콘텐츠를 시청하는 방식이다.

계의 FAST 서비스나 무료 OTT들은 외부 활동이 제한됐던 팬데믹 시기에 급성장했으며 미국 최대의 통신 미디어 기업인 컴캐스트의 쥬모XUMO나 파라마운트의 플루토TVPluto TV의 경우에는 하나의 서비스에서 FAST와 광고 OTT를 함께 제공하기도 한다. 특히 쥬모는 출시 6개월 만에 트래픽이 2배로 성장하며 5천만 명에 가까운 사용자를 확보했다고 알리기도 했다. 그 외, 현재 북미 시장에서는 아마존의 프리비, 미디어 그룹 폭스의 투비Tubi를 비롯해, 미국 및 캐나다에서 시청 시간 기준 1위 스트리밍 플랫폼인 로쿠의 로쿠 채널Roku Channel 등이 서비스되고 있다.

생각해보면 값비싼 오리지널 콘텐츠로 무장한 구독 경제 모델의 유료 OTT 군단이 시장을 지배하던 시절, 광고 기반의 FAST나 무료 OTT들이 다소 어설퍼 보였던 것도 사실이다. 시청자가 '돈을 내는지 안 내는지'의 피상적인 관점은 차치하고서라도, 일단 볼만한 콘텐츠가 약했기 때문이다. 그런데 팬데믹 시즌을 지나며 유료 OTT들이 대거 등장했고, 각자의 '주머니 사정'에 한계가 있는 상황에서 소비자들은 자의 반 타의 반으로 이들에게 눈을 돌리기 시작한 것이다.

이렇게 트래픽의 증가가 광고 매출로 이어지면서 무료 OTT들의 오리지널 콘텐츠 확보는 더 본격화되고 있다. 앞서 소개한 아마존의 프리비와 폭스의 투비는 2022년 하반기부터 본격적으로 오리지널 무비와 드라마 시리즈를 제공하겠다는 계획을 밝혔고, 실제로 광고형 무료 OTT들의 오리지널 콘텐츠 수는 팬데믹 초창기였던 2020년 1월 대비 2년 새 3배 이상 증가했다. 실제로도 아마존은 프리비의 홍보 자료에서 "(넷플릭스나 디즈니플러스 같은) 유료 OTT에서만 볼 수 있을 것으로

FAST 서비스 이용자 규모

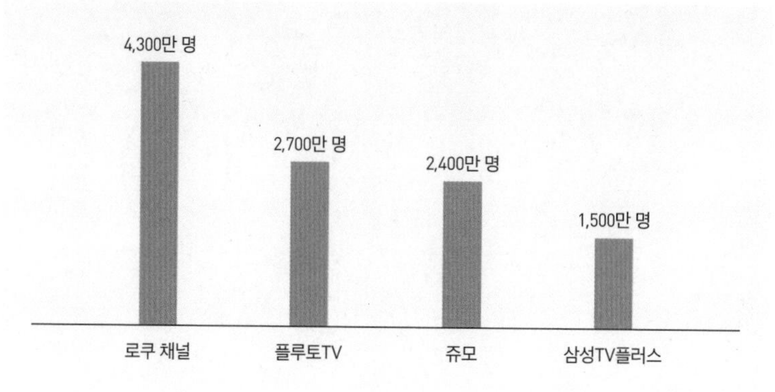


출처: 미디어 업계

기대되던 콘텐츠를 제공하겠다"라며 광고를 틀어주는 무료 OTT들은 '짜치다'라는 선입견을 한 방에 날려버렸다.

그렇다면 유·무료 OTT를 모두 보유한 파라마운트나 아마존은 오리지널에 퍼부을 돈을 어떻게 분배할 것인가. 파라마운트의 경우 가입자 1인당 벌어들이는 평균 수익이 파라마운트플러스(유료 구독형)는 월 9달러, 플루토TV(무료 광고형)는 월 2.5달러 정도로 3배가 넘는 차이를 보이니, (적어도 아직까지는) 빅머니를 어디에 더 쏟아부을지 대강 짐작이 간다. 다만, 하나의 OTT에 월 11.99달러의 완전 유료 모델과 월 5.99달러의 광고형 모델이 같이 있는 훌루의 경우에는 광고형 모델의 평균 수익이 더 높다고 하니 무료 OTT 군단의 잠재성은 더욱 커질 것으로 예상된다. 시청 시간과 광고 매출은 비례할 것이므로 산술적으로 따지자면 〈오징어 게임〉이나 〈기묘한 이야기Stranger Things〉 시즌4처럼 글로벌 총시청 시간이 10억 시간을 훌쩍 넘긴 알짜배기들은 오히려 광

출처: The Streamable

삼성TV플러스가 독점 계약한 미국 방송사의 테니스 채널 T2. 콘텐츠 유통 사업을 확대하려는 삼성전자의 움직임을 읽을 수 있다.

고형 무료 OTT에서 더욱 빛을 발휘할 수 있을 것이다.

2022년 3월, 삼성TV플러스는 미국 방송사 싱클레어 브로드캐스트Sinclair Broadcast 그룹 산하의 테니스 채널인 'T2'의 독점 제공을 시작했다. 오리지널 콘텐츠를 직접 제작하는 방식은 아니지만, 독점 제공이니 어찌 보면 T2를 '삼성 오리지널 채널'이라고도 부를 수 있겠다. 물론 향후 삼성전자가 콘텐츠를 기획하고 생산하는 스튜디오의 역할까지 담당할지는 확언할 수 없으나, 이미 스마트 TV 제조사가 콘텐츠를 독점하는 세상이 도래한 셈이다. 경영 실적으로 보더라도 2021년 삼성TV플러스 사업을 관할하는 '가전 및 영상 디스플레이CE 부문'에서 생활 가전은 비스포크(주로 냉장고)가, 영상 디스플레이는 삼성TV플러스가 실질적인 수익원이었다(2021년 삼성TV플러스의 단독 매출은 1조 원 수준이지만 영업이익률은 30~40%에 달한다). 이쯤 하면 제조 기업이 제품 판매가 아닌 서비스 제공으로 수익을 만들어내고, 이게 해당 기업의 실질적인 수익원이 되는 미래가 올지도 모른다.

### 그런데 콘텐츠는 더 많이 필요하다

거대 담론이 될 수 있겠으나, 그간 글로벌 시장 경제의 주축이 어디였는지 거슬러 가보자면 '제조업'이 지배하던 세상에서 '금융'으로, 이후 '통신 네트워크'에서 다시 'IT 서비스'로 돈의 흐름은 늘 움직여왔다. 지금 글로벌 시가총액 10위 기업에서 세계 최대의 석유 생산회사인 아람코aramco와 워런 버핏이 이끄는 투자 회사 버크셔 헤서웨이Berkshire Hathaway Inc를 제외하고는 모두가 IT 기업인 점도 그렇다. 그런데 이 같은 IT 서비스는 독자적인 양질의 콘텐츠와 결합하지 않으면 정체되거나 유야무야 사라진다. 지금, 이 순간에도 수많은 서비스는 태어나고 없어지기를 반복하고 있다.

IT 기업들에게 구독 모델은 가장 안정적인 비즈니스 모델이지만, 상품과 서비스가 차고 넘치는 오늘날 그들 역시 고객의 주머니를 무한정 털 수 없다는 것을 이해하고 있다. 그리고 각자의 위치에서 최선의 결과를 내는 방안을 모색했고, 그것이 바로 '광고 수익'이다. 고객은 '돈'을 아끼는 대신 자신들의 '시선'을 팔고, 이 시선을 모아준 대가로 플랫폼(IT 기업)은 외부에서 돈을 수혈받는다. 결국 수십 년간 기성 미디어를 먹여 살려온 올드 비즈니스를 재조명한 셈이다. 팬데믹 시기를 지나며 FAST와 광고형 무료 OTT는 어느 정도 자리를 잡았으며, 넷플릭스와 디즈니플러스는 2022년 연내 광고 지원형 상품을 곧 출시할 예정이다.

아직 본격화되지 않았지만, 북미보다 가입자 시장이 현저하게 작은 한국 역시 이와 유사하게 흘러갈 것으로 보인다. 티빙과 웨이브, 쿠팡플레이 그리고 유료 방송과 디바이스 사업자 역시 가입자 성장이 정체되는 순간 즈음에는 고객의 데이터와 시간을 붙잡기 위해 여러 형태의 광고 지원형 상품을 고민할 것이다. 다만, 광고 모델의 성공은 시청 시간과 비례하므로 — 즉, 최대한 그 서비스에 오래 머물러야 하므로 — 고작 2시간짜리 영화 1편에 수천억 원의 제작비를 쏟아붓는 넷플릭스의 오리지널 무비보다는 가입자를 매일 유입시켜 최대한 오래 놀게 하는 다수의 데일리 콘텐츠가 더 효율적이다. 매일 습관적으로 들어오게 만드는 팬덤형 콘텐츠나 물리적으로 오랜 시청을 필요로 하는 시리즈 같은 것들 말이다.

이러나저러나 콘텐츠는 또, 더 많이, 그리고 오래도록 필요하다.

## 동서양 OTT가 결탁한 사정

2021년 말, 우리는 한국이라는 좁은 시장에 하나둘 순차적으로 진입해 오는 외산 OTT들의 침공과 이에 굽히지 않고 버텨내는 토종 OTT들에 대한 이야기를 넘치게 했다. 바야흐로 매월 돈을 따박따박 내야하는 구독형 OTT들의 춘추전국시대였다. 그러나 어김없이 OTT 판에도 '수요 - 공급론'이 부상하기 시작했고 — 물론, 여기에는 전 세계를 강타한 인플레이션과 경기 불황도 한몫하고 있다 — 앞서 충분히 설명했듯이 먼저 북미 시장을 시작으로 새로운 움직임이 꿈틀대고 있다.

이 트렌드에서 짚어봐야 할 것은 돈 내라는 구독형 OTT만 넘치는 상황에서도 시청자들은 다시 유료 방송 TV로 눈을 돌리지 않는다는 점이다. 오히려 광고형 무료 OTT나 무료 스트리밍 TV의 소비를 늘려가고 있다. 북미 시장을 기준으로 2020년 1분기에는 가구당 3개에 달하던 OTT 가입 개수는 2022년 1분기에 4.5개까지 늘어난 반면, 미국의 케이블 TV 1위 사업자인 컴캐스트의 가입자는 동일 기간 250만 명 감소했다. 시간과 물리적인 장소, 통신 네트워크의 구속에서 한번 자유를 경험한 대중들은 다시 레거시legacy 미디어로 돌아갈 마음이 없어 보인다. 즉, 시간과 돈이 한정된 우리는 OTT 내에서 대안을 찾고 있다.

그렇다면 이제 2023년에 펼쳐질 한국 시장을 내다보자. 우선, 할리우드에서 날아온 이변이 있다. “한국 시장에 진출하겠노라” 호언장담하며 한국에서 채용 공고까지 낸 워너브라더스 계열의 HBO맥스와 파라마운트플러스가 한 발짝 물러난 모양새다. 아마도 전 세계적인 현상인 구독형 OTT의 과잉 공급과 2022년 1~2분기 넷플릭스의 첫 가입자 감소 사태, 그리고 한국 시장에서 아직 별다른 실적을 못 내고 있는 디즈니플러스가 몰고 온 나비 효과로 해석된다. 이들은 대신 한국 토종 OTT들과의 결합을 통한 간접 진출을 선택했다. 파라마운트플러스는 CJ ENM의 티빙에 ‘파라마운트플러스 독점 브랜드관’을 론칭했으며 파라마운트의 모기업이자 종합 미디어 기업인 바이아컴 CBSViacomCBS

출처: 티빙, 웨이브

한국 OTT와의 결합을 선택한 파라마운트플러스와 HBO맥스.

는 〈왕의 남자〉, 〈사도〉 등 다수의 흥행작을 연출한 이준익 감독의 6부작 드라마 〈욘더〉를 시작으로 K-콘텐츠 투자도 시작했다. HBO는 이미 웨이브에 제공 중이던 〈왕좌의 게임〉, 〈체르노빌〉 같은 히트작들의 계약을 연장하면서 HBO맥스의 오리지널 콘텐츠까지 독점 제공하는 방식을 선택했다.

## 토종 OTT들의 각자도생 전략

어느 산업이든지 춘추전국시대는 합종연횡의 수순으로 흘러가기 마련이다. OTT 판 역시 그 중간 어디쯤에서 동서양 간의 결탁이 시작된 것이다. 티빙은 〈헤일로HALO〉와 〈트랜스포머〉를, 웨이브는 〈왕좌의 게임〉과 〈해리포터〉를 품고서 넷플릭스, 디즈니플러스와의 2차 전쟁을 시작한다. 사실 2년 넘게 지속된 팬데믹 동안 넷플릭스는 전 세계 무대를 짱짱히 독주했으나, 토종 OTT들은 심지어 국내 시장에서도 큰 힘을 발휘하지 못했다. 뱁새가 황새를 따라가듯이, 거인의 발걸음에 맞추기 위해 오리지널 콘텐츠 제작에 열과 성을 쏟아부었지만 역부족이었다. 결국 콘텐츠의 힘이란 것이 자본력과 직결되기에 실리콘밸리발 OTT 공룡들과의 경쟁력은 더 벌어지고, 급기야 2021년 웨이브와 티빙은 각각 영업손실 558억 원, 762억 원이라는 쓴맛을 보게 된다. 심지어 티빙의 경우, 〈서울체크인〉, 〈환승연애〉, 〈여고추리반〉 등 웰메이드 예능의 바이럴 효과로 사용자가 3배 가까이 증가했음에도 점점 불어나는 콘텐츠 투자액이 이를 상회하지 못한 것이다. 이러한 복잡다단한 상황에서, 글로벌 OTT들이 단독 진출을 살짝 미루고 토종 OTT와의 결합을 우선적으로 선택한 건 고무적인 현상이다.

연이어 2022년 7월에는 KT와 CJ ENM이 각자의 OTT인 시즌SEEZN과 티빙의 합병안을 최종 승인했다. 특히 CJ ENM은 금번 OTT 합병과 연계해 KT의 미디어 콘텐츠 자회사인 KT스튜디오지니에 1천억 원 규모의 지분을 투자하고 콘텐츠 제작 협업을 이어간다. 국내 굴지의 통신 기업이지만 OTT 사업에서만큼은 눈에 띄는 실적을 보여주지 못한 KT는 OTT 사업에 사활을 거는 대신 KT스튜디오지니에게 가장 필요한 콘텐츠 파트너를 만들어준 것이고, 그간 웨이브와 엎치락뒤치락하던 티빙으로서는 의미 있는 가입자 트래픽을 수혈받은 셈이다. 이로써 합병이 마무리되는 2022년 12월, 티빙은 웨이브를 확실히 제치고 국내 시장에서 넷플릭스 다음의 2위 OTT(토종 OTT로는 1위)로 올라서게 된다. 반면, 웨이브의 경우 바짝 따라붙은 쿠팡플레이의 추격에 설상가상으로 점점 약해져 가는 지상파의 콘텐츠 경쟁력 이슈까지 겹쳐 또 한 번의 상생 전략이 절실해졌다.

이러한 시장 환경에서 대기업 계열이 아닌 토종 OTT 왓챠WATCHA의 상황은 더 녹록지 않다. 반짝이는 프리미엄 신작 콘텐츠보다는 인디 영화 및 구작 TV 시리즈 라인업을 토대로 하는 왓챠는 초창기 "한 달에 커피값 4,900원으로"라는 콘셉트로 포지셔닝하며 시장에서 차별화를 꾀해왔지만, 지속적으로 돈을 부어줘야 하는 오리지널 투자 게임에서 버텨내기는 어려웠다. 결국 왓챠는 희망퇴직 실시 등 전면적인 사업 구조 개편과 함께 경영권 매각을 추진 중이다. 시장 소식에 따르면 인수 후보로 '배틀그라운드'의 크래프톤을 비롯해 카카오, 쿠팡플

***** 국내 OTT의 월간 활성 이용자 수MAU 변동 추이**

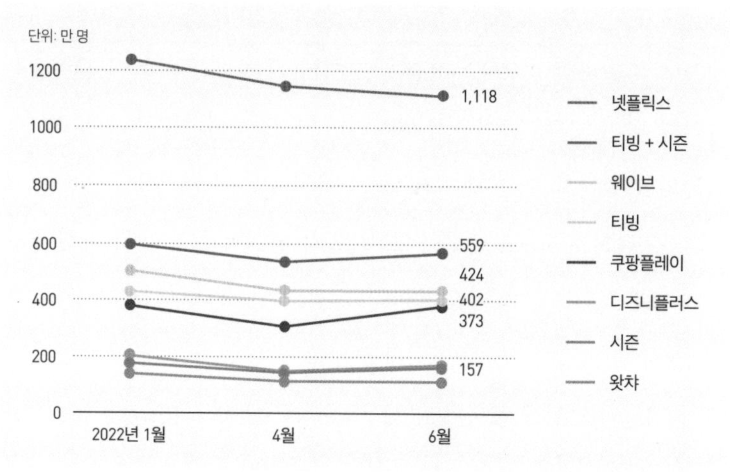


티빙과 시즌의 합병으로 인해 국내 OTT 시장에도 한차례 변화가 불 것으로 보인다.

레이, 웹툰·웹소설 플랫폼인 '리디RIDI' 등이 거론됐으나 2022년 10월 현재 교보문고가 인수를 위한 실사를 진행 중이다.

이처럼 글로벌 OTT와 결합하거나 플랫폼 통합을 추진하는 등 좁은 한국 시장에서 살아남기 위해 할 수 있는 모든 몸부림을 치고 있는 토종 OTT들의 경쟁 구도는 앞으로 더욱 다이내믹해질 전망이다. 글로벌 공룡들과의 오리지널 출혈 경쟁에 사활을 걸어야 하니 결국 자본력과 상품력 대결은 끝나지 않을 것이며 또 한 번의 OTT 판 통폐합이 예상된다. 특히 토종 OTT 중 선두를 달리고 있는 티빙의 경우, 글로벌 파트너인 네이버 라인플러스와 함께 2022년 내 대만과 일본에 우선 진출하고, 2023년에는 미국과 유럽 시장으로 OTT 해외 사업을 확장하겠다는 계획을 밝혔다.

## OTT 판에 경종 울린 '구독권 쪼개 팔기'

시장이 혼란하면 그 틈을 비집고 고객의 가려운 곳을 찾아 긁어주는 영악한 서비스들이 출범하기 마련이다. 유료 구독 서비스가 넘쳐나는 지금의 환경에서 누군가는 OTT별로 매월 1만 원 가까운 돈을 지불하는 게 부담일 수 있다. 더구나 '구독료'가 아깝지 않을 만큼 때깔 좋은 오리지널 콘텐츠들이 매일 쏟아지는 것도 아닐 테니 자연스럽게 '본전' 생각이 날 수 있다. 이런 심리를 파고들어, 내 입맛에 딱 맞는 콘텐츠가 제공되는 날짜에 해당 콘텐츠만 보고 나오는 국내 서비스 '페이센스Paysense'가 등장했다. 페이센스는 넷플릭스, 디즈니플러스, 웨이브, 티빙 등의 OTT 이용권을 하루 단위로 쪼개 400~600원 가격에 판매하는 서비스다. 시청자 입장에서는 지극히 새롭고 유용하지만, OTT 업체의 입장에서는 말도 안 되게 괘씸한 서비스인 셈이다. 예를 들어 2022년 7월 기준 넷플릭스의 역대 오리지널 무비 중 가장 비싼 제작비(2억 달러, 약 2,800억 원)가 투입된 〈그레이맨The Gray Man〉의 공개 첫날에 맞춰, 페이센스에서 600원짜리 넷플릭스 1일 이용권을 구매한 뒤 〈그레이맨〉만 시청하고 빠져나오는 방식이다. 이미 몇몇 OTT 커뮤니티에는 "티빙 1일 이용권 사서 이효리 〈서울체크인〉 정주행 완료!" 같은 댓글들이 수두룩하다.

누구나 예상하듯이 이는 명백히 OTT 사업자별 이용 약관에 어긋난 서비스 행위다. 이에 토종 OTT를 대표하는 티빙, 웨이브, 왓챠 3사는 페이센스가 그들의 약관을 위반했다고 판단하고, 2022년 6월 '부정경쟁방지법', '정보통신망법', '저작권법' 등의 위반을 근거로 공식적인 대응을 추진했다. 결국 페이센스는 60일 만에 토종 OTT 3사의 콘텐츠 서비스를 중단했고, 2022년 9월에는 넷플릭스와 디즈니플러스 이용권마저 판매가 중단됐다. 이번 페이센스의 '쪼개 팔기' 해프닝은 창작자들이 수개월에서 길게는 수년을 고생해 만든 피와 땀이 녹아있는 오리지널 신작들을 단돈 몇백 원의 가격으로 팔았다는 괘씸함에 더해, 사업자 간 상도의에 대한 문제까지 복합적으로 얽혀있다.

다만, OTT 서비스의 과잉 공급과 점점 오르는 구독료까지 최근 시청자들이 느끼는 불만과 OTT 효용 가치에 대한 의문 등 오늘날 OTT가 해결해야 하는 문제들의 절묘한 틈을 비집고 들어왔다는 점, 그리고 페이센스가 가진 위법성은 차치하고서라도 이러한 서비스가 짧은 기간 큰 인기를 누렸다는 점은 한번 심도 있게 되짚어볼 만하다.

## 한국과 한국인,
## 한국의 'Something'까지 궁금해!

2021년 7월, 유엔무역개발회의UNCTAD는 스위스 제네바 본부에서 한국의 지위를 선진국으로 격상했다. 공식적으로 선진국 이름을 받기까지, 미국과 영국, 독일 등과 같은 그룹에 들어가기까지 참 오래 걸렸구나 싶지만, 유엔무역개발회의에서 개발도상국에서 선진국으로 지위가 변경된 것은 한국이 최초라고 하니 자부심에 한껏 어깨가 올라가는 것도 사실이다. 그렇다면 선진국이란 무엇인가? '국민소득 3만 달러 이상' 같은 경제적 수준, 즉 '잘사는 것'을 말하고자 함이 아니다. 서울대학교 이정동 교수는 신작《최초의 질문》(민음사, 2022)에서 그간 한국은 선진국의 로드맵을 더 빨리, 더 나은 수준으로 달성하는 데 탁월한 역량을 발휘해왔으나, 이제는 우리가 그 질문 — 선진국이란 무엇인가? — 을 제시해야 할 때라고 강조한다. 즉, 스스로 정의를 내려야 한다는 뜻이다. 실례로 팬데믹 때 한국은 우수한 IT 인프라를 기반으로 방역에 대한 정의를 우리 스스로 내렸고, 경제협력개발기구OECD는 K-방역을 우수 대응 사례로 선정해 백서를 번역 및 배포하기도 했다.

한편, 이 같은 거창한 감투 없이 우아하게 국격을 올린 일등 공신은 다름 아닌 K-콘텐츠다. K-콘텐츠는 모방도, 따라잡기도, 스스로의 정의도 넘어선 본연의 '오리지널리티Originality'로써 선진국의 품격을 갖추게 했다. 물론 지금의 'K-콘텐츠 르네상스'는 유튜브와 넷플릭스로 대표되는 미국의 실리콘밸리발 IT 유통망 덕에 가능했던 것이 사실이다. 돌이켜보면 과거의 한류 신드롬은 동남아시아 사업자들과의 개별 계약 구조를 통한 지엽적인 성공이었으니 말이다. 그런데 최근 넷플릭스를 통해 알려진 K-콘텐츠를 나열해보면 2019년 〈킹덤〉을 시작으로 〈스위트홈〉, 〈마이네임〉, 〈오징어 게임〉, 〈지옥〉, 〈지우학〉에 이르기까지 미묘한 공통점이 보인다. 바로 공포, 좀비, 스릴러, 액션이라는 소재 및 장르의 유사성인데, 그 액션마저도 무기를 사용하지 않는 동양의 무술 액션에 가깝다. 미국 영화계는 이를 1940년대에 시작된 'B급 장르'라고 부르는데, 이러한 B급 장르는 저예산으로 제작한 자극적인 병맛 정서를 담고 있으며 주로 공포 영화에서 나타난다. 이들이 이러한 유사성을 보이는 이유는 왜일까?

## K-콘텐츠, 가성비를 넘어 완전한 A급으로

넷플릭스는 공식적으로 인정하지 않겠지만, 그들이 동양의 작은 나라에 요구한 건 '미국의 하위 장르' 그 이상도 그 이하도 아니었다. 120조

원에 달하는 할리우드 산업을 끌어가는 드라마, 로맨스, 가족, 코미디, SF 장르를 기대하진 않은 셈이니 이는 100여 년에 달하는 역사를 가진 할리우드의 우월 의식에서 비롯된 것이리라. 그런데 스멀스멀 이상한 조짐이 보인다. '어쭈? 좀 하는데?' B급 장르를 싼 가격에 완성도 높게 생산해오던 K-콘텐츠에서 A급의 향기가 나기 시작한 것이다. 그들은 〈오징어 게임〉과 〈지옥〉에서 세상의 모순을 읽었고 인생을 봤으며 급기야 〈오징어 게임〉을 미국 방송계 최고 권위인 에미상의 14개 부문에 후보로 올렸다. 필자는 〈오징어 게임〉을 2000년대 할리우드 공포물의 새 역사를 세운 〈쏘우Saw〉의 사회적 확장판으로 해석하곤 한다. 할리우드와 실리콘밸리가 〈오징어 게임〉으로 놀란 건 그간 〈스위트홈〉, 〈킹덤〉 같은 K-드라마가 아시아 무대에서 1위를 찍은 적은 꽤 있었지만, OTT 종주국인 미국에서 1등을, 그것도 역대 넷플릭스 오리지널 역사상 최장기간 1위를 이어간 탓이다.

물론 K-콘텐츠의 위력은 K-팝과 K-무비에서 익히 세계적으로 검증된 바 있다. 2020년 〈기생충〉과 BTS의 '다이너마이트'는 아카데미 시상식과 빌보드 차트를 휩쓸며 슈퍼 바이럴을 만들었다. 〈기생충〉을 한번 들여다보자. 사실 하위 계층이 상류층을 골탕 먹이는 풍자는 우리에겐 신선했지만, 서양에서는 200년 이상 내려져온 꽤 익숙하고 오래된 내용이다. 오페라와 오페레타operetta(오페라보다 대중적이고 가벼운 음악극)에서 단골로 쓰이던 소재인 것이다. 대표적인 예로 모차르트 최고의 걸작으로 꼽히는 '피가로의 결혼'이 그러하다. 서양의 그것은 하층민에게 유쾌하면서도 귀족층과 부르주아가 봐도 불쾌하지 않은, 즉 두 계급을 분리시키지만 궁극적으론 계급 통합적인 코미디로 향한다.

출처: 넷플릭스

공포와 좀비의 탈을 쓴 넷플릭스의 K-콘텐츠.

그런데 봉준호 감독은 이를 쌈박하게 틀어버린다. 자본주의 세태를 적나라하게 드러내며, 수백 년간 이어온 사랑의 합창 코미디를 '계급은 절대 통합되지 않는다. 통합될 수 없다'로 끝맺는다. 이것이 바로 〈오징어 게임〉과 〈기생충〉에서 보여준 한국의 '오리지널리티'다. 할리우드가 암묵적으로 지정한 하위 장르를 가성비 좋게 잘 카피해온 모범생이 이제는 전 세계에 자신만의 오리지널리티를 증명해낸 것이다.

이는 1990년대 현대그룹의 오리지널리티와 오버랩된다. 글로벌 기업 순위 1,000위 한참 밖의 현대가 미국 《타임》의 '세계를 움직이는 100대 파워'로 선정된 바 있는데, 이에 대한 《타임》의 이유는 한번 곱씹어볼 만하다. 당시는 일본이 제조에 손만 대면 미국과 유럽의 선진 기업들이 나가떨어지고, 일본 브랜드가 가성비와 성능으로 글로벌 시장을 초토화하던 시절이다. 오토바이 산업 역시 후발주자인 혼다, 야마하, 스즈키가 글로벌 시장을 집어삼켰다. 그런데 현대라는 요상한 기업이 치고 올라온다. 일본을 좇아 모방하는데, 건설·조선·자동차까지 하나둘 그들을 따라잡으며 넘어서고 있다는 것이다. 결국 《타임》의 선정 이유는 'Why'와 'How'에 방점이 있었다. 넷플릭스의 오리지널 시리즈 제목에 빗대어보자면 'The Strange Hyundai'쯤 되려나.

콘텐츠 산업 역시 마찬가지다. 미국의 IT 공룡들이 "가성비 좋게 잘 만들어서 OTT에 제공하라"는 것을 K-콘텐츠는 하위 장르의 탈을 쓴 A급으로 만들어놓았다. 마치 1990년대 현대가 상품을 재창조하는 리엔지니어링Re-engineering에 영리하게 성공한 것처럼 말이다. 압도적 콘텐츠 강국인 미국이 이제는 자의 반 타의 반 한국의 오리지널리티를

출처: 닛산, 현대자동차

1990년대 초반의 일본 자동차(좌)와 한국의 자동차(우). 일본의 제조 기업이 글로벌 시장을 초토화하던 시절, 국내 기업 현대가 그들을 하나둘 따라잡으며 넘어서기 시작했다. 오늘날 글로벌을 집어삼키고 있는 K-콘텐츠의 모습도 이와 다르지 않다.

인정하고 있다. 정통 드라마인 〈소년심판〉과 SF 〈고요의 바다〉에 투자하더니 〈우영우〉 같은 휴먼 드라마의 해외 판권을 독점으로 구매했다. 특히 〈우영우〉의 경우 법정 드라마라는 외피를 입었지만 정통 중의 정통 휴먼 드라마가 아닌가.

## 한국, 그 자체로 콘텐츠가 되다

최근 미국을 중심으로 흥미로운 현상이 일어나고 있다. 〈미나리〉와 〈파친코〉 그리고 디즈니 계열의 OTT인 훌루가 제작을 발표한 〈아메리칸 서울〉은 한국과 한국인, 그리고 한국의 역사를 다루고 있다. 한국인 가정의 미국 정착기인 〈미나리〉, 4대에 걸친 재일한국인 가족사를 대서사극으로 다룬 〈파친코〉, 한인 여성 입양인이 서울에서 일하던 중 자신이 왕조 혈통이라는 것을 알게 된다는 〈아메리칸 서울〉까지 모두 '한국과 한국인'이라는 소재에 집중한다. 이들 관계자는 "그간 미국에서 영어가 아닌 한국어로 된 이야기는 외면당해 왔으나 이제 할리우드가 한국어 비중 60% 이상의 콘텐츠를 다시 들여다보고 있다"라고 전했다. 심지어 현재 할리우드 스튜디오들이 한국에서 벌어지는 문화 현상을 내부에 정기적으로 보고하는 한국에 특화된 컨설턴트를 채용하고 있다니 말 그대로 기묘하기 그지없는 상황이다.

이는 마치 일본이 1964년 동경 올림픽을 성공적으로 치르고, 전설의 구로사와 아키라黒澤明 감독을 시작으로 1970~1980년대 〈감각의 제국〉과 〈나라야마 부시코楢山節考〉가 칸 국제 영화제에서 황금종려상 등을 수상하면서 비롯된 J-컬처 쇼크를 생각하게 한다. 잘 들여다보면, 일본의 국격과 국가 브랜드가 올라가면서 2차 세계대전의 전범국이라는 이미지가 희석돼간 시점도 그즈음이다. 이후 '사무라이', '닌자', '고질라' 같은 일본의 1960년대 문화들이 할리우드로 건너가 콘텐츠가 됐다. 일본이라는 브랜드의 본질이 할리우드의 상품이 된 것이다. 문화가 먼저 보이고, 그 이후에 문화의 주인이 궁금해지는 "저런 문화가 나오는 일본은 어떤 국가야?", "저들의 본질은 뭐지?"라는 탐구가 이어진 셈이다. 레스토랑에서 맛있는 음식을 먹고 몇 번이고 또 가며 단골이 되면, 자연스럽게 "셰프가 누구야?"라는 질문을 하게 된다. 그가 어떤 인생을 살았고 어디서 음식을 배웠는지가 궁금해지는 거다.

지금 딱 한국이 그런 상황이다. K-컬처의 글로벌 현상이 우연과 행운이 아님이 수년째 검증되면서 이제 글로벌 콘텐츠 시장은 한국과 한국인이라는 소재, 그리고 한국의 'Something'까지 모조리 콘텐츠로 받아들이고 있다. 즉, 생산자 군단이 콘텐츠 그 자체가 된 모양새다. 워너브라더스 인터내셔널 TV 프로덕션의 애덤 스타인먼Adam Steinman 부사장은 "예전엔 〈굿닥터〉처럼 한국 드라마를 미국에 맞게 각색했다면, 요즘엔 '진짜 한국의 이야기'를 찾고 있다"라고 말했다.

결국, 삼성과 현대가 못한 무언가를 K-컬처는 해낸 셈이다. 국격을 올리면서 한국이라는 나라의 본질에 대한 호기심과 존경을 동시에 가져왔다. 이에 더해 한국에서 인기 있는 건 마냥 좋아 보이는 K-프리미엄 효과는 물론, K-뷰티, K-패션, K-푸드로 그 범위가 점점 확장되며 K-컬처는 더욱 본격화되는 중이다. 바야흐로 전 세계에 고통을 준 팬데믹이 아이러니하게 한국을 그 자체로 힙한 콘텐츠로 만들어놓았다.

출처: 판시네마, 애플TV플러스

이제는 한국과 한국인이라는 소재 그 자체가 콘텐츠가 돼가고 있다.

2022년 7월, 넷플릭스가 한국 예능 상견례 행사에서 강하게 언급한 스피치로 마무리한다.

"한국을 논하지 않고는 글로벌 엔터테인먼트를 말하기 힘들다."

# K-드라마, '이야기 자체의 힘'만으로 글로벌에 통하다

**박민엽** | 길픽쳐스 대표, 드라마 PD

〈내조의 여왕〉, 〈넝쿨째 굴러온 당신〉, 〈별에서 온 그대〉 등의 흥행 드라마 제작에 참여한 로고스필름 PD 출신의 박민엽 대표는 2017년 드라마 제작사 '길픽쳐스'를 설립했다. 길픽쳐스는 신인 작가를 발굴해 데뷔시키는 데 집중하는 등 드라마 산업의 생태계에도 긍정적인 역할을 하고 있다. 2019년 백상예술대상 작품상을 받은 SBS 〈스토브리그〉와 18%의 압도적인 시청률을 기록한 SBS 〈원더우먼〉, 촉법소년 이슈에 화두를 던진 넷플릭스의 〈소년심판〉까지 모두 신인 작가들의 작품이다. 박민엽 대표가 이끄는 길픽쳐스는 2022년 9월 CJ ENM의 스튜디오드래곤에 인수됐으며, 2022년 11월 넷플릭스 오리지널 드라마 〈더 패뷸러스〉 공개를 앞두고 있다.

2022년 10월 현재, 올해의 K-드라마는 〈지우학〉, 〈소년심판〉, 〈우영우〉, 〈수리남〉으로 좁혀질 것으로 보입니다. 특히 〈소년심판〉과 〈우영우〉는 그간 글로벌 OTT에서 흥행했던 K-드라마의 장르(좀비, 공포, 스릴러 등)와는 다르게 정통 드라마로 소통했다는 점에서 차별화된 듯합니다.
지금까지 영미권에서는 좀비나 크리처물(사람을 잡아먹거나 살해하는 괴물이 나오는 작품)처럼 비주얼적인 자극이 강렬한 장르물 드라마에 열광하는 분위기였는데, 최근 언어적인 한계에도 불구하고 정통 스타일의 K-드라마도 큰 사랑을 받고 있습니다. 이를 보면서 '이야기 자체의 힘'만으로 글로벌 시장에 한 발짝 더 다가갈 수 있게 된 것 같아, 앞으로 K-드라마 월드가 더 확장되겠구나 싶었어요. 이제 글로벌 OTT를 겨냥한 드라마를 기획할 때, 소재나 장르를 불문하고 특정한 제약 없이 다양하게 도전해볼 수 있게 됐으니까요.

무엇보다 드라마를 통해서 우리나라의 역사와 문화, 한국적 정서 등을 세계시장에 널리 알릴 수 있게 되었다는 점에서도 의미가 큽니다. 전 세계인들에게 주목받고 있는 만큼 문화적 파급력도 향상됐고요. 또 어떤 K-스토리가 세계시장을 사로잡게 될지 예측할 수 없지만, 정통 K-드라마의 인기가 잠깐의 유행으로 끝나지 않고 계속 지속되리라 생각합니다.

K-콘텐츠, K-드라마 르네상스는 잠시의 유행에서 끝나지 않고 여전히 롱런 중입니다. K-드라마의 대표 제작자로서 목표나 비전이 있나요?

드라마를 통해 시청자들과 함께 희로애락을 느끼고, 공감하며, 세상에 미미하게나마 선한 영향력을 끼치는 것입니다. 드라마가 일상의 소중함을 다시금 생각하게 해주거나, 팍팍한 현실에서 잠시 잠깐이나마 위로를 주고, 혹은 미처 보지 못했던 사회적 담론에도 관심을 갖게 한다면 그것이 바로 드라마의 중요한 역할일 테니까요. 이런 조그만 것들이 모이고 쌓여 세상을 조금씩 변화시킬 것이라는 마음으로 드라마를 기획합니다.

길픽쳐스라는 제작사 차원에서는 아직 못해본 장르들이 많아서 다양한 장르를 두루두루 기획해보는 것이 목표입니다. 또한 하나의 드라마가 그 자체로 브랜드가 돼 시즌제로 이어지고, 해외에서도 리메이크돼 지속적으로 롱런할 수 있는 킬러 콘텐츠를 제작하고 싶어요.

업계에서 길픽쳐스는 신인 작가를 데뷔시키고 흥행으로 이끄는 데 탁월한 역량을 가졌다고 알려져 있습니다. 결국은 대표님의 선구안과 추진력일 것으로 보이는데요. 다수의 흥행작을 보유한 검증된 작가가 아닌 신인 작가의 글(대본)을 선택하실 때 어떤 점을 염두에 두나요?

작품의 흥행은 신인 작가들과 우리 회사 기획팀과의 협업으로 이뤄낸 결실이라고 봅니다. 밤낮으로 공들여 대본을 써주는 작가들과 그런 작가들을 물심양면으로 지원해주는 기획 PD들 덕분에 좋은 평가를 받는 것 같습니다. 기획팀에서 대본을 선택할 때는 두 가지 측면을 우선으로 고려합니다. 첫째, 세상에 없었던 새로운 소재의 이야기인가. 둘째, 새로운 이야기가 아니라면, 이미 다른 작품에서 보여줬던 것과 다른 시각의 접근이 있는가.

둘 중 하나가 충족됐다면, 그다음으로 중요한 것은 재미의 여부입니다. 그런데 이 부분은 개인의 취향을 많이 타는 부분이라, 시청자 입장에서 보편적인 공감대 형성이 가능한 이야기인지, 주인공 캐릭터가 매력적인지 등을 중심으로 살펴봅니다. 매력적인 대본이란 기본적으로 재미있고, 거기에 작가가 말하고자 하는 메시지가 명확한 것입니다. 아무리 좋은 이야기여도 재미가 없어서 다음 이야기가 더 이상 궁금하지 않다면, 시청자들은 끝까지 보지 않을 테니까요. 그리고 한 가지 더 추가하자면, 다른 사람이 쉽게 흉내 낼 수 없는 그 작가만의 색깔(글의 결)을 중요하게 생각합니다.

최근에 흥미롭게 본 콘텐츠나 유튜브 채널, 또는 기대하고 있는 콘텐츠가 있다면 소개해 주세요.

매일 신작들이 쏟아져 나오다 보니, 모든 콘텐츠를 챙겨보는 것은 물리적으로 힘들더라고요. 최근에 본 드라마 중에서는 많은 분들에게 사랑받은 〈우영우〉가 기억에 남습니다. 〈스토브리그〉로 인연이 있는 박은빈 배우가 출연해서 반가웠는데, 너무 재미있어서 매회 본

출처: SBS, 넷플릭스

길픽쳐스에서 제작한 〈원더우먼〉과 〈소년심판〉. 두 드라마 모두 신인 작가의 작품으로, 길픽쳐스는 신인 작가를 발굴해 지원하고 데뷔시키는 역량이 탁월한 제작사로 꼽힌다.

방 사수했습니다. 직업이 직업인지라 드라마를 볼 때 시청자 모드가 되지 않고 모니터링 차원에서 보게 되는데, 〈우영우〉는 진짜 오랜만에 시청자 모드로 즐기며 봤습니다. 우영우라는 캐릭터가 사랑스러워서 보는 내내 엄마 미소를 짓게 되더라고요. 지인들도 〈우영우〉의 매력에 풍덩 빠져서 ENA 채널을 궁금해하는 걸 보니, 드라마의 힘이라는 게 어마어마하구나 싶었습니다. 자극적이지 않은, 착하고 따뜻한 작품이 성공했다는 사실도 드라마 판에 큰 메시지를 줬고요. 앞으로도 사회적 책무를 다하면서도 여운이 남는 좋은 드라마가 많이 나와줬으면 하는 바람입니다. 예능도 자주 보는 편인데, 최근에는 〈뿅뿅 지구오락실〉을 재밌게 봤습니다. 멤버들 각자의 캐릭터도 매력적이었고, 어떻게 저런 훌륭한 조합으로 캐스팅했을까 궁금할 만큼 멤버 4인의 케미도 너무 좋았어요. 시즌2도 기대하고 있습니다.

한편, 여행 관련 영상을 찾아보다가 흥미로운 유튜브 채널들을 몇 개 찾아냈는데요. 부부가 해외에서 한 달 살기를 하는 콘셉트의 유튜브 채널인 '유랑쓰', '둥지언니', '한달살러 신디와쏭'을 챙겨보며 힐링하고 있습니다. 그외에 '권감각'이라는 유튜브 채널도 즐겨보는데요. 빨래 개면서 사연 읽어주고 고민상담해 주는 콘텐츠가 뭐 그리 재밌을까 싶었는데, 시간 가는 줄 모르고 빠져들게 되는 마력이 있더라고요. 공감하기 좋은 이야기들이라서 편안하게 시청할 수 있는데요. 일상의 소소한 재미를 원하시는 분들에게 추천합니다.

**콘텐츠 기획자나 크리에이터를 꿈꾸는 이들에게 필요한 덕목이나 자질 등에 대해 조언하자면?**

제가 속한 직군인 PD의 입장에서 보자면, 콘텐츠 제작은 어쨌든 빅 머니와 직결되는 일이다 보니 일단 작품이 흥행에 성공해야만 해요. 흥행을 위해서는 대중의 니즈를 파악하는 것이 무엇보다도 가장 중요하기 때문에 시대적으로 대중이 무엇에 관심 있는지, 원하는 것이 어떤 것인지 잘 짚어낼 수 있는 통찰력이 있어야 합니다. 이런 감각은 하루아침에 길러지는 것이 아니기 때문에 평상시에 꾸준히 책도 많이 읽고, 성공한 작품들도 많이 찾아보고, 인기 요인에 대해 분석도 해보는 과정이 필요합니다. 절대적으로 트렌드에 민감해야 할 필요가 있는 거죠. 그리고 혼자서 작업하기보다는 여러 사람과 함께 공동 작업을 하는 경우가 대다수이기 때문에 사람들과의 커뮤니케이션 및 공감 능력이 뛰어나야 합니다. 여기에 본인의 기획이나 아이디어를 한두 장짜리 페이퍼로 잘 정리할 수 있는 글쓰기 능력이 있으면 더 좋겠죠.

기본적인 책임감과 성실함에 더해, 한번 시작한 프로젝트는 끝까지 포기하지 않는 끈기와 긍정적인 에너지를 가진 사람이면 좋습니다. 또한 드라마 제작 과정은 기다림의 연속이기 때문에 인내심도 중요합니다. 더 중요한 것은 본인이 하는 일에 항상 좋은 날들만 있는 것이 아니기 때문에, '최악의 상황에서도 잘 견뎌낼 자신이 있는가?', '내가 하는 일을 얼마나 사랑하는가?' 등의 질문을 스스로 던졌을 때 '그럼에도 불구하고 계속하고 싶은 일'이라는 생각이 든다면 가장 좋을 것 같습니다.

# 플랫폼은 죽고
# 콘텐츠는 사는 시대

**한정훈** | JTBC 미디어 전문 기자

2003년부터 기자 생활을 시작해 신문사와 방송국에서 미디어 분야만 취재해온 미디어 전문 기자. 특히 글로벌 미디어 산업과 실리콘밸리를 중심으로 한 IT 산업에 밝다. 2019년 미디어 주도권이 TV 방송사에서 IT 기술 기업으로 옮겨가는 흐름을 읽고 현지에서 미디어 현장을 경험하고자 네바다주립대학교 레이놀즈 저널리즘 스쿨Reynolds School of Journalism에서 연구원으로 일했다. 현재는 OTT 종주국인 미국과 한국을 오가며, 할리우드와 실리콘밸리 움직임을 중심으로 한국에 미칠 영향을 예측하고 있다. 뉴스레터(junghoon.substack.com)와 팟캐스트(Junghoon's Podcast for the Future of Media)를 통해 전문성 있는 정보를 전달한다. 대표 저서로는 《스트리밍 전쟁》(2020)과 《넥스트 인플루언서》(2021)가 있다.

**2021년에 〈오징어 게임〉이 있었다면, 2022년에는 단연 〈우영우〉가 화제였는데요. 국내는 물론 넷플릭스 비영어권 시청 순위 1위를 차지하며 글로벌에서도 흥행을 이어갔습니다. 이러한 글로벌 성공이 가능했던 이유는 무엇일까요?**

2021년 〈오징어 게임〉의 성공 이후, 이제 그야말로 한국 드라마의 전성시대가 도래할 것으로 예상됐는데요. K-콘텐츠에 대한 글로벌 수요는 2019년 영화 〈기생충〉 공개 이후 계속 올라가 2021년에 정점을 찍습니다. 이후 공개된 K-드라마들은 과거와는 다른 엄청난 인기를 얻게 됐죠.

이런 상황에서 공개된 〈우영우〉는 모든 흥행 요소를 갖추고 있었다고 봅니다. 그동안 넷플릭스의 한국 오리지널이 주로 다뤄왔던 센 장르에서 벗어나 글로벌 시청자들이 즐겨온 대중적인 장르에 유니버설한 스토리텔링(개인 성장기 + 매회 반복되는 고난 해결 에피소드), 〈오징어 게임〉의 부스터 역할(K-드라마에 대한 긍정 인식 증가), 넷플릭스라는 강력한 플랫폼 등이 그런 요소들이라고 할 수 있죠. 이 3박자가 〈우영우〉를 단숨에 글로벌 정상에 올려놨다고 봅니다. 앞으로는 〈우영우〉 부스터를 받는 후속 콘텐츠가 지속해서 나오리라 확신합니다.

### OTT 시장의 경쟁 3단계

| OTT 경쟁 1.0 | OTT 경쟁 2.0 | OTT 경쟁 3.0 |
|---|---|---|
| • OTT 플랫폼이 등장 | • 가입자 확보를 위한 오리지널 시리즈 제작<br>• 콘텐츠 독점 경쟁 | • 콘텐츠와 플랫폼 상품 전략의 결합<br>• 차별화된 신규 광고 상품을 활용한 마케팅 전쟁 |

2022년 여름, 쿠팡플레이는 올해 국내 영화의 대작이었던 〈한산〉과 〈비상선언〉을 독점 계약했습니다(IPTV, 케이블 TV, OTT 모두 포함). 이제 한국 시장도 OTT와 유료 방송이 같은 판에서 콘텐츠 독점 전쟁을 하고 있는데요. 오리지널 투자 전쟁에서 콘텐츠 독점 수급 전쟁으로 그 중심이 이동한 상황은 불과 몇 년 전과 비교해 확연히 다른 모습입니다.

OTT 시장의 경쟁은 크게 3단계로 이뤄집니다. 플랫폼이 등장하기 시작한 OTT 경쟁 1.0 시대, 이들 플랫폼이 이용자 확보를 위해 오리지널 제작 및 콘텐츠 독점 경쟁을 벌이는 2.0시대, 그리고 콘텐츠에 플랫폼 상품 전략 등을 더한 마케팅 전쟁이 활발한 3.0시대인데요. 오늘날 모든 글로벌 방송 시장이 이런 변화를 겪고 있습니다. 미국 할리우드의 경우 OTT 경쟁은 이미 3.0시대로 돌입했습니다. 2022년 8~9월 사이, 아마존의 〈반지의 제왕: 힘의 반지〉, HBO맥스의 〈하우스 오브 드래곤〉 등 영화보다 더 스케일이 크고 압도적인 OTT 오리지널 콘텐츠들이 등장했고, 이들 OTT는 신규 광고 상품과 FAST 서비스를 선보이며 등 치열한 마케팅을 전개하고 있어요.

한국 시장은 이제 OTT 경쟁 2.0시대에 본격적으로 돌입했다고 봅니다. 2022년 8월 모바일인덱스 조사 결과 국민 10명 중 8명이 OTT를 사용한 적이 있다고 응답했으며, 그 수도 4,288만 명이나 됐습니다. 이런 상황에서 앞으로는 오리지널을 앞세운 가입자 쟁탈 전쟁이 가속화될 거예요. 넷플릭스와 티빙, 웨이브 등 모든 OTT 업체가 오리지널 콘텐츠를 활용한 가입자 확보 전쟁에 지금보다 더 적극적으로 뛰어들 겁니다.

"플랫폼은 죽고 콘텐츠는 사는 시대", 2022년 9월 둘째 주, 기자님의 뉴스레터 제목인데요. 플랫폼이 많아지고 이들의 경쟁이 심화될수록, 콘텐츠의 몸값이 점점 올라가는 현상을 설명하고 있습니다. 향후 글로벌 미디어 판에서 플랫폼과 콘텐츠의 역학 관계는 어떻게 움직일까요?

미디어 시장에서 플랫폼과 콘텐츠는 늘 경쟁합니다. 극장의 태동 때도 그랬고 1940년대 TV의 등장, 1960년대(한국은 1980년대) 컬러 TV의 시대에도 콘텐츠와 플랫폼은 서로 긴장

관계를 유지하면서 성장해왔습니다. 특정 시대에는 플랫폼이 우세를 점하며 '이용자'를 확보했고, 또 어떤 시대는 콘텐츠에 집중한 사업자들이 많은 수익을 창출하기도 했고요.

전 세계의 미디어 시장도 이제는 이 책의 제목처럼 '콘텐츠가 전부'인 시대가 도래했다고 봅니다. 코로나19 팬데믹 이후 2~3년간 이어진 OTT 플랫폼 전쟁은 실탄(콘텐츠)을 필요로 해요. 지금은 전쟁에서 이기기 위해 실탄을 공급해줄 무기상(콘텐츠 스튜디오)의 몸값이 높아지는 시대입니다.

**팬데믹 시즌, 북미에서는 광고형 OTT와 무료 스트리밍 TV(FAST 채널)가 급성장했는데요. 그 추세는 어떤가요?**

2022년 상반기 이후 아마존의 프리비나 폭스의 투비 등 광고형 OTT는 독점 콘텐츠 확보 경쟁을 벌이며, 점유율을 확대하고 있습니다. 2023년에도 스마트 TV 광고 시장을 차지하려는 이들 후발 주자들의 노력은 계속될 거예요. 이는 다시 말해, 소비자들은 OTT에서 더 많은 독점 콘텐츠를 무료로 볼 수 있다는 뜻이기도 합니다.

시청자들이 스마트 TV 및 OTT로 옮겨가면서 관련 광고 시장도 더 커지고 있습니다. 한국도 (이전 속도는 느리지만) 2023년은 광고 OTT 시장의 시작을 알릴 가능성이 큽니다. 그렇게 되면 국내 토종 OTT 사업자들도 저가형 '광고 모델 OTT'를 고민하지 않을 수 없겠죠. 가장 먼저 이 시장을 치고 나가는 사업자는 '방송사와 연관성이 없는 OTT'가 될 것으로 전망됩니다.

**글로벌 콘텐츠 산업의 중심인 미국에서 봤을 때 K-콘텐츠의 경쟁력이 지속될 수 있을까요?**

2023년은 새로운 '한국의 해'가 될 가능성이 높습니다. 이전에는 우리가 글로벌 진출을 위해 노력했지만, 이제 글로벌 시청자들이 한국을 콕 집어 호명하는 빈도가 높아질 거예요. 특히 〈우영우〉 부스터로 인해 한국 OTT들의 오리지널 콘텐츠는 글로벌에서 과거보다 더 많은 주목을 받을 테니까요.

국내 콘텐츠 사업자들도 2022년 이미 글로벌 판매 제작 시스템을 갖췄습니다. 스튜디오드래곤, SLL(구 JTBC스튜디오), 네이버 웹툰 등은 모두 미국 LA에 지사를 설립했습니다. 또 하이브를 앞세운 국내 엔터테인먼트 사업자들도 글로벌 기획사, 제작사와의 협업 단계를 높이고 있고요. 2023년에는 이전과는 다른 수준의 K-콘텐츠 수요가 일어날 것으로 감히 예상합니다.

**국내외를 막론하고 최근에 흥미롭게 본 콘텐츠나 공개를 기다리고 있는 콘텐츠가 있나요?**

업무 특성상 해외 드라마를 많이 보는 편입니다. 사실 지금은 국내 드라마, 해외 드라마 하는 구분이 무색해졌지만요. 최근에 본 작품 중 눈에 띄는 콘텐츠는 미국 ABC에서 상영된 〈애봇 엘리멘트리Abbott Elementary〉 시즌2입니다. 재정난에 시달리는 미국 필라델피아의 한

공립학교 선생님들의 고군분투를 담은 이야기로 물론 내용 자체도 재미있지만 교훈과 감동도 있는 시트콤입니다. 시즌1도 재미있게 봤는데 시즌2는 더 재미있는 모큐드라마*가 됐습니다. 〈오징어 게임〉이 6관왕을 차지했던 제74회 에미상에서도 출연 배우 쉐리 리 랠프Sheryl Lee Ralph가 코미디 부문 여우 조연상을 받기도 했습니다. 국내에서는 디즈니플러스에서 보실 수 있어요.

- 모큐는 가짜란 뜻의 'mock'과 다큐멘터리의 합성어로 모큐드라마란 다큐멘터리 형식을 빌린 드라마를 의미한다.

CHAPTER

# 2

# 런닝맨 - 복면가왕 - 너목보를 지나 OTT 날개 단 K-예능

# 전 세계는 지금 'K-데이팅 리얼리티 쇼' 앓이 중

2022년 글로벌 OTT 시장의 핵심 화두는 넷플릭스의 어닝 쇼크, 그리고 '돈 플렉스'만큼은 세상 그 누구에게도 지지 않을 것 같던 그들의 비용 감축이었다. 혹여나 이 비용 감축이 여타 OTT로 번지거나, 글로벌 OTT 기업의 콘텐츠 투자 축소로 이어지진 않을까, 전 세계의 크고 작은 스튜디오들 모두 노심초사했을 것이다.

그러던 2022년 7월, 넷플릭스는 서울 명동 한복판에서 '한국 예능 상견례'라는 행사를 진행한다. 한국 예능 시장에 출두하겠다는 의지를 '상견례'라는 지극히 한국적인 이름으로 거창하게 선포한 셈이다. 주가는 곤두박질치고 두 번의 구조 조정을 통해 450여 명의 인력이 해고당한 상황에서 그야말로 급작스러운 K-콘텐츠 이벤트였지만, 한국의 예능 스튜디오와 창작자들에게는 더할 나위 없이 좋은 소식이었다. 행사에서 언급된 내용의 주요 골자는 이러하다. 첫째, 그간 넷플릭스는

"한국 예능이 있긴 한 거냐?"라는 말을 들어왔고 실제로 넷플릭스에 공개된 한국 예능은 예닐곱 작품에 불과했지만, 이제 본격적으로 K-예능을 시작하겠다는 것. 둘째, 하반기부터 한두 달에 하나씩 K-오리지널 예능을 공개하겠다는 것. 앞으로는 한국 시청자들에게 '넷플릭스에 예능 보러 들어갈까?'라는 인식이 생기길 바란다는 포부로 마무리된 오롯이 K-예능을 위한 자리였다.

## 서울의 중심에서 'K-예능'을 외친 이유

드라마 판과는 다르게 그간 한국 예능 시장에서 넷플릭스는 큰손이 아니었다. 2018년 〈범인은 바로 너!〉(유재석, 이승기 출연)를 시작으로 최근 〈신세계로부터〉(이승기, 은지원 출연), 〈먹보와 털보〉(비, 노홍철 출연) 등의 한국 예능을 공개했으나 흥행 점수표를 봐도, 투자 편수를 봐도, 그 입지가 아리송했음이 사실이다. 그렇다면 다른 OTT는 어떨까? 2021년 11월 디즈니플러스에서 공개된 SBS 〈런닝맨〉의 스핀오프 격인 〈런닝맨: 뛰는 놈 위에 노는 놈〉(김종국, 지석진, 하하 출연) 역시 큰 반향을 일으키지 못했다.

이에 대해 전문가들은 "드라마나 영화와 달리 로컬성과 시의성에 영향을 받는 예능은 글로벌 흥행에 대한 장벽이 높다"라고 말한다. 실제로 토크쇼나 리얼리티 쇼가 웃음을 만드는 메커니즘을 살펴보면, 특정 연예인의 과거 행적이나 성향이 복합적으로 작용하거나 해당 국가(지역)의 트렌드가 영향을 끼치는 경우가 많다. 즉, 그 연예인의 과거와 현재 그리고 시대를 함께 알아야 웃을 수 있다. 이것이 로컬 예능의 물리적인 한계다.

그런데 2021년 하반기에 놀라운 일이 일어났다. CJ ENM의 엠넷Mnet에서 선보인 〈스트릿 우먼 파이터〉(이하 〈스우파〉)가 유튜브 누적 조회수 4억 뷰를 돌파하며 글로벌 신드롬을 만들고, 백댄서Back Dancer라는 호칭을 댄서로 바꾸는 등 하나의 사회문화적 현상을 만들어내며 'K-예능'이라는 칭호를 얻게 됐다. 사실 〈스우파〉의 경우 K-팝이라는 글로벌 현상에 기대어 있는 것도 사실이지만, 한국의 케이블 TV 채널에 편성된 예능이 유튜브 짤을 통해 전 세계에 알려졌다는 점은 충분히 흥미롭다.

출처: 넷플릭스

K-콘텐츠 신드롬이 예능으로까지 확장되는 신호탄이 된 넷플릭스의 연애 리얼리티 〈솔로지옥〉. 넷플릭스 비영어권 TV쇼 순위에서 최고 4위를 기록했으며, 41일간 톱10에 머물렀다.

얼마 지나지 않아 매력적인 싱글 남녀의 데이팅 리얼리티 쇼 〈솔로지옥〉이 넷플릭스에 공개되자마자 입소문을 탔고, 급기야 2022년 1월 둘째 주에는 비영어권 글로벌 TV쇼 부분에서 시청률 4위까지 올라서는 등 K-예능의 해외 바이럴이 제대로 일어났다.

이에 대해 리드는 "전 세계가 한국의 훌륭한 데이팅 리얼리티 쇼 '솔로지옥' 앓이를 하고 있다"라고 말하는 등 아시아를 넘어 북미 시장을 점령한 K-드라마 신드롬이 K-예능까지로 확장되는 첫 물꼬를 튼 셈이다. 리드의 한국 사랑은 꽤 당분간 지속되지 않을까. K-드라마 제작비는 미국 드라마 대비 10% 수준이고 더구나 예능은 통상 드라마 제작비의 10~20% 수준에 불과하니, 비용 감축이 절실한 넷플릭스 입장에서 K-예능은 더할 나위 없는 선택지다. K-콘텐츠에 대한 무조건적인 애정이 아닌 '전략적 선택'이란 뜻이다. '가성비'라는 진짜 이유에 '콘텐츠 확장'이라는 구색과 명분까지 갖출 수 있으니 말이다. 물론 여기에 화제성과 시청 실적에 대한 기대는 덤이다.

이번 챕터에서는 오늘날 K-예능이라 불리기 시작한 국내 예능의 과거와 현재의 위치, 그리고 앞으로의 비전에 대해 다룬다. 우선 한국 예능의 역사에 한 획을 그었던 레전드급의 예능 포맷들을 훑어보고, OTT 예능의 성공 법칙과 한국의 예능꾼들이 새롭게 정착한 유튜브라는 신대륙까지 차근차근 풀어낼 예정이다.

K-예능은 'K-콘텐츠 르네상스'라는 울타리에 이제 막 들어왔다.

# K-예능의 레전드 포맷 변천사

"당신은 요즘 어떤 예능을 보는가?"라는 질문으로 시작해본다. 고단했던 하루의 모든 일정을 마치고 주전부리를 대충 챙긴 뒤, 배터리가 빵빵하게 충전된 태블릿을 들고 침대에 쏙 들어가는 순간을 상상해보자. 넷플릭스? 티빙? 아니면 유튜브로 들어갈까. 이 시간이야말로 '오늘도 잘 끝났다'는 안도감과 '뭘 보지?'라는 행복한 고민이 섞인 하루 중 가장 설레는 순간이다. 넷플릭스의 역대 오리지널 무비 중 최대 제작비(약 2억 달러)를 썼다는 〈그레이맨〉을 보긴 봐야 할 텐데, 야밤에 과격한 액션 블록버스터를 보자니 그다지 땡기지 않는다. 그러고는 몇초 고민하다 티빙에 접속해 나영석 PD의 신작 예능 〈뿅뿅 지구오락실〉을 보기 시작한다. 이렇게 예능은 우리의 삶에 딱 붙어있다.

그런데 지금의 '예능藝能'이란 단어를 쓰기 시작한 것이 2000년대 중반이니, 정확히 따지자면 예능의 역사는 아직 20여 년이 채 안 된 셈이다. 그전까지는 '코미디'나 '연예·오락'이라는 단어가 일반적이었다. "한국에서 예능이 언제 시작됐는가"라는 질문의 답에는 여러 가지 썰이 있지만, 한국의 코미디가 일본 방송을 참고하고 벤치마킹을 시작하면서 — 1990년대 이홍렬, 이경규 등 스타 코미디언들이 일본으로 유학을 가던 맥락과도 유사하다 — 일본에서 통용되던 '예능'이라는 단어를 그대로 받아쓰기 시작했다는 게 가장 현실적이다. 지금의 예능은 스토리텔링이 있는 정통 코미디(콩트 등)를 비롯해 다양한 연예, 오락, 버라이어티 쇼 등을 모두 통칭한다고 볼 수 있겠다.

## 스튜디오 예능에서 컨버전스 예능의 시대로

지난 20여 년간 예능 프로그램이 정착해오는 과정에서, 예능 트렌드도 함께 변화해왔다. 이를 설명하기에 앞서, 정해진 편성표에 따라 시간 맞춰 TV에서 방송 프로그램을 시청하던 시대는 끝났으므로, 이제 예능 '프로그램'이 아닌 예능 '콘텐츠'라고 부름이 정확하겠다. 다음 장의 표에서도 알 수 있듯이 예능 콘텐츠의 트렌드 변화는 우리 모두가 "맞아, 그때 그랬었지!"라고 무릎을 치며 공감할 만큼 한눈에 읽히는 편이다. 주로 실내 스튜디오에서 촬영된 각본형 예능을 지나 2000년대 중반부터 리얼 버라이어티 시대가 열렸고, 2010년대에는 한국인 특유의 흥과 가무를 즐기는 문화가 맞아떨어져서인지 '음악'을 소재로 한 서바이벌 예능이 대전성기를 맞이했다.

주목해야 할 지점은 그 이후다. 버라이어티도 서바이벌 예능도 '리얼Real'의 범주였으나, 점차 대중은 그 리얼을 위해 공급자가 설계해놓은 미션이나 챌린지를 거슬러 하기 시작했다. 결국 시청자가 'More 리얼'을 원하면서 이러한 니즈는 관찰 예능으로 이어지게 된다. 그즈음 음악 예능은 다양한 변주를 통해 더욱 다채로워졌고, 한국 예능 시장에서 잠깐의 트렌드가 아닌 하나의 계파로 자리 잡기에 이른다. 가장 최근의 예능 트렌드는 의심할 여지 없이 '컨버전스convergence'다. 요리, 여행, 낚시 같은 분야를 다루며 개인의 취향을 더 깊이 파고들거나, 싱글 남녀의 짝짓기에서부터 이혼과 재혼에 이르기까지 다루는 내용도 거침이 없다. 또는 지식정보를 제공하며 동시에 웃음을 주고 — 예를 들어 〈백종원의 골목식당〉의 경우에도 필자는 음식과 창업에 대한 정보를 제공하는 지식 예능으로 받아들인다 — 골프, 야구, 축구와 같은 스포츠는 물론, 더 나아가서는 범죄 추리형 예능까지 무궁무진한 소재와 결합하며 융합의 진가를 보여주고 있다. 물론 콘텐츠 컨버전스는 디지털 콘텐츠 산업 전역에 걸쳐 일어나는 움직임이지만, 정통 드라마에 비해 포맷이 열려있는 예능의 경우 이 흐름은 더욱 가속화될 것으로 보인다. 이쯤 하면 미래에는 예능의 장르나 포맷이 '틀(시스템)'이 아닌 '취향' 기반으로 구분될 수도 있지 않을까?

### 한국의 예능 트렌드 변천사

| | |
|---|---|
| **2000~2005년** | |
| 트렌드 및 특징 | 스튜디오 예능<br>(실내에서 촬영되며 각본 의존도가 높음) |
| 대표작 | 〈상상플러스〉, 〈도전! 골든벨〉 등 |
| **2005~2015년** | |
| 트렌드 및 특징 | 리얼 버라이어티 / 토크 쇼 |
| 대표작 | 〈해피선데이: 1박 2일〉, 〈일요일이 좋다: 패밀리가 떴다〉, 〈해피선데이: 남자의 자격〉, 〈황금어장: 무릎팍도사〉, 〈강심장〉, 〈힐링캠프〉, 〈무한도전〉 등 |
| **2010~2020년** | |
| 트렌드 및 특징 | 서바이벌 예능 |
| 대표작 | 〈슈퍼스타K〉, 〈K팝 스타〉, 〈런닝맨〉, 〈마스터셰프 코리아〉, 〈팬텀싱어〉, 〈미스트롯〉 등 |
| 트렌드 및 특징 | 참여 관찰 예능 |
| 대표작 | 〈슈퍼맨이 돌아왔다〉, 〈일밤: 아빠! 어디가?〉, 〈나 혼자 산다〉, 〈냉장고를 부탁해〉 등 |
| 트렌드 및 특징 | 음악 예능 |
| 대표작 | 〈히든싱어〉, 〈너의 목소리가 보여〉, 〈복면가왕〉 등 |
| **2018년 이후** | |
| 트렌드 및 특징 | 융합 예능<br>(음악, 요리, 지식정보, 여행, 스포츠, 남녀 데이트, 낚시, 추리 등의 장르와 결합) |
| 대표작 | 〈백종원의 골목식당〉, 〈골 때리는 그녀들〉, 〈나만 믿고 따라와, 도시어부〉, 〈알쓸범잡〉, 〈꼬리에 꼬리를 무는 그날 이야기〉, 〈여고추리반〉, 〈편먹고 공치리〉, 〈하트시그널〉, 〈솔로지옥〉 등 |

출처: 예능 PD 인터뷰 및 나무위키를 참고로 자체 제작

## 예능 판의 글로벌 비즈니스, 포맷 장사

펜데믹을 지나 OTT 시청이 일상화되며, 국내외 OTT 업체들은 드라마와 영화를 넘어 이제 예능 제작에도 투자하기 시작했다. 이에 따라 잘 만든 K-예능 1편이 190여 개 국가에 동시에 배달되는 세상이 왔지만, 그간 한국 예능에서 글로벌 사업이란 콘셉트, 전개 방식, 캐릭터 구성, 갈등 요소 등과 같이 '매회 반복되는 콘텐츠의 규칙적인 특성'(로젠Lausen, 1998)을 판매하는 '포맷 장사'에 국한됐던 것이 사실이다. 스토리가 극의 중심을 끌어가는 드라마와 달리, 예능은 시의성 및 로컬성에 큰 영향을 받기 때문에 콘텐츠 그대로 수출하기에는 무리가 있기 때문이다. 즉, 포맷 장사의 취지는 국가별로 상이한 사회·정치·경제·문화적 현상을 고려해 입맛에 맞게 고쳐 자국의 콘텐츠로 재창조하는 것이다. 포맷 수출 초기의 대표적인 국내 예능으로는 2000년대 초반 스페인에 판매된 〈TV는 사랑을 싣고〉와 2000년대 초중반 중국과 베트남에 판매된 청소년 퀴즈 프로그램 〈도전! 골든벨〉이 있다. 다만, 당시에는 콘텐츠 기획 및 제작 시스템이 미비하고, 판매 단계별 전문성에 대한 이해가 부족해 포맷 사업이 부분적인 매출 확장에 불과했다.

포맷 사업의 본질은 콘텐츠의 수익 기간을 늘려가는, 즉 콘텐츠의 '롱테일Longtail 전략'✦ 이다. 예를 들어, 곧 시즌4 편성을 앞둔 MBN 〈돌싱글즈〉의 포맷이 미국과 네덜란드, 일본 등에 회차당 00만 달러에 판

✦ 하위 80%에 속하는 다수가 상위 20%에 속하는 소수보다 뛰어난 가치를 만들어낸다는 경제 이론. 작은 것들이 모여 커진다는 관점에서 수익 활동 기간이 길어지는 것으로 해석되기도 한다.

출처: KBS

포맷 수출 초기의 예능 콘텐츠인 KBS 〈TV는 사랑을 싣고〉와 〈도전! 골든벨〉.

매됐다고 가정해보자. 포맷이 일으키는 초기 매출은 대세에 지장 없는 푼돈일 수 있다. 그런데 어디선가 시청률이 터지고 매년 새로운 시즌으로 이어진다 — 예능의 가장 큰 특징은 시장 반응에 따라 시즌제가 언제든지 가능하다는 점이다 — 면, 그리고 이 나비 효과로 인해 다른 국가에서도 포맷 판매가 시작되고 이들 국가에서 시즌제가 또 시작된다면 어떨까? 매년 화수분처럼 로열티가 쏟아지게 될 것이다.

미국과 중국을 비롯해 아시아 국가들과 유럽 등 총 24개국에 판매된 엠넷의 〈너의 목소리를 보여줘〉(이하 〈너목보〉)가 대표적인 사례다. 2015년 한국에 첫 공개된 〈너목보〉는 출연진의 외모와 사연만으로 음치와 실력자를 가려내는 음악 예능으로 전 세계에서 큰 사랑을 받은 K-예능의 시조새 격이다. 특히, 미국 폭스 채널에서 방영된 〈너목보〉의 미국 버전 〈I CAN SEE YOUR VOICE〉는 폭스의 TV 예능 중 가장 성공적인 프로그램으로 선정되며 시즌제로 정착했다. 영국과 독일에서도 시즌2, 시즌3로 이어졌고 영국의 《가디언》지는 이를 두고 "2020년 가장 특이하고 재미있는 예능"이라 극찬했다. 즉, 〈너목보〉의 글로벌 신드롬은 여전히 진행 중이며, 정기적으로 개런티가 따박따박 입금된다는 점에서 잘 만든 포맷 하나로 구독 경제를 설계할 수 있음을 증명해낸 셈이다.

〈너목보〉의 글로벌 성공에는 현지 기획 단계부터 콘텐츠를 제작할 때까지의 전 과정에 CJ ENM의 원작자가 프로듀서로 참여했다는 사실이 있다. 포맷 판매는 아이디어 콘셉트만 단편적으로 판매하는 것에서 현지에서 제작이 가능하게끔 컨설팅과 제작 매뉴얼까지 제공하는 패키지형, 더 나아가 원작자 집단을 현지 제작에 참여시키는 플라잉 PD 방식(원작 PD가 현지로 직접 날아가 연출과 자문을 하는 방식) 등이 있는데, 뒤로 갈수록 원작자 측에게 더 많은 수익이 발생하는 구조다. 이처럼 포맷은 콘텐츠의 고유한 형식이라 그 자체로 원천 IP이자 콘텐츠의 본질이 된다. 음원을 틀 때마다 원작자에게 저작권 수익이 쌓여가는 구조를 생각하면 이해하기 쉽다.

물론 가장 좋은 것은 원작자 집단이 현지 방송사의 공동 제작 파트너가 되는 것이다. SBS 〈런닝맨〉이 좋은 사례로, 조효진 PD와 제작진은 현지로 날아가 중국판 〈런닝맨〉인 〈달려라 형제奔跑吧兄弟〉를 공동으로 제작했다. 사업 구조는 중국 저장위성浙江卫视 TV의 시청률에 따라 광고 매출을 배분받는 조건이었는데, 정확한 수치가 공개되진 않았으나 한국이 300억 원에 가까운 수익을 취한 것으로 알려져 있다(특히 〈달려라 형제〉 시즌4의 시청률은 원조 한류를 이끈 인기 드라마인 〈대장금〉 중국 시청률의 2배였다).

앞서 포맷 사업은 콘텐츠가 수익 기간을 늘려가는 롱테일 전략이라고 말했는데, 최근 〈런닝맨〉이 베트남에 이어 필리핀으로 수출되며 이

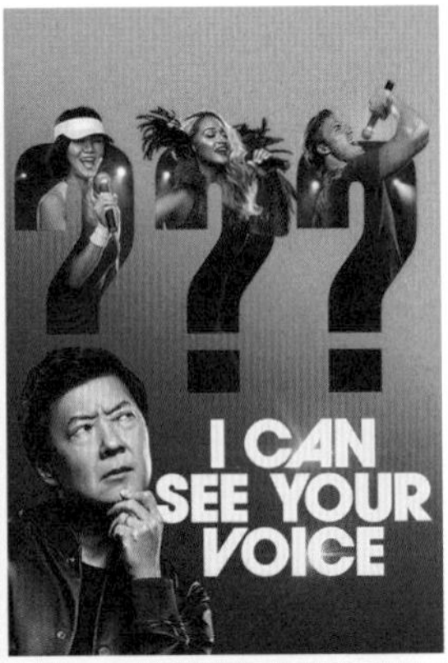


출처: CJ ENM, 폭스

출처: SBS, 얼반웍스

출처: CJ ENM, NBC

콘텐츠 포맷이 수출되며 글로벌에서도 큰 인기를 모은 국내 예능 프로그램 〈너목보〉, 〈런닝맨〉, 〈꽃보다 할배〉.

를 제대로 증명해내고 있다. 2010년에 시작된 구닥다리 올드 예능이 십수 년이 훨씬 지나 2022년 9월 3일, 필리핀 지상파 방송에서 시청률 1위를 기록한 것이다. 〈런닝맨 필리핀〉의 첫 시청률 14.4%는 경쟁 프로그램의 3배 수준으로, 몇몇 방송 클립이 유튜브에서 순식간에 수백만 뷰를 돌파하며 바이럴을 만들어냈다. 최첨단의 예능 트렌드를 좇는 것도 아니고 고작 그 옛날의 '이름표 뜯기', '플라잉 체어 퀴즈'✦ 등이 그대로 재현된 것뿐인데 말이다. 이 역시 SBS와의 공동 제작이며 시즌 전 회차가 한국에서 촬영된 점이 주목할 만하다.

tvN 〈꽃보다 할배〉는 2014년 한국 예능 최초로 미국 지상파 방송사인 NBC에 판매됐다(미국판의 제목은 〈BETTER LATE THAN NEVER〉다). 이후 이탈리아, 터키, 폴란드, 네덜란드 등 유럽 전역에서 순항 중이었으나, '노년 스타들이 젊은 짐꾼과 함께하는 해외여행'이라는 포맷이 코로나 팬데믹으로 인해 물리적인 어려움을 겪으며 시즌제 연장에 어려움이 있었다.

그렇다면 국내 방송 콘텐츠의 포맷 수출 규모는 어느 정도일까? 2018년부터 2020년까지 한국 방송 포맷의 수출액은 1,000~1,300만 달러(약 200억 원 내외)를 오르락내리락하는 수준이며, 이 중 80%가 예능 포맷이다. '한한령限韓令(한류 콘텐츠 금지령)'으로 인해 한국 포맷의 90%를 구매하던 큰손인 중국 자본이 막힌 탓에 이제는 포맷 수출의 호우시절이 지난 것처럼 보일 수 있지만, 그럼에도 불구하고 영국 미

✦ 예능 콘텐츠에서 선보이는 여름철 대표 게임 중 하나로 벌칙을 당하는 사람이 의자에서 튕겨 나가 물에 빠지는 놀이다.

디어 컨설팅사 K7 미디어K7 Media의 2020~2021년 보고서는 '올해의 포맷 스타Format Stars'로 한국을 선정했고, 여기에는 CJ ENM 〈너목보〉와 MBC 〈복면가왕〉이 큰 가교 구실을 했다. 한국콘텐츠진흥원 역시 2020년 가장 많이 팔린 아시아의 콘텐츠 포맷을 〈너목보〉와 〈복면가왕〉이라고 밝혔다.

특히 〈복면가왕〉의 경우, 2019년에도 K7 미디어의 '올해의 포맷Format of the Year'으로 선정된 바 있는데 현재까지 포맷 매출액과 소셜 바이럴 모두에서 압도적이다. 전 세계 50개국에 수출됐으며 독일과 미국에서는 역대 최고 시청률을 기록하는 등 현지의 반응도 폭발적이다. 화려한 무대는 기본이고, 가면(복면)을 쓰고 노래하는 인물이 누구인지 알아맞히는 독특한 콘셉트가 반향을 일으키며 명실공히 글로벌 음악쇼로 자리매김했다. "남녀노소 계급장 떼고 노래로만 진검승부한다"라는 부르짖음은 글로벌 시청자들을 열광시키기 충분했다. 현재 분위기가 계속된다면, 앞으로도 전 세계 어디에선가 〈너목보〉와 〈복면가왕〉의 시즌제가 꾸준히 생겨날 테니, 2030년쯤에는 두 작품 모두 '클래식 TV 음악 쇼'로 회자되지는 않을까.

이처럼 그간 포맷 사업은 '예능'이라는 특수한 콘텐츠 장르에서 할 수 있는 유일에 가까운 글로벌 비즈니스였다. 물론, 한국 콘텐츠를 유난히 사랑하고 벤치마킹을 가장 많이 한 중국의 '빅 머니' 유입이 막히면서 시장 규모는 작아졌음이 분명하다. 그렇지만 콘텐츠 창작자가 사업의 주도권을 가지고 수익 모델을 만들어간다는 점, 그리고 우리의 기획력을 전 세계의 포맷 시장에서 주목하고 있다는 점에서 이는 앞으로도 전략적으로 육성해야 할 원천 IP 기반의 핵심 사업임이 분명하다.

### 2020년 국가별 방송 포맷 글로벌 판매 순위

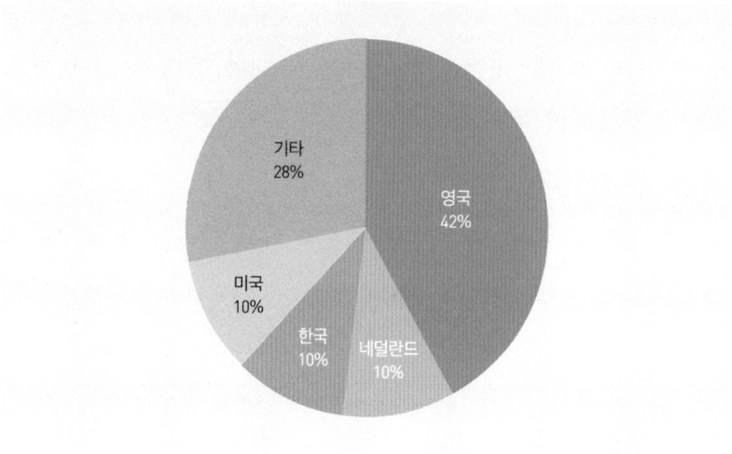


출처: K7 미디어

### 작품 포맷별 방영 버전 수

| 작품명 | 첫 방송 연도 | 국가 | 방영 버전 수 |
|---|---|---|---|
| The Masked Singer(복면가왕) | 2015 | 한국 | 41 |
| The Voice | 2010 | 네덜란드 | 38 |
| Who Wants To Be A Millionaire? | 1998 | 영국 | 35 |
| Master Chef | 2005 | 영국 | 29 |
| Dragon's Den | 2001 | 일본 | 28 |
| GOT Talent | 2006 | 미국 | 24 |
| The Voice Kids | 2012 | 네덜란드 | 21 |
| Come Dine With Me | 2005 | 미국 | 20 |
| Family Feud | 1976 | 미국 | 20 |
| Survivor | 1997 | 영국 | 20 |

출처: K7 미디어

## 포맷 장사에 OTT 날개를 달다

2021년 11월 진행된 제42회 청룡영화상에는 윤여정 배우의 특별한 스피치가 있었다. 다들 짐작하듯이 그해 영화 〈미나리〉로 아카데미 시상식에서 여우조연상을 받은 그녀를 예우하는 자리였다. 당시 그녀는 영국 《가디언》지의 'K-콘텐츠 르네상스'에 대한 인터뷰 질문에 "우리 K-콘텐츠는 준비돼 있었다. 이제야 알려진 것뿐"이라고 답했음을 밝혔다. 행간의 의미를 읽자면, 결국 "(콘텐츠를) 잘 만드는 것보다 잘 알리는 것이 중요하다"라는 뜻이 아닐까? 그렇다면 콘텐츠를 잘 알린다는 것은 무엇일까?

K-팝과 K-드라마의 글로벌 승리는 (인정하고 싶진 않지만) '디지털 확산력'이라는 관점에서 미국의 IT 유통망인 유튜브와 넷플릭스에 기대어 있다. 과거, 아니 지금도 'K-팝과 유튜브', 'K-드라마와 넷플릭스'는 떼려야 뗄 수 없는 관계인 것이다. 특히 구독 기반의 OTT들은 전 세계의 가입자를 끌어모으기 위해 할리우드의 비싼 콘텐츠는 물론, 유럽, 아시아, 남미 지역의 드라마와 영화에도 적극적으로 투자해왔다. 최근에는 예능 콘텐츠로도 눈을 돌리기 시작했는데, 이 같은 행보가 흥미로운 이유는 다음과 같다.

'OTT 소비의 일상화'를 과거 소비 행태에 빗대어 달리 표현하자면, 결국 'TV처럼'이다. 비싼 미국산 콘텐츠가 가득한 글로벌 OTT들이 "편하게 들러. 아무거나 골라서 보고 웃다 가!"라고 사람들을 꾈 수 있는 콘텐츠가 바로 예능인 것이다. 즉, 예능은 OTT가 TV처럼 인식되기 위한 가장 편안한 전략이자 모범 답안인 셈이다. 여기에 더해, 가입자 수 정체로 인한 OTT들의 비용 감축에도 (드라마와 비교해) 제작비가 낮은 예능은 딱 제격이다. 사업적으로 뜯어보면 더욱 분명해진다. 2022년 말, 광고 상품이 출시되는 넷플릭스와 디즈니플러스 입장에서는 광고 매출과 직결되는 가입자의 방문 빈도와 체류 시간이 전보다 중요해진 상황이다. 귀한 블록버스터 영화나 드라마보다는 OTT에 수시로 들어오게 만드는, 즉 광고를 최대한 자주 노출시킬 수 있는 콘텐츠가 필요해진 것이다. 그리고 그 답은 예능이다.

물론 지금까지 글로벌 OTT들이 K-예능을 도외시한 건 아니었다. 2016년 넷플릭스의 한국 상륙 이후, 2017년 박경림, 서경석의 서바이벌 쇼 〈비스트마스터〉를 시작으로 매년 한 작품씩은 오리지널 예능을 공개해왔다. 그럼에도 불구하고 국내 예능계에서는 독보적 존재인 유재석의 〈범인은 바로 너!〉조차도 글로벌 반향 없이 시즌3에서 종영됐다. 심지어 아직 '안 풀린 떡밥'이 꽤 남아있는데도 이를 다 회수하기도 전에 '묻지 마 종영'이 된 것은 아닌가 하는 시청자들의 설왕설래마저 있었다. 마치 2016년 넷플릭스의 〈마르코 폴로Marco Polo〉 시즌2의 마지막 회가 누가 봐도 시즌3를 예고하는 내용으로 마무리됐지만, 그 어떤 공식적인 언급 없이 그대로 시리즈가 종영된 것과도 데자뷔된다.

〈무한도전〉과 〈놀면 뭐하니?〉의 영웅 김태호 PD의 첫 OTT 데뷔작인 〈먹보와 털보〉 역시, 한국의 톱10 상위권은 한 달가량 유지했으나 글로벌 성적은 "글쎄올시다"였다. 이에 대해 넷플릭스는 "한국인에게 반응이 있었다면 충분한 성공이다. 한국에서 좋아했는데 글로벌 톱10에는 들지 못했다고 해서 실패라고 보지 않는다"라고 설명했지만, 이왕이면 더욱 많은 곳에서 소비되는 게 좋지 않겠는가. 지금은 콘텐츠 1편이 중국, 일본, 동남아 사업자들과의 개별 계약 구조를 통해 유통되고, 이를 바탕으로 지엽적인 성공을 거두던 시절은 아니기 때문이다.

거대한 IT 유통망을 통해 단일 국가의 콘텐츠가 리모컨 버튼 한 번, 모바일 터치 한 번으로 전 세계 2억 명의 가입자에게 보이는 세상이다. 최근 5~6년 새 한국 시장에 미국발 OTT 공룡들이 하나둘 들어오면서 콘텐츠 스튜디오도, OTT들도, 우리 가입자들도 많은 것을 학습했다. 그리고 이젠 모두가 안다. 스타 PD와 작가들이 예능 판의 귀재들을 섭외하고 십수년간 축적된 TV 예능 성공 공식들을 모조리 쏟아부어도 한 국가의 예능이 190개국에서 통하는 건 어렵다는 것을. 예능은 시대와 지역적 트렌드에 예민하고, 시청자는 각기 다른 취향을 지녔으며 늘 변덕스럽고 변화무쌍하기 때문이다.

출처: 넷플릭스, 디즈니플러스

2019~2021년에 넷플릭스와 디즈니플러스에서 공개된 K-예능. 글로벌 성적은 기대에 미치지 못했다.

### 글로벌 OTT의 K-예능 오리지널 투자 증가 추이

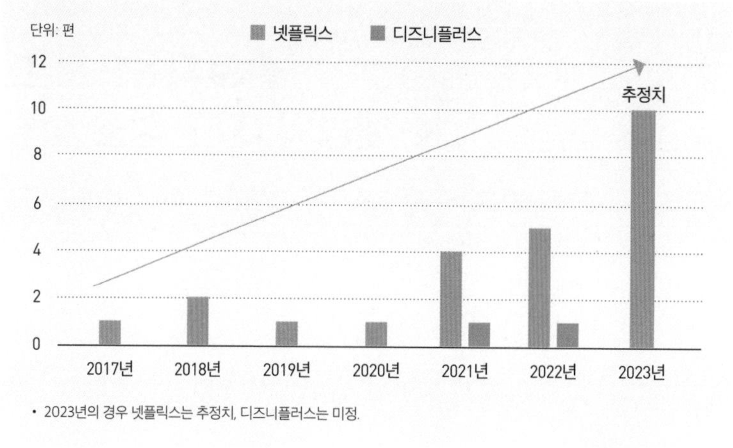


출처: 관련 기사 및 업계 인터뷰

그렇다면 이제, OTT 시대의 'K-예능 성공 방정식'을 제대로 한번 풀어보자.

# 솔로지옥으로 본
# K-예능의 OTT 성공 법칙

K-드라마의 글로벌 성공은 이제 한마디로 "더 이상 말해 뭐해"의 경지다. 〈킹덤〉, 〈스위트홈〉, 〈오징어 게임〉, 〈지옥〉, 〈소년심판〉, 〈우영우〉, 〈수리남〉에 이르기까지 연타석을 치면서 OTT 종주국인 미국을 놀라게 하고 'K-오리지널리티'를 만들었다. 반면 그동안 K-예능은 어땠는가. 넷플릭스와 디즈니플러스 모두에서 이수근과 박나래의 코미디 쇼(〈이수근의 눈치코치〉, 〈박나래의 농염주의보〉)는 물론이고 〈범인은 바로 너!〉 시리즈, 〈신세계로부터〉, 〈런닝맨: 뛰는 놈 위에 노는 놈〉까지 잔잔한 수준에 그치고 말았다. 게다가 요리 예능의 터줏대감 백종원을 앞세운 〈백스피릿〉, 스타 PD 김태호의 〈먹보와 털보〉마저도 그들의 이름값에는 못 미쳤음이 사실이다.

## K-예능의 글로벌화, 무엇이 걸림돌이었나

여기에는 몇 가지 이유가 있는데, 편의상 가장 대표적인 OTT인 넷플릭스로 설명해보자. 넷플릭스의 한국 가입자 비율은 전체 중 고작 4%인 반면, 유럽과 북미 시장 가입자를 합산한 비율은 무려 75%에 달한다. 즉, 글로벌 OTT에서의 콘텐츠 장사는 타깃 역시 전 세계의 시청자를 대상으로 확대해야 한다. 얼마 전 넷플릭스는 "한국인이 좋아하는 예능을 최우선으로 하겠다"라며 일견 한국인의 어깨가 으쓱할 만한 '착한 맛' 발언을 했지만, 곰곰 따지고 보면 공급자(플랫폼) 입장에서도 창작자 입장에서도 전 세계 190개국에 제공되는데 굳이 한 국가의 시청만을 목표로 할 필요는 없을 것이다. 한국의 〈오징어 게임〉이 넷플릭스 역사상 최대 시청 시간을 기록했던 것처럼 말이다. 그런데 예능은 이 길이 어렵다. 특정 국가에서 딱 그 시기의 사회문화적 담론에 맞게 생산되는 예능이 전 세계에 통용되기에는 한계가 있기 때문이다.

특히 한국 예능에 있어서 특유의 경쟁력이면서 동시에 콘텐츠의 글로벌 확산에 걸림돌이 되기도 하는 장치가 하나 더 있는데, 바로 자막이다. 이를 편의상 'K-자막'이라고 하자. '#자막과다', '#웃음유발자막', '#감정주입식자막' 등으로 묘사할 수 있는 K-자막은 한국인이라면 누구나 당연하게 받아들이는 한국 예능의 필수 장치지만, 여타의 국가들에서는 낯설고 흥미로운 지점으로 작용한다. 실례로 국내의 한 온라인 커뮤니티에서는 일본 예능 프로그램에서 패널들이 K-자막의 특징에 대해 박장대소를 하며 공감하는 장면이 화제가 되기도 했다. 예를 들어 "출연진의 감정을 마음대로 (자막으로) 삽입한다", "아무

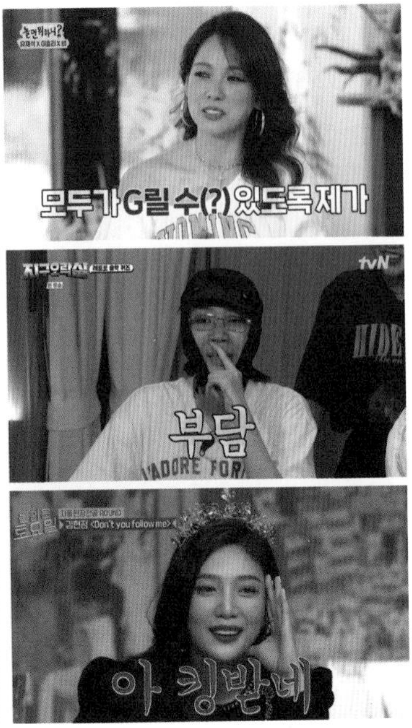


출처: MBC, CJ ENM, SBS

K-예능의 재미는 자막으로 완성된다고 해도 과언이 아니다. 이것이 기존 예능 포맷의 글로벌 진입 장벽으로 작용한 것도 사실이다.

말도 안 했는데 '긴장', '부끄'라고 쓰여 있다"와 같은 의견인데, 이는 외국인들이 K-자막에 대해 느끼는 신기함과 호기심을 잘 보여준다.

이처럼 K-자막이 입혀진 예능은 다른 언어의 국가들에 제공될 때 자막을 두 번 입혀야 하거나(이중 자막) 더빙과 자막이 혼재된 복잡한 방식으로 제공돼야 하는 애로사항이 있다. 그러다 보니 시청자들의 집중이 분산되는 경우가 많고, 자막을 최대한 잘 번역한다고 해도 재미를 유발하는 그 상황적 묘미를 제대로 살려내기란 결코 쉽지 않다.

## 〈솔로지옥〉이 2억 명의 시청자를 사로잡은 비결

이 같은 맹점들을 배제하고 전 세계의 공감을 받은 최초의 K-예능이 바로 〈솔로지옥〉이다. 넷플릭스는 말 그대로 "너무 잘됐다"라고 직접적으로 언급했으며 처음에 소개한 것처럼 리드 헤이스팅스는 "지금 전 세계가 한국의 데이팅 리얼리티 쇼 앓이를 하고 있다"라며 〈솔로지옥〉에 대한 특별한 애정을 보이기도 했다. 과연 〈솔로지옥〉은 어떻게 전 세계 2억 명의 가입자들을 사로잡을 수 있었던 걸까? 그 비결을 크게 네 가지로 나눠 설명하고자 한다.

첫째, 〈솔로지옥〉에는 스타가 없다. 유재석, 강호동, 이효리, 이승기, 전현무, 박나래 등 국내의 내로라하는 유명인은 아무도 없다. 천하의 유재석과 이효리도 북미와 유럽에선 수많은 아시아 연예인 중 1명이거나 어쩌면 아예 모르는 사람일 수 있다. 한국 예능 판을 집어삼키는 스타들도 — BTS나 블랙핑크가 아닌 이상 — 서구권에서 이들을 알기는 쉽지 않다.

〈먹보와 털보〉를 예로 들어보자. 우리는 〈무한도전〉을 통해 노홍철식 개그와 화법은 물론 그의 개성 있는 패션 취향까지 철저히 학습했고, 비의 화려했던 가수 시절과 할리우드 영화(〈닌자 어쌔신〉) 출연, 그리고 가까운 지인은 누가 있는지까지 다 알고 있다. 즉, 두 남자의 오랜 행보와 캐릭터를 알고, 그들이 치는 대사와 그 행간의 의미를 읽을 수 있기에 〈먹보와 털보〉를 재밌게 볼 수 있는 것이다. 비가 가족에 대해 담담히 이야기할 때도 한국인이 애정하는 절세의 미녀 배우와의 결혼 및 가정사를 익히 알고 있기에 훈훈함과 따뜻함을 느낀다. 반면, 북미와 유럽의 넷플릭스 시청자들이 〈먹보와 털보〉를 보며 우리처럼 받아들일 수 있을까? 그렇지 않을 것이다. 넷플릭스 역시 〈먹보와 털보〉에 대해, 한국에서 30일간 1위를 기록한 국내 시장의 성과만을 언급했다.

2022년 상반기, 티빙에 공개된 후 폭발적인 흥행몰이를 한 이효리의 〈서울체크인〉도 마찬가지다. 그녀는 국내에서 한 시대를 풍미한 걸그룹의 리더이자 대표적인 디바이면서 동시에 타고난 예능 스타이다. 또한 사회운동가이자 동물애호가이고 결혼 후 제주도에 정착해 특유의 라이프스타일로 대중의 지속적인 관심을 받아왔다. 우리는 그녀의 많은 것을 알기에 '제주도의 이효리'가 다시 서울에 올라와 친구들을 만나고 변화한 서울 트렌드를 맞닥뜨리는 모습이 보고 싶은 것이다. 다들 비슷한 마음이었는지 〈서울체크인〉은 공개되자마자 유료 가입 기여자 수 1위에 올랐고 시청 트래픽도 연일 상승세를 기록하는 등 티빙의 매출에 크게 기여했다. 그런데 만약 〈서울체크인〉이 토종 OTT가 아닌 넷플릭스나 디즈니플러스를 통해 공개됐다면 어땠을까? 글로벌에서도 이만큼의 반향을 불러일으킬 수 있었을까? 제아무리 천하의 '이효리'라지만 북미와 유럽에서는 그녀를 잘 모른다. '슈퍼스타'가 아닌 것이다.

그래서 〈솔로지옥〉은 한국의 예능 스타들을 철저히 배제했다. 어쩌면 리얼리티 쇼에서는 유명인이 그다지 필요하지 않다고 생각했을 수 있다. 그렇게 대한민국의 일반인들이 모집됐고, 전 세계의 시청자들은 한 번도 본 적 없는 그 선남선녀들의 청춘을 만끽했다.

둘째, 〈솔로지옥〉에는 앞서 설명한 웃음을 유발하는 K-자막이 드물다. 이는 깔끔한 화면 구성과 웰메이드 더빙으로 이어졌고, 혹자는 감정을 유입시키는 자막의 부재가 오히려 국가별로 유연한 해석을 가능하게 했다고 평가한다.

셋째, 〈솔로지옥〉의 소재가 가진 '유니버설 코드'다. 동서고금을 막론하고 전 세계에서 통하는 남녀 데이트, 짝짓기, 연애라는 가장 보편타당한 소재로 밀고 나간다. 심지어 장소는 또 어떠한가. 〈솔로지옥〉이

출처: 넷플릭스

로컬성이 배제된 〈솔로지옥〉의 장치들: 일반인 캐스팅, 무인도, 짝짓기.

K-콘텐츠라는 사전 정보가 없다면, 그 어디에서도 한국적인 냄새가 나지 않는 무인도 설정이다. 그 흔한 한국 간판 하나 찾을 수가 없다. 실제 촬영 장소는 인천 옹진군의 사승봉도라는 섬이다. 즉, 이는 철저히 로컬성이 배제된 장치들이다.

마지막은 예능을 보는 건지, 다큐멘터리를 보는 건지, 드라마를 보는 건지 잘 모르겠는 방송 포맷이다. 거창하게 말하면 '예능의 컨버전스' 트렌드라고 할 수 있다. 분명 리얼리티 쇼라는 형식을 취하는 예능인데 진택에게 상처받는 소연에게 감정이입을 하고, 지연만 바라보는 세훈이 짠하고, 그 어떤 세기의 로맨스보다도 지아 - 현중 - 현승의 삼각관계를 보는 재미가 쏠쏠하다. 즉, 로맨스와 다큐멘터리가 버무려지고 스토리텔링이 더해진 융합 예능인 것이다. 스토리는 곧 세계 만국의 공통어가 아니겠는가. 이는 〈솔로지옥〉이 글로벌 소통에 성공할 수 있었던 이유기도 하다.

물론 〈솔로지옥〉의 제작진이 글로벌 시장을 염두에 두고 이 네 가지 법칙을 설계한 것인지는 명확히 말하기 어렵다. 실제로 넷플릭스의 유기환 예능 총괄 매니저 역시 "당시 한국인이 데이팅 프로그램에 목말라 있는 것 같아서 이 같은 프로그램이 국내 시청자들을 만족시키겠다고 생각했는데, 해외 시청자들도 큰 사랑을 주셨다"라고 말한 것으로 보아 애초부터 면밀하게 글로벌 콘텐츠로 기획됐다고 보기에는 무리가 있다. 그렇지만 실제로 〈솔로지옥〉은 전 세계 각양 각지에서 흥미로운 평가를 받았다. 아마존의 자회사인 미국의 콘텐츠 데이터베이스 IMDb에서 평균 8점대의 높은 평점을 기록하기도 했다. 인상적인 글로벌 시청자들의 몇몇 리뷰를 소개하면 다음과 같다.

- 당신이 멜로드라마에 별다른 감흥이 없어졌다면 무조건 봐야 하는 K-TV쇼 _ benighted2005
- 우리(서양 문화) 사회에서 데이트 문화가 왜 시들해졌을까? 난 〈솔로지옥〉에서 섹슈얼함을 본 것이 아니라 신선한 무언가를 느꼈다. _ january11pv5

✷ 미국 문화에선 없는 흥미로운 지점. 〈솔로지옥〉은 신사적이고 다정하고 솔직하고 놀랍다. _justintannerpw1

✷ 너무 놀랍다. 넷플릭스는 〈솔로지옥〉의 시즌을 계속 이어가야 할 것이다. _ mrsgatorbranch1217

이제 드라마에 이어 예능까지 OTT 시대를 맞이했다. 그간 한국 예능은 아시아를 중심으로 포맷 판매와 연결된 지엽적인 성공에만 그쳤었다. 원론적인 이야기지만 콘텐츠는 올라타는 플랫폼에 따라 기획 방향이 달라져야 한다. K-예능 최초로 글로벌 흥행을 거머쥔 〈솔로지옥〉의 사례를 바탕으로 글로벌 확장성이 어려운 로컬 예능의 맹점을 최대한 배제하고 기획 단계부터 '글로벌 스탠더드'로 K-예능을 설계하는 전략이 필요한 시점이다.

2022년 하반기 공개를 앞둔 〈솔로지옥〉의 시즌2와 함께 K-예능의 글로벌 전성시대를 기다린다.

✷✷✷ OTT 시대를 맞이한 K-예능

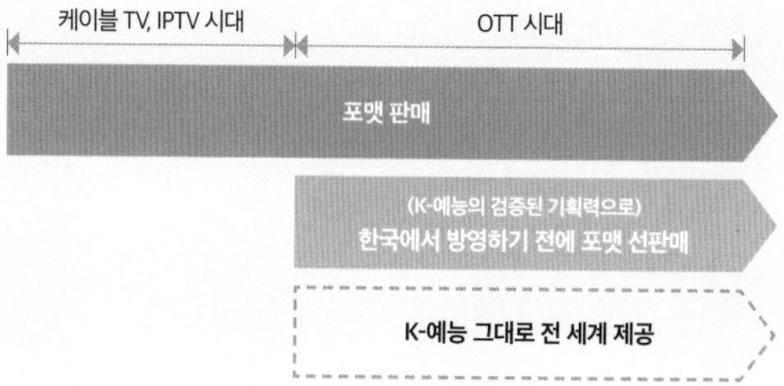

# TV 스타들, 유튜브 신대륙으로 대거 이동

덥수룩한 단발 가발을 쓴 연예인 3명이 경기도 화성시 삼성전자 반도체 사업장에 도착하더니 45만 평에 달하는 부지를 보며 탄성을 내뿜는다. 삼성전자 연구원이 이들을 반갑게 맞이하며 사업장 곳곳을 소개한다. 바로 '공부왕찐천재 홍진경'(이하 '공부왕찐천재')이라는 유튜브 채널에 올라온 한 영상의 내용이다. 해당 콘텐츠의 초반 3분 정도만 보면, 삼성전자에서 공부왕찐천재에 유료 광고를 제안한 것을 쉽게 알 수 있다. 총 14분가량의 콘텐츠를 통해 삼성전자가 알리고 싶었던 건 크게 두 가지 정도로 보인다. 2021년 9월, 반도체 기업 최초로 영국의 환경 인증 단체인 카본 트러스트The Carbon Trust로부터 트리플 스탠더드(물, 탄소, 폐기물 절감)를 인증받았고, 삼성전자의 메모리를 사용하면 글로벌 데이터 센터들이 전력을 대폭 절감할 수 있다는 것이다. 핵심은 삼성전자 반도체가 지구를 살리는 데 일조하고 있다는 사실이다. 2021년 기준 연 매출 280조 원에 달하는 글로벌 기업이자 철통 보안이 생명인 전 세계 반도체 1위 기업이 유튜브 채널을 통해 기업의 메시지를 전달한다. 이것이 바로 지금 유튜브 예능의 현주소다.

하루의 일상을 되새김해보자. 출근길 지하철, 점심시간 사무실, 화장실 — 한 지인은 남편이 화장실만 들어가면 유튜브 웹 예능 〈파이트 클럽〉을 보느라 함흥차사라며 야단이다 — 그리고 하루의 모든 일정을 끝내고 편한 마음으로 누운 침대 위에서 우리는 무엇을 하는가. 밀렸던 카톡도 정리하고 심야 TV 뉴스도 틀어놓지만, 결국 자연스럽게 유튜브에 접속하게 된다. 각자 본인이 구독하는 유튜브 예능 채널이 1~2개는 있을 것이다. 필자의 경우, 구독해둔 예능 채널은 다양하지만 매일의 습관처럼 보는 것이 '슈카월드'와 이영지의 '차린 건 쥐뿔도 없지만', 재재의 '문명특급' 그리고 '김지윤의 지식Play' 정도다. 이처럼 지금 각자의 머릿속에서 맴도는 유튜브 예능들을 떠올려보면 어떤 생각이 드는가. 바로 콘텐츠의 완성도다. 지극히 상업적인 문법을 따르고 있으며 출연진 또한 TV에서 우리가 늘 봐오던 친숙한 얼굴들이다. 지금의 유튜브는 '사용자(시청자)가 자유롭게 동영상을 올리고 시청할 수 있는 플랫폼'이라는 본연의 역할을 넘어선 지 꽤 오래다. 더 이상 UGCUser Genearated Contents 플랫폼도, 셀럽들의 개인 방송 채널도 아니라는 뜻이다.

즉, 집단화된 프로페셔널 지성들이 모여 지극히 상업적인 웰메이드 예능을 제공하고 있다. 디지털 크리에이터 태생이 아닌 A급 스타들이 유튜브를 브이로그로 활용하더니, 이후 전문 TV 예능인들이 넘어왔고, 이젠 스타 PD와 작가 등 TV 예능 제작 집단이 통으로 넘어오고 있다. "스타 PD 대거 퇴사, 방송계 지각변동" 같은 헤드라인은 더 이상 자극적이지 않을 정도다. 지상파, 종편, 케이블 채널 등의 스타 PD들이 우후죽순 방송국을 떠나 OTT 오리지널과 유튜브 예능을 제작한다. 〈스우파〉로 K-댄스 신드롬을 만들었던 CJ ENM의 권영찬 PD, 〈미스트롯〉으로 TV조선의 전성시대를 열었던 서혜진, 황인영 PD 등 다수의 스타 예능 PD들이 TV 방송국을 떠나고 있다. 지금은 어떤 채널에서 어떤 요일에 편성되고 어떤 플랫폼에 제공되는지가 아니라, 어떤 콘텐츠를 만드느냐가 더욱 중요한 시대이므로 스타 제작 군단의 경우, 특정 방송국에 머무르는 '안정 지향적' 플레이가 불필요하다는 계산일 것이다.

스타 제작진이 아니더라도, TV 프로페셔널 집단이 유튜브 예능의 판으로 유입되면서 콘텐츠 기획력의 수준과 만듦새가 높아지고 있다. TV 예능 대비 상대적으로 짧은 러닝타임은 Z세대들뿐 아니라 기성세대들의 달라진 소비행태와도 맞아떨어진다.

〈오징어 게임〉의 나비 효과가 유튜브로 이어지며 〈머니게임〉, 〈파이트 클럽〉 등 스토리가 더해진 서바이벌 예능으로 이어지고 연예인들의 브이로그형 콘텐츠에 A급 게스트들이 출연하며 유튜브 예능의 영향력은 더 커지고 있다. 연예인들이 TV 활동에서 미처 다 보여주

### 유튜브 예능의 진화 트렌드

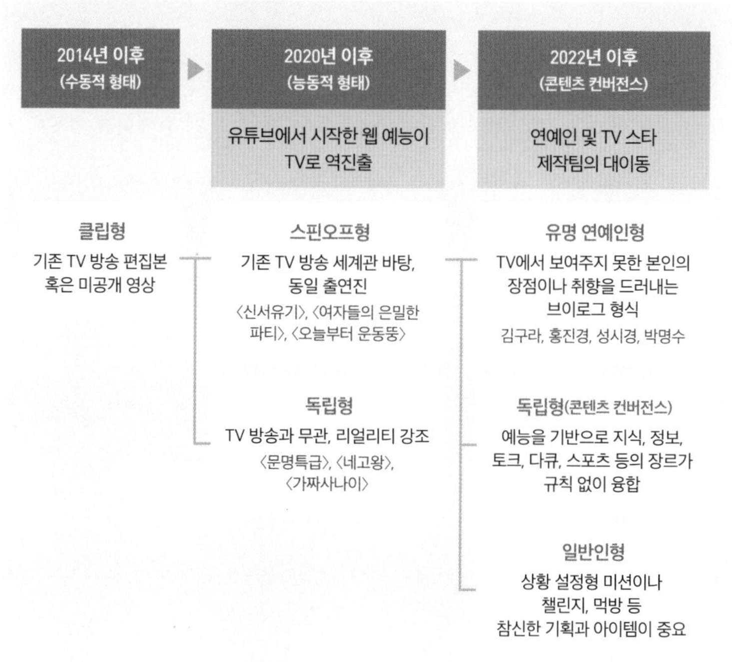


지 못했던 본인의 장기나 맛집, 요리, 낚시, 골프, 패션 등을 다룬 콘텐츠들은 지극히 개인의 취향에 기반한 것이다. 이러한 취향 기반의 콘텐츠에 팬덤이 붙으면서 조회 수가 늘어나고, 기획사나 플랫폼의 자본이 더해지고 있다는 것은 꽤 흥미롭다. 업계 인터뷰에 따르면, 평균 50~100만 회 사이의 조회 수가 나오는 채널의 경우 구글 애드센스 수익을 제외하고서도 제작비의 3~4배 이상의 협찬 수익이 추가 발생한다고 한다. 미래의 비즈니스 수익은 저 멀리 수억 명이 아닌, 나와 비슷한 내 주위의 1천 명을 대상으로 시작해 팬덤을 확장해나가는 것이

라는 '커뮤니티형 비즈니스'의 본질을 생각하게 하는 대목이다.

실례로 카카오 엔터테인먼트가 인수한 유튜브 예능 제작사 쓰리와이코프레이션3Y Corporation은 2021년 11월에 웹 예능 〈머니게임〉의 진행자인 진용진의 유튜브 채널을 인수했다(인수 전 해당 채널의 월평균 수익은 3천만 원 수준으로 추정된다). 홍진경의 〈공부왕찐천재〉 역시 동명의 유튜브 채널에서 인기를 얻으며 카카오TV에서 웹 예능으로 제작됐고, 격투 서바이벌 〈파이트 클럽〉의 경우 유튜브 채널 '정찬성 Korean Zombie'와 카카오TV에 동시 편성되고 있다.

다양한 장르와 포맷이 결합하는 예능의 컨버전스 트렌드 또한 유튜브에서는 더 자유롭다. 이중 가장 주목해야 할 장르가 바로 유튜브의 지식정보 예능이다. 딱딱한 경제 시사를 편안하게 전달하는 경제 유튜브 채널 '슈카월드'와 '신사임당'은 운영자 슈카와 주언규의 재치

출처: 각 유튜브 채널

유튜브 예능의 산업화. 스토리가 더해진 서바이벌 예능이나 연예인의 취향을 반영한 브이로그식 콘텐츠들이 인기를 끌고 있다.

있는 입담으로 빠르게 성장한 경우다(최근 주언규 PD는 신사임당 채널을 개인 사업자에게 매각했다). 이들이야말로 지식정보와 예능이 균형감 있게 결합한 유튜브 예능 컨버전스의 모범 사례로 평가된다. 특히, 2021년 6월 삼프로TV의 운영사 이브로드캐스팅이 슈카월드와 합쳐지며 말 그대로 경제 유튜브 왕국으로 쐐기를 박게 된다. 이 밖에도 외교 정치에 특화된 김지윤 박사의 '김지윤의 지식Play', 조승연 작가의 '조승연의 탐구생활', MBC 사옥의 14층 사람들이 만드는 쉽고 짧은 뉴스 '14F 일사에프' 등이 대표적인 유튜브 지식정보 채널들이다. 이들은 본업인 지식정보의 전달 외에도 라이프스타일 전반에 걸친 흥미롭고 재밌는 다양한 이야기들에 연예인이나 셀럽을 섭외하는 등 전반적으로 예능이라는 큰 틀 안에서 소통하고 있다.

출처: 각 유튜브 채널

유튜브의 다양한 지식정보 예능 채널. 일사에프, 조승연의 탐구생활, 김지윤의 지식Play.

## 유튜브 예능으로 고객과 소통하는 기업들

유튜브 예능이 웰메이드 포맷으로 자리 잡은 데는 '콘텐츠로 소통'하는 기업들의 자본이 늘어난 것도 한몫했다. 과거 돈 많은 기업들의 마케팅은 그다지 어렵지 않았을 것이다. 좋은 광고를 만든 뒤, TV 시청률이 높은 프로그램들 사이에 잘 끼워 넣으면 되던 시대가 있었다. 방송 광고가 전부이던 시대를 지나 이제는 나에게 딱 맞는 타기팅된 소셜 광고의 시대가 왔지만, TV, OTT, SNS, 유튜브에서 매일 새로운 콘텐츠가 쏟아지는 지금은 광고 영상 하나를 끝까지 시청하는 일이 쉽지 않다. 이렇다 보니, 다양한 방법으로 광고 효과를 고민하는 발 빠른 기업들이 하나둘 콘텐츠를 제작하며 시장과 소통을 시작한 것이다.

대표적인 사례가 삼성전자의 시트콤 예능 〈프로덕션 522〉 시리즈로 유재석, 김희철 등이 출연하는 회사 시트콤이다. 당연히 갤럭시라는 상품이 등장하지만, 우리가 15분이라는 긴 시간을 시청하는 이유는 상품 때문이 아니라 직원들끼리 티격태격하는 모습이 재밌어서다. 이 밖에도 꾸준히 유튜브에서 콘텐츠 소통을 하고 있는 우아한형제들(배달의 민족)과 비바리퍼블리카(토스)를 비롯해, 티몬의 여행 예능 〈잘사는 레시피〉와 게임 예능 〈게임부록〉, 편의점 브랜드 CU의 MBTI 예능 〈편BTI〉, 박명수와 댄서 가비가 함께 한 신세계 SSG의 〈거상 박명수〉 등 일일이 언급하기 어려울 만큼 다양한 기업들이 유튜브 예능 콘텐츠를 제작하고 있다. CJ제일제당 역시 유튜브 채널을 개설해 〈제1의맛을 찾아서〉, 〈구해줘 집밥〉 등 예능 성격의 콘텐츠로 MZ세대들과 소통하고 있는데, 이는 단순 광고나 레시피가 아니라는 점이 특징이다.

출처: 프리콩, CJ제일제당, 삼성전자, 신세계

다양한 기업들의 유튜브 예능 제작 트렌드. (왼쪽 위부터 시계 방향으로) 티몬이 아프리카TV의 자회사 프리콩과 합작해 제작한 〈게임부록〉, CJ제일제당의 〈제1의맛을 찾아서〉, 신세계 SSG의 〈거상 박명수〉, 삼성전자의 〈프로덕션 522〉.

기업들의 이 같은 예능 제작 현상에 대해 2022년 3월 매일경제TV는 "(상품은) 결국 웃겨야 팔린다"라는 헤드라인으로 보도한 바 있는데, 이는 앞서 말했듯이 '광고까지 보기엔 바쁜 소비자들과 신박한 엔터테이닝으로 소통한다'는 콘텐츠 마케팅 전략으로 해석할 수 있다. 이와 관련해 국내 광고대행사의 한 관계자는 "최근 광고주들로부터 웹 예능 방식의 콘텐츠 마케팅 제안이 많이 들어오는 편이다. 이는 전체 광고 예산 중의 일부를 웹 예능 콘텐츠에 활용하는 방식으로 아직은 그 효과를 검증해가는 단계지만, TV 광고 대비 매우 저렴한 비용으로 소비자들과 소통이 가능하며 광고 콘텐츠의 휘발성과는 달리 자체 제작한 콘텐츠로 축적된다는 특성이 있다"라며 기업들의 유튜브 예능 트렌드를 분석했다. 한편, 유튜브의 괴물 신인들이라 불리는 '너덜트'와 '숏박스'가 SK온(SK이노베이션의 배터리 사업 자회사), FIFA 온라인 게임4, CJ CGV, 아이나비 내비게이션으로 알려진 팅크웨어 등과 제작한 스토리형 예능 시리즈들도 매우 흥미롭다.

결론적으로 지금의 유튜브 예능 트렌드는 유튜브로 이동한, 그리고 계속 이동하고 있는 소비자와의 소통을 이어가기 위한 콘텐츠 전략이다. 시청자가 이동하니 자본이 흘러가고, 자본이 흘러가니 TV 방송에서 활약하던 프로패셔널 집단들이 이동하면서 기업의 콘텐츠 마케팅은 물꼬가 트였다. 지금까지의 흐름상 콘텐츠의 만듦새와 소비자의 시청 수준은 더 높아질 테니, 유튜브 예능의 전성시대는 한동안 멈추지 않을 것으로 보인다.

2022년 하반기에 시작한 tvN의 인기 예능 〈뿅뿅 지구오락실〉은 스타 PD 나영석의 신규 예능이다. 그런데 출연진을 보면 뭔가 이상하다.

출처: '채널 십오야' 유튜브 채널

tvN 〈뿅뿅 지구오락실〉에 출연 중인 유튜브 예능 스타들. 〈뿅뿅 지구오락실〉은 MZ세대 여성 출연진을 중심으로 식상해진 예능 판에 유쾌한 균열을 일으켰다고 평가받는다.

소위 나영석 사단이라고 불리는 강호동도, 이승기도, 유희열도, 이수근도, 이서진도, 차승원도 아무도 없다. 취중 진담 토크쇼 콘셉트의 유튜브 채널 '차린건 쥐뿔도 없지만'을 운영하는 래퍼 영지와 브이로그 영상으로 팬덤이 강한 유튜브 채널 '밈PD'의 미미(걸그룹 오마이걸 멤버), TV보다 유튜브 채널 '은지랑'으로 주목을 받아온 개그우먼 이은지 등 출연진 대부분이 유튜브에서 더 큰 사랑을 받은 예능 스타들이다. 대한민국 TV 예능을 쥐었다 폈다 하는 천하의 나영석 PD가 오롯이 유튜브가 낳은 예능 스타들을 TV로 그대로 이동시켜 tvN의 인기 프로그램으로 만든 것이다. 이것이야말로 지금의 유튜브 예능 대세를 가장 여실히 드러내는 사례가 아닐까?

# K-예능의 탄생, 새로운 소재가 아닌 새로운 인물의 발굴

**지현숙** | 예능 작가

2021~2022년, 전 세계에서 가장 성공한 데이팅 리얼리티 쇼 〈솔로지옥〉의 기획 작가다. KBS 〈해피투게더〉, KBS 〈1박 2일〉 시즌3, 그리고 최근의 tvN 〈어쩌다 사장〉 시즌1~2 등 일일이 열거하기 힘들 정도로 무수한 TV 예능을 흥행시킨 마이더스의 손이다. 2021년 넷플릭스 〈솔로지옥〉의 글로벌 성공을 시작으로 2022년 9월 티빙 오리지널 〈청춘MT〉 등 OTT 예능에서도 활발히 활약 중이다. 2022년 말 〈솔로지옥〉 시즌2 공개를 앞두고 있다.

**〈솔로지옥〉이 글로벌 성공을 거둘 수 있었던 이유는 무엇일까요? 〈솔로지옥〉의 성공 요인은 다양하겠지만, 메인 기획자로서 어떻게 바라보는지 궁금합니다.**

〈솔로지옥〉이 전 세계적으로 사랑을 받은 가장 큰 이유는 핫하고 매력적인 출연자들 때문이라고 생각합니다. 외모가 뛰어난 출연자들은 다른 데이팅 프로그램에도 있지만, 〈솔로지옥〉에는 한여름의 무인도(지옥도)에 어울리는 멋진 몸매의 건강한 매력을 가진 출연자들이 있죠.

그리고 지옥도에 들어와 서로에 대한 직업이나 나이도 모른 채 제한적으로 서로를 알아가다가, 커플이 되면 초호화 호텔(천국도)에 가서 아무런 제약 없이 데이트를 즐길 수 있다는 설정이 재밌지 않았나 싶어요. 커플이 돼 천국도에 가면 둘만의 비밀이 생기는 셈이잖아요. 같이 천국도에 가지 않으면 마지막까지 진심을 알 수 없고요. 이렇게 서로를 더 알고 싶게 만드는 설정이 상대에게 더 적극적이고 솔직하게 감정을 표현하도록 이끌어 다양한 서사를 만들어준 것 같습니다.

한편, 만국 공통 코드인 러브라인을 간결하게 전개한 것도 특징이라 할 수 있는데요. 그간 한국 예능의 특성이었던 자막을 최소한으로 사용해 전 세계의 어느 시청자라도 쉽게 이해할 수 있고, 극의 몰입에 방해받지 않도록 한 점도 주요했던 거 같아요. 이런 요소들이 시청자 스스로 출연자들의 심리를 추측하고 해석하게 만들어 더 재미있게 느껴진 게 아닐까요.

**국내 TV 방송이나 티빙·웨이브 같은 로컬 OTT 예능과 전 세계 시청자를 대상으로 하는 글로벌 OTT 예능을 기획할 때 가장 큰 차이는 무엇일까요?**

글로벌 예능이든 아니든 '내가 시청자라면 이 프로그램을 볼 것인가?'를 먼저 생각합니다. 직관적으로 느낄 수 있는 재미 포인트를 먼저 잡는 거죠.

글로벌 예능은 아무래도 콘셉트가 분명하고 간결해야 합니다. 콘셉트를 이해시키는 데 많은 설명이 필요하거나 여러 장르가 혼재돼 있으면 언어의 한계 때문에 미묘한 오해가 생길 수 있고, 그러다 보면 시청자들이 흥미를 잃게 되겠죠. 그다음으로 언어나 국가를 초월해서 누구나 쉽게 공감하고 몰입할 수 있는 주제를 찾고, 그것을 끌어내는 강렬한 장치를 고민합니다. 외국 시청자들에게는 한국의 웬만한 연예인들이 다 신인이나 마찬가지일 테니 출연자의 인지도나 기존 캐릭터에 의존하는 기획보다는 콘셉트 자체가 강한 프로그램을 기획하게 되는 거 같아요.

**최근의 예능 트렌드는 어떻게 흘러가고 있나요?**

쿡방이나 먹방, 음악 예능의 인기는 좀 식은 거 같고요. 연애 예능, 데이팅 예능은 여전히 강세이기는 하지만, 비슷한 종류의 프로그램이 많이 양산되다 보니까 점차 피로도가 쌓이고 있는 것 같아요. Z세대들이 지상파 방송은 거의 보지 않고 넷플릭스나 유튜브 위주로 콘텐츠를 소비하는 것처럼 점점 각자의 취향대로 입맛에 맞는 프로그램을 골라서 볼 수 있는 시대니, 예능 역시 명확하고 심플한 콘셉트의 숏폼 예능이 더 많이 제작되리라 예상합니다.

**TV 예능, 글로벌 OTT 예능, 티빙이나 웨이브 같은 토종 OTT 예능에 유튜브 예능까지, 바야흐로 '예능 크리에이터의 시대'가 온 것 같습니다. 그만큼 예능 작가를 꿈꾸는 콘텐츠 기획자와 디지털 크리에이터들도 많아졌는데요. 이들에게 어떤 조언을 해줄 수 있을까요?**

과거에는 전 연령대가 모두 좋아하는 예능을 만들어야 했다면, 지금은 타깃을 좁히고 확실히 정하는 게 중요합니다. 그리고 그 타깃층의 관심사를 먼저 고민해보는 거죠. 저 같은 경우는 10~20대 초반의 시청자는 미리 포기한다고 생각하거든요(웃음). 그 친구들의 눈높이까지 맞추기에는 역부족인 것 같아요. 그들까지 내가 만든 콘텐츠를 좋아해주면 물론 고맙지만요.

또 과거에는 예능을 기획할 때 항상 '새로운 소재나 방식(Something New)'을 찾았다면 지금은 '새로운 얼굴(Someone New)'을 고민해봐야 된다고 할까요? 매너리즘에 빠져있지 않은, 그래서 콘텐츠의 장치에 계산된 리액션이 아닌 새롭고 신선한 리액션을 보여줄 출연자가 필요하거든요. 최근 인기리에 종영한 〈뿅뿅 지구오락실〉 같은 콘텐츠는 익숙한 포맷을 사용했음에도 MZ세대를 대변하는 캐스팅으로 신선한 케미를 보여주며 화제성을 만든 사례입니다. 이런 걸 보면 새로운 인물의 조합이 콘텐츠의 성패를 좌우한다고 해도 과언

출처: 넷플릭스, 티빙

〈솔로지옥〉과 〈청춘MT〉 등 인기 예능을 집필한 지현숙 작가는 이제는 '새로운 소재나 방식(Something New)'보다는 '새로운 얼굴(Someone New)'을 고민해볼 필요가 있다고 말한다.

이 아닌 것 같습니다.

마지막으로 본인이 기획하고자 하는 콘텐츠의 출연자가 돼 시뮬레이션을 많이 해보는 게 중요합니다. 출연자가 콘셉트에 흥미를 느끼고 몰입해야 기획자의 의도대로 흘러가게 되고, 그래야만 시청자들도 같이 흥미를 느낄 테니까요.

사실 이런 것을 다 떠나서 남들보다 한발 앞선 기발한 생각, 남들이 뻔히 생각하는 관점을 살짝 비틀어서 새로운 포인트를 잡아내는 역량이 무엇보다 중요합니다. 그런데 이게 말처럼 쉽지 않으니까 저도 항상 고민이고요. 이 글을 보는 예비 크리에이터분들은 저보다 훨씬 젊고 새롭고 재기발랄한 사고를 하지 않을까 싶은데요. 부디 앞으로는 '아니, 이런 장르가 있었어?', '이런 소재로도 예능을 만들 수 있구나!' 하는 기발하고 개성 있는 예능 콘텐츠들이 많이 나오기를 기대합니다.

CHAPTER

# 3

# 어느 날 인스타에서 내 지인들이 사라졌다

## 동영상 플랫폼이 돼가는 소셜 네트워크

최근 인스타그램 피드를 내리다 한 가지 의문이 들었다. 언제부턴가 SNS가 '소셜 네트워크'라기보다는 '동영상 플랫폼'이 돼가고 있지 않나 하는 점이다. 지금까지 우리는 인스타그램과 페이스북을 통해 내 일상을 공유하고 지인들의 소식을 접했다. 그런데 어느 순간 우리가 SNS를 활용하는 패턴이 조금씩 변하기 시작했다. 자투리 시간마다 틈틈이 SNS에 접속해 예능 프로그램이나 드라마 클립을 보는 경우가 늘어났다. 지인들이 올린 게시글보다는 인플루언서나 연예인의 계정에 올라온 영상을 자주 본다. 예전에는 다소 거부감이 들었던 광고도 그 자체로 퀄리티가 좋은 콘텐츠처럼 느껴져 이제는 재밌게 본다. 광고인 것을 알면서도 스킵skip하지 않고 끝까지 시청하기도 하고, 심지어는 추가 영상이 있는지, 같은 스튜디오(제작사)에서 만든 또 다른 광고는 어떤 것들이 있는지 검색해보기도 한다.

인스타그램 '릴스Reels' 메뉴를 둘러보다 흥미로운 것이 있으면 해당 릴스가 끝나고 나서 자연스럽게 스크롤을 내리면서 추가로 릴스 여러 개를 더 보게 된다. 괜찮은 장소가 있으면 해당 장소가 어디인지, 좋은 제품이 있으면 이름은 무엇이고 어디서 살 수 있는지, 호감 가는 인플루언서가 있으면 유튜브 채널을 운영하고 있는지 등을 다시 검색해서 정보를 얻는다. 인스타그램 계정을 팔로우하거나 심지어 맞팔(사용자가 서로를 팔로우하는 것)을 한다고 해도 인스타그램 내에서는 소통하지 않는 경우도 많다. 그 계정의 용도는 좋아하는 콘텐츠가 모여 있는 '즐겨찾기' 정도랄까.

즉, 인스타그램도 이제는 '보급형 OTT'가 돼가는 느낌이다. 사진이나 영상을 통해 개인의 취향이나 관심사를 드러내거나 시시콜콜한 일상 이야기를 공유하던 기존과 달리, 짧게 편집한 영화나 드라마, 방송

출처: 인스타그램(@netflixkr, @disneypluskr, @coupangplay)

인스타그램 릴스를 활용하는 OTT 사업자들. 영화나 드라마, 방송 클립을 더욱 짧게 편집한 콘텐츠로 소셜 바이럴을 만들어내며 홍보를 이어가고 있다.

클립 등을 빠르게 소비할 수 있는 OTT로 변해버린 모습이다. 비단 인스타그램만의 이야기가 아니다. 많은 SNS와 온라인 플랫폼들이 실제로 이러한 보급형 OTT의 모습을 갖추고 있고, 그에 맞는 사용자 인터페이스UI로 변화하며 각종 기능이 추가되고 있다. 아직 인스타그램, 틱톡, 유튜브는 숏폼 영상의 저작권에 대해서는 강하게 관리하고 있지 않은 것으로 보이는데, 아마도 시장이 더 커지고 대중화되기를 기다리고 있는 입장으로 추측된다. 타인의 영상을 무분별하게 퍼 나르면서 조회 수를 올리고 팔로워를 확보하고 있는 계정들과 콘텐츠들이 한 차례 정리될 때쯤이면, 분명 각 SNS의 오리지널 콘텐츠도 필요하게 될 것이다. 그렇게 되면 결국 SNS의 보급형 OTT화가 더욱 가속화될 것으로 예상된다. 그리고 이러한 현상의 중심엔 당연히 '숏폼'이 있다.

## 2023년에는 더더욱 숏폼이다

숏폼Short Form은 짧게는 15초에서 60초, 길어도 최대 10분을 넘기지 않는 짧은 영상 콘텐츠를 말한다. 처음에는 MZ세대 사이에서만 인기를 끌었지만, 최근에는 다양한 연령대의 사람들이 자연스럽게 숏폼을 소비하며 직접 만들기도 한다. 2022년 7월, 영국의 스카이 뉴스Sky News와 BBC는 오늘날 영국의 10대가 전통적인 미디어 채널이 아닌 틱톡, 인스타그램, 유튜브를 통해 더 많은 뉴스를 접하고 있다고 전했다. 영국 10대의 29%는 인스타그램으로 뉴스를 접하며, 틱톡과 유튜브로 뉴스를 시청하는 이들도 각각 28%나 된다. 특히, 틱톡으로 뉴스를 보는 영국 인구는 2020년 80만 명에서 2022년에는 390만 명으로 5배 가까이 늘었는데, 그렇게 접한 뉴스를 신뢰한다는 응답 비율이 30%에 그쳤다는 것은 굉장히 흥미롭다. 즉, MZ세대는 SNS로 접하는 뉴스의 신뢰도가 떨어지더라도 다양한 의견을 주고받으며 광범위하게 사고할 수 있다는 점에서 이를 높게 평가하고 있는 것이다. 이러한 현상은 분명 영국만의 것이 아니다.

트위터, 넷플릭스, 스포티파이Spotify, 레딧Reddit 등의 서비스에서도 이러한 숏폼 형식의 콘텐츠를 테스트 중이다. 인스타그램과 유튜브의 숏폼 콘텐츠인 릴스와 쇼츠Shorts가 처음에는 틱톡과 매우 유사한 느낌이었지만, 이제 눈치를 챙겨가며 슬슬 각자의 색을 찾고 발전하는 모습을 보면 다른 서비스들도 어떤 식으로 각기 다른 개성을 갖춰 나갈지 궁금하고 기대된다. 인스타그램이 발표한 〈Z세대가 바라본 2022 트렌드〉(2021년 11~12월 간 국내 거주 중인 14~25세 남녀 응답자 1,200명 대상) 조사 결과에 따르면 2021년에 이어 2022년에도 가장 주목 받을 인터넷 트렌드는 '숏폼'과 '메타버스'였다. 전체 응답자의 34%가 2021년에 숏폼 콘텐츠에 관심을 가졌으며, 32%는 2022년에도 이러한 트렌드가 계속될 것으로 전망했다. 최근 대부분의 산업 분야에서 메타버스가 최대 관심사로 부상한 것을 감안한다면, 결국 2023년에도 영상 콘텐츠에서는 숏폼이 더욱 주목받을 수밖에 없다는 이야기다. 과연 그 이유는 무엇인지 그리고 숏폼 전성시대를 이끄는 선두 주자들은 누구인지 지금부터 하나씩 알아보기로 하자.

## #틱톡

모바일 앱 시장조사 업체 센서타워Sensor Tower의 보고서에 따르면, 2022년 3분기 모바일 앱 지출은 약 5% 감소했지만, 틱톡은 4개 분기 연속으로 가장 많은 매출을 올린 앱으로 자리매김했음을 알 수 있다(중국판 틱톡 도우인 합산). 틱톡의 2022년 3분기 앱 매출은 약 4억 3,350만 달러로 한화 약 6천억 원에 달하며 이것은 모바일 앱 매출 전체의 47% 정도를 차지한다. 또한 글로벌 모바일 앱 분석 서비스 데이터닷에이아이DATA.AI에 따르면 2022년 1분기 틱톡의 1인당 월평균 사용 시간(안드로이드 기준, 중국 제외)은 23.6시간으로 유튜브의 23.2시간

*** 2022년 3분기 전 세계 앱 다운로드 순위

| 순위 | 종합 | 애플 앱스토어 | 구글 플레이 스토어 |
|---|---|---|---|
| 1 | 틱톡 | 틱톡 | 구글 원 |
| 2 | 유튜브 | 유튜브 | 틱톡 |
| 3 | 구글 원 | 틴더 | 디즈니플러스 |
| 4 | 틴더 | 위티비 | 픽코마 |
| 5 | 디즈니플러스 | 디즈니플러스 | HBO맥스 |
| 6 | 픽코마 | 아이치이 | 틴더 |
| 7 | HBO맥스 | 픽코마 | 트위치 |
| 8 | 위티비 | HBO맥스 | 라인망가 |
| 9 | 아이치이 | QQ뮤직 | 범블 |
| 10 | 라인망가 | 라인망가 | 판도라 |

출처: 센서타워

### ✱✱✱ 각 플랫폼의 설립 후 연도별 수익 추이

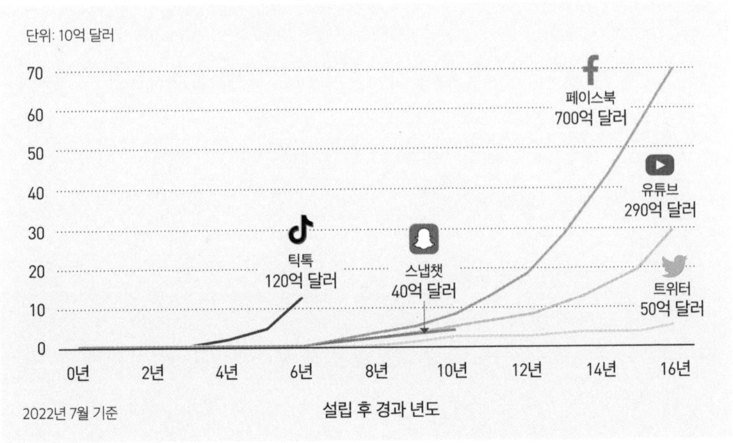


출처: 월스트리트 저널, COMPANY FILINGS, CHARTR

을 넘어섰다. 초기 숏폼 시장이 활성화될 당시 "저렇게 짧은 영상을 가지고 수익화가 되겠어?"라는 의문을 가진 사람이 많았다. 그러나 최근 틱톡의 연간 수익 성장률을 보면 답은 'YES'다. 글로벌 아티스트인 BTS(5,360만 명)를 제외하고 대한민국 틱톡커 중 가장 많은 팔로워를 보유한 '원정맨(@ox_zung)'은 2022년 10월 기준 무려 4,870만 명의 틱톡 팔로워를 보유하고 있다. 이른바 킹받는('킹king'과 '받다'가 결합한 신조어. '열 받는다'는 뜻) 영상들과 "마~마~"를 외치는 추임새가 트레이드마크인 그는 2022년 7월 KBS 예능 프로그램 〈자본주의학교〉에 출연해 월수입이 자신의 팔로워 수 정도는 된다고 밝혔다(방송 시기 기준 그의 팔로워 수는 4,500만 명 수준이었다).

틱톡의 놀라운 성장세와 수익화는 더 이상 글로벌 시장만의 이야기가 아니다. 《월스트리트 저널》에 수록된 '플랫폼별 설립 이후의 연간

### 플랫폼별 인기 콘텐츠 유형 TOP 5

| 구분 | 인스타그램 | 유튜브 | 틱톡 |
|---|---|---|---|
| 재미있는 글 / 화제성 있는 사진·영상 | 54.3% | 67.5% | 44.8% |
| 팔로우하는 연예인·인플루언서 게시물 | 57.0% | 65.0% | 66.5% |
| 취미·관심사 관련 게시물 | 47.3% | 28.7% | 46.8% |
| 인물이 나온 사진·영상 | 40.8% | 14.0% | 44.0% |
| 평소 관심 있는 제품 관련 정보 | 27.3% | 38.3% | 22.8% |

2022년 2월 기준, 수치는 해당 유형의 콘텐츠를 소비한다고 응답한 비율.

출처: 오픈서베이

수익' 그래프를 보면 틱톡의 성장세가 얼마나 강력한지 알 수 있다. 틱톡이 6년 만에 달성한 스코어는 페이스북이 10년, 유튜브가 13년에 걸쳐 이뤄낸 성과를 능가한다. 그뿐만이 아니다. 최근 틱톡은 '검색 엔진'으로서 구글과 유튜브의 자리를 넘보고 있다. 2022년 7월, IT 전문 매체 《테크크런치TechCrunch》에 따르면 미국의 Z세대 중 40%가 식당을 검색할 때 틱톡을 주로 이용한다고 밝혔는데, 심지어 이 조사는 다름 아닌 글로벌 1위의 검색 엔진인 구글이 내놓은 결과라는 점에서 더욱 흥미롭다. 《비즈니스 인사이더》는 틱톡이 단순히 동영상 서비스에 그치는 것이 아니라 검색의 기능까지 수행하면서 2024년에는 틱톡의 광고 수익이 유튜브를 제칠 가능성이 크다고 밝혔다. 또한 《블룸버그》는 틱톡의 2022년 광고 매출이 15조 원을 기록할 것으로 보도했는데, 2021년 매출이 5조 원이었던 것을 생각하면 이는 매우 높은 성장률이다.

한편, IT 기반의 설문조사 플랫폼 오픈서베이에서 2022년에 발행한 〈소셜 미디어·검색 포털 트렌드 리포트〉에서도 흥미로운 점을 발견할 수 있다. 과거에 우리는 재밌는 사진(영상)이나 연예인 및 인플루언서 관련 게시물을 인터넷 커뮤니티나 블로그, UCC 사이트를 통해서 즐겼는데, 이제는 유튜브와 인스타그램을 넘어 틱톡을 이용해 이러한 콘텐츠를 소비하고 있다는 것이다. 틱톡은 음악이나 엔터 이외에도 정보 제공 및 교육에 도움을 주는 유익한 콘텐츠를 바탕으로 카테고리를 확장하고 있으며, 커머스 영역도 탄탄하게 구축하고 있다. 틱톡은 계속 진화하고 있는 것이다.

## #릴스타그램

'릴스타그램'은 릴스와 인스타그램을 합쳐 부르는 말이다. 틱톡의 뒤를 이어 2020년 숏폼 플랫폼의 후발주자로 출발한 인스타그램은 두꺼운 기존 이용자층을 겨냥하고 다양한 필터 기능 제공 및 챌린지 활성화를 통해 숏폼 강자로 빠르게 자리 잡을 수 있었다. 앞에서 던졌던 질문 — 저렇게 짧은 영상을 가지고 수익화가 되겠어? — 의 답은 틱톡이 아닌 릴스타그램에서도 가능하다. 2022년 7월 인스타그램의 모회사인 메타는 크리에이터들의 브랜드 협업 및 수익 창출을 지원하는 교육 프로그램인 '메타 크리에이터 비즈니스 스쿨'을 열어 곧 릴스를 통해 브랜디드 콘텐츠로 수익을 창출할 수 있음을 시사했고, 크리에이터 수익화 기능 '기프츠Gifts'를 내부에서 테스트 중임을 밝혔다.

국내의 음악 전문 스타트업 스페이스오디티에서 운영하는 K-팝 전용 차트 쇼 '케이팝레이더K-Pop Radar'에 따르면 BTS의 지민은 2022년 7월 1일부터 6일까지 총 6일 동안 인스타그램 팔로워가 매일 10만 명씩 증가한 것으로 나타났다. 특히, tvN 드라마 〈우리들의 블루스〉의 OST 수록곡인 그의 노래 'With You'가 릴스타그램의 배경음악으로 14만 회 이상 사용되면서, BTS 멤버들이 발표한 OST 곡 중 릴스에서 가장 많이 사용된 곡이 됐다. 그 영향인지 인스타그램 내 '#JIMIN'이라는 해시태그는 약 7천만 건으로, 전 세계에서 가장 많은 해시태그 수로 신기록을 보유하게 됐다.

릴스는 10억 명이 넘는 인스타그램 사용자로 인해 콘텐츠가 많은 사람에게 발견될 수 있다는 장점은 물론, 인스타그램 기존 기능과의

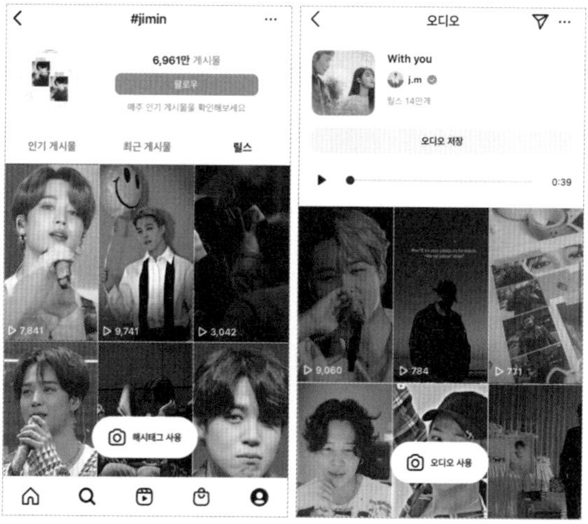


출처: 인스타그램

BTS의 멤버 지민이 참여한 노래 'With You'가 릴스타그램의 배경음악으로 활용되면서 큰 인기를 모았다. 이 영향인지 인스타그램 내 '#JIMIN'이라는 해시태그는 약 7천만 건에 이른다.

결합, 그리고 모회사 메타의 페이스북과의 연동을 통해 새롭게 만들어지는 편리함이 있다. 인스타그램은 나의 일상을 편하게 공유하고 지인들과 소통한다는 점에서 틱톡과는 엄연히 다르다. 따라서 다수의 사용자를 바탕으로 숏폼 시장에서 틱톡과 또 다른 파워를 만들어낼 수 있을 것이다. 흔히들 말하는 '인스타 감성'이 숏폼에서도 발휘될 수 있지 않을까? 서비스 초기 틱톡을 베꼈다는 비판적 시각에서 벗어나기 위해 다양한 노력을 기울인 결과, 릴스는 이제 어느 정도 그만의 특색을 갖게 된 것으로 보인다.

## #쇼츠

유튜브 역시 인스타그램과 마찬가지로 2020년에 쇼츠라는 서비스로 뒤늦게 숏폼 대열에 합류했다. 쇼츠는 2022년 6월 기준 MAU(월간 활성 이용자 수) 15억 명을 돌파했다. 틱톡이 MAU 10억 명을 돌파하는 데 5년이 걸렸던 것을 참작한다면, 쇼츠의 성장 속도가 얼마나 빠른지 체감할 수 있다. 물론 여기에는 유튜브가 약 17년 가까이 쌓아온 노하우도 무시할 수 없다. 이들이 가진 콘텐츠 관리 시스템Content Management System, CMS은 아주 훌륭하다. 특히, 사람으로 치면 지문, 주민등록번호와 같은 Content ID✦와 ISRC✦✦를 통해 '불펌(불법으로 퍼오는) 콘텐츠'

✦ 개별 영상마다 부여하는 콘텐츠의 고윳값. 어떤 방식으로 불펌을 하든 원작의 Content ID를 통해 잡아낼 수 있다. 다른 말로 디지털 핑거프린팅Digital Finger Printing이라고도 한다.

를 색출해낼 수 있다. 유튜브는 분명히 이 강점을 활용해 유튜브만의 숏폼 체계를 만들어낼 것이다.

빠르게 성장 중인 쇼츠의 경우 아직은 콘텐츠에 대한 저작권이 엄격히 관리되지는 않는 듯한데, 2023년부터는 관리가 들어갈 것으로 보인다. 2022년 9월 21일 유튜브 아시아태평양지역 미디어 라운드테이블에서 쇼츠에도 광고를 도입하고 해당 수익의 45%를 쇼츠 크리에이터에게 지급할 것임을 밝혔기 때문이다(현재 일반 유튜브 영상 크리에이터의 경우 55%임). 추후 유튜브의 탄탄한 저작권 관리 기술이 적용된다면 효율적인 저작권 관리 및 수익화가 가능할 것으로 보인다.

국내 유튜브 채널 중 톱급 쇼츠 채널로 자리매김한 '1분요리 뚝딱이형'(이하 '뚝딱이형')의 이야기를 잠시 하고자 한다. 2022년 10월 기준 200만 명의 구독자를 가진 이 채널은 1분 미만의 레시피 영상으로 많은 이들의 마음을 사로잡았다. 뚝딱이형의 영상은 2021년 6월 28일에 처음 업로드됐는데, 사실 이러한 짧은 길이의 레시피 영상은 이미 몇 년 전부터 유튜브에 존재했다. 그런데도 오히려 후발주자에 가까운 뚝딱이형이 이렇게 빠른 속도로 구독자를 늘릴 수 있었던 이유는 무엇보다 숏폼 형식에 충실했기 때문이다. 숏폼 트렌드에 잘 맞아서인지, 인기 영상들 중 많은 수가 2022년에 제작한 세로 버전의 영상들이다.

한편, 이 채널에는 또 다른 특징이 하나 있는데, 바로 쇼츠에 최적화된 1분 미만의 세로 버전 영상 이외에도 동일한 내용의 가로 버전

✦✦ 국제표준녹음코드International Standard Recording Code의 약자. 원본 음악은 물론 리믹스 버전까지도 각각의 ISRC가 존재하기 때문에 ISRC를 활용하면 음악 저작권 관리가 수월하다.

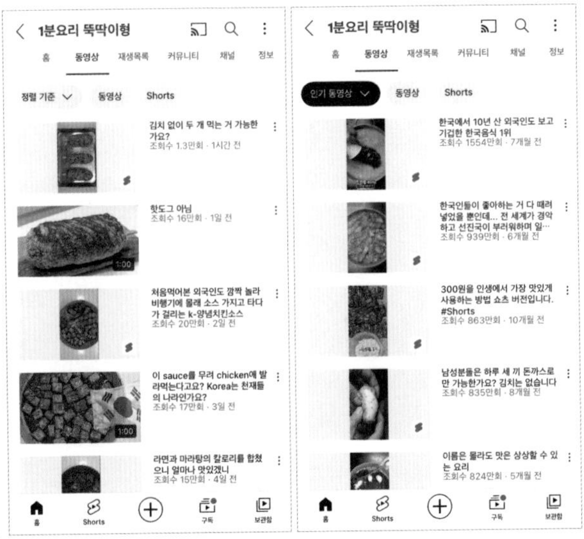


출처: '1분요리 뚝딱이형' 유튜브 채널

쇼츠의 기본에 충실한 뚝딱이형의 가로 버전과 세로 버전 유튜브 영상. 동영상 정렬 기준을 인기순(오른쪽 사진)으로 바꾸니 대부분이 2022년에 제작한 세로 버전의 영상들이다. 세로형 화면에 최적화된 숏폼 트렌드와 잘 맞기 때문인 것으로 보인다.

영상이 제공된다는 점이다. 쇼츠는 쇼츠대로, 일반 영상은 일반 영상대로 취향에 맞춰 골라보면 된다. 별도로 공들여 작업한 섬네일Thumbnail이 없음에도 불구하고 〈이름은 몰라도 맛은 상상할 수 있는 요리〉, 〈한국에서 10년 산 외국인도 보고 기겁한 한국 음식 1위〉, 〈절대로 평범하지 않은 최고급 떡국 비밀 레시피〉 등의 제목이 한 번쯤 클릭해보고 싶은 마음을 자극한다. 심지어 길이도 1분 미만이라 시청자 입장에서는 부담도 덜하다.

유튜브가 선언한 쇼츠 수익화로 인해 기존 숏폼 시장의 판도가 바뀔 수 있을지 궁금해진다. 전 세계에 '크리에이터 이코노미Creator

Economy' 열풍을 몰고 왔던 플랫폼인 만큼, 유튜브가 숏폼을 통해서 어떤 식으로 새로운 수익 창출을 끌어내고 쇼츠 크리에이터를 양성할 수 있을지 기대된다.

# 스낵형 미디어에서 비즈니스의 중심이 된 숏폼

숏폼을 활용한 광고 콘텐츠와 웹드라마 형식의 브랜디드 콘텐츠도 강세다. BGF리테일의 편의점 브랜드 CU가 드라마 제작사 플레이리스트와 손잡고 업계 최초로 제작한 숏폼 웹드라마 〈편의점 고인물〉은 영상이 업로드된 지 약 한 달 만에 틱톡, 릴스, 쇼츠의 합산 조회 수가 1억 뷰를 기록했다. 이뿐만이 아니다. 이미 다양한 기업들은 숏폼을 새로운 광고 수단으로 적극 활용하고 있다. 2022년 7월, KT는 인공지능AI 로봇 체험 필터를 활용해 릴스를 업로드하면 양로원이나 도서관 등에 AI 로봇과 AI 방역 로봇을 제공하는 캠페인을 진행했으며, 오리온은 단종됐던 '와클'이라는 과자를 재출시하면서 릴스로 과자 제조 방식을 공개해 관심을 끌었다. 그리고 프리미엄 리그 축구팀 토트넘 홋스퍼Totteham Hotspur는 직접 틱톡과 손을 잡고 2022년 6월부터 7월까지 다양한 독점 콘텐츠를 공개해 화제가 됐다.

## 다양한 숏폼 광고, 소비자는 마냥 즐겁다

이처럼 많은 브랜드가 숏폼 마케팅에 집중하는 이유는 '플렉스'보다는 '가성비'를 중시하고 트렌드를 빠르게 따르는 MZ세대의 마음을 사로잡기 위함이다. 짧은 시간에 콘텐츠를 통해 강렬한 인상을 주는 숏폼 광고는 MZ세대가 소비를 바로 실행에 옮길 수 있게 한다. 브랜드 입장에서는 유명 셀럽을 쓰면서 광고나 화보 촬영 등 고비용의 마케팅을 하는 것보다 효율적일 수 있다. 그리고 그러한 콘텐츠가 SNS에서 자주 노출되며 대중들의 관심을 얻고 인기가 높아지면, 바이럴을 통해 자연스럽게 홍보 및 브랜딩 효과가 발생한다. 콘텐츠를 접하는 사람들이 자발적으로 그 브랜드의 마케터가 되는 셈이다.

한편, 숏폼 플랫폼은 국내와 해외의 음원 차트에도 영향을 미치고 있다. 2022년 4월에 발매된 가수 제시의 신곡 'ZOOM(줌)'은 틱톡과 인스타그램 릴스를 활용한 챌린지 열풍을 통해 음원 차트와 유튜브 조회 수에 힘을 불어넣었다. 유재석, 싸이, 오나라, 우주소녀 등 연예인을 비롯해 많은 사람들이 다양한 챌린지 영상을 게재했는데, 틱톡에서만 관련 영상이 160만 개 이상 업로드됐다.

이러한 양상은 콘텐츠를 통한 마케팅의 판도가 불과 몇 년 사이에 크게 바뀌었음을 보여준다. 과거 레거시 미디어의 전성기에는 양질의 뮤직비디오를 만들고, 시청률이 높은 프로그램의 후반부에 짧게라도 등장시키는 것이 중요했다. 그러나 이제는 누구나 사용하는 SNS를 통해 친근하게 다가가 공감대를 형성하고, 짧지만 강렬하게 즐길 수 있는 콘텐츠를 제공함으로써 브랜딩을 성공으로 이끌 수 있는 시대가 됐

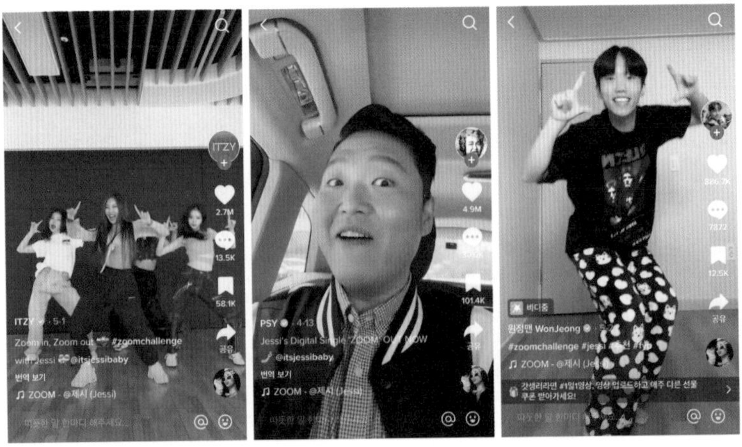


출처: 틱톡(@itzyofficial, @42psy42, @ox_zung)

가수 제시의 노래 'ZOOM'은 싸이와 원정맨 등 유명 연예인과 인플루언서가 챌린지에 참여하며 틱톡과 인스타그램에서 한차례 열풍을 일으켰다. 2022년 8월 기준, 틱톡에서 #zoomchallenge가 태그된 게시물의 조회 수는 무려 4,600만 회에 달한다.

다. 큰 비용을 들여 마케팅하고 추가 콘텐츠를 제작하기보다는 별도의 비용 지출 없이 아티스트의 동료나 팬들을 기반으로 자연스럽게 챌린지를 유도하고 이를 또 다른 콘텐츠로 확장하면서 유기적인 트래픽을 발생시킬 수 있다. 즉, 돈을 써서 TV, 신문, 라디오, 잡지, 포털 사이트 등에 광고하거나 각종 행사, 전시, 옥외광고 등으로 홍보하는 것보다 훨씬 더 좋은 마케팅 효과를 얻을 수 있는 것이다.

틱톡, 릴스, 쇼츠를 고루 섭렵하며 광고 모델로 활동 중인 소울리스좌는 직원employee과 인플루언서influencer를 합친 말인 이른바 '임플로이언서Employencer'의 대표적인 사례다. 에버랜드의 유튜브 채널 중 하나인 '티타남'에서는 놀이기구 아마존 익스프레스의 안내 직원들이 선보이는 재치 만점의 노래와 댄스를 접할 수 있는데, 영상에 등장하는 여러 캐릭터 중에서도 영혼이 없는 느낌으로 안내 방송을 하는 한 직원의 영상이 큰 화제를 모았다. 2022년 3월 틱톡에 올라온 영상이 트위터를 통해 빠르게 확산하면서 '소울리스soulless좌'라는 별명까지 붙었다. 티타남 유튜브 채널에 올라온 〈에버랜드 아마존 N년 차의 멘트! 중독성 갑〉이라는 제목의 영상은 업로드 3개월 만에 조회 수 2,300만 회가 넘었고 소울리스좌는 에버랜드의 장미축제, 해태제과, 쿤달, SK온, 피파온라인, 티웨이항공 등의 광고 모델로 활약하며 활동 범위를 넓히고 있다. 많은 브랜드들이 앞으로 어느 플랫폼에서 어떠한 재밌는 숏폼 콘텐츠를 만들어갈지, 또 다른 소울리스좌는 누가 될지 벌써 궁금해진다.

## 엔터테이닝 위에 커머스 산업을 입다

Z세대를 중심으로 한 오리지널 콘텐츠 — 그들이 주요 타깃이자, 동시에 제작자이기도 한 자체 제작 콘텐츠 — 는 틱톡, 릴스, 쇼츠를 바탕으로 숏폼 콘텐츠 소비 시장의 확대를 불러일으켰다. 앞으로는 이를 기반으로 소셜 커머스, 즉 SNS를 활용해 이뤄지는 온라인 상거래의 기능이 발전될 것이며 SNS 내에서 제품 및 서비스의 판매·구매가 이뤄지는 생태계가 만들어질 것으로 예상된다. 이미 코로나19로 인해 많은 소비 활동이 비대면으로 진행되면서, 소셜 커머스의 필요성은 더욱 증가한 상황이다.

틱톡은 영상 내 링크를 통해 타사로 연동할 수 있는 '점프Jump' 기능

출처: 틱톡

인스턴트 페이지로 유도하는 틱톡의 콘텐츠. 'Learn more(더 알아보기)' 등의 버튼을 누르면 다음 웹페이지로 매우 빠르게 넘어가며 SNS 앱 내에서 커머스 활동이 쉽게 이뤄지도록 돕는다.

을 활용해 쇼핑 플랫폼과 제휴하며 커머스 영역을 확대해나갈 예정이다. 또한 일반 웹페이지보다 11배 빠른 속도를 자랑하는 '인스턴트 페이지Instant Page'를 통해 외부 사이트로의 연결 및 구매 전환을 유도할 수도 있다. 모바일 플랫폼 분석 업체 어드저스트Adjust에 따르면 미국의 모기지 회사 로어마이빌스LowerMyBills는 인스턴트 페이지 기능을 통해 기존보다 광고비가 20% 정도 감소했다고 한다.

틱톡의 중국 버전인 '도우인抖音'✦에서는 AI를 바탕으로 지역별, 관심사별 매칭을 통해 라이브 방송이 활발하게 일어나고 있다. 또한 티몬은 중국의 '왕홍网红'✦✦ 네트워크를 가진 D20과 콘텐츠 제작사 팔콘이엔엠과 손을 잡았다. 티몬에서 판매 중인 중국 제품을 도우인에서

✦ 중국에서는 정책상 유튜브, 인스타그램 등 글로벌 SNS를 이용할 수 없는데 이는 틱톡도 마찬가지다. 우리가 아는 틱톡이 글로벌 버전이라면 도우인은 중국 내부에서만 사용할 수 있는 내수용 버전인 셈.

✦✦ 인터넷, 네트워크를 뜻하는 '왕러网络'와 인기를 뜻하는 '홍런红人'이 합쳐진 말로, SNS에서 인기 있는 인플루언서를 뜻한다.

역으로 직구할 수 있도록 다양한 시도를 할 생각이다.

인스타그램은 릴스 및 기존의 스토리, 라이브 방송 기능을 통해 'Shop' 메뉴를 더욱 다양한 국가로 확대할 예정이며, 유튜브는 동영상 클립에 판매 제품과 정보를 태깅할 수 있는 기술을 개발 중이다. 2022년 초, 네이버 역시 기존의 라이브커머스 '쇼핑라이브'에서 '맛보기 숏핑(라이브 전 제공하는 짧은 영상)'을 통해 숏폼 콘텐츠에 대한 실험을 시도했다. 맛보기 숏핑은 전문 쇼호스트 대신 숏폼 콘텐츠에 특화된 틱톡커를 섭외해 맛보기 느낌으로 짧게 방송을 진행하는 것이 특징이다.

숏폼 영상을 통해 커머스 후기를 활성화시키는 서비스도 있다. AI 기반 동영상 후기 서비스를 제공하는 국내 기업 인덴트코퍼레이션은 숏폼 영상 후기 커머스 플랫폼인 '스프레이Spray'를 론칭했다. 스프레이는 숏폼 형태의 제품 영상 후기를 SNS처럼 볼 수 있는 글로벌 서비스다. 취향과 상황에 맞는 제품을 발견하고 자연스럽게 구매가 이뤄지도록 돕는다. 하우스미디어에서 선보인 '하우스앱houseapp' 또한 일상을 공유하거나 제품 리뷰를 올리는 SNS형 커머스 플랫폼으로, 영상을 보며 해당 영상에 태그된 제품을 바로 확인하고 구매할 수 있다.

한편, 틱톡과 페이스북은 각각 2022년 7월과 10월에 북미 시장에 대한 라이브커머스 기능을 종료하겠다고 밝혔다. 빠르게 변화하는 흐름 속에서 어느덧 라이브커머스도 올드 서비스가 돼간다는 신호다. 글로벌 플랫폼 기업 역시 트렌드에 맞춰 앞으로는 더욱 숏폼 커머스에 집중할 것으로 예상된다. 단순히 스낵형 미디어로 여겨지던 숏폼이 이제는 가장 주목받는 커머스로 옷을 갈아입고 있는 것이다.

# 스케치 코미디, 숏폼의 최강자는 바로 나

2022년 한국에서의 숏폼 콘텐츠는 '스케치 코미디sketch comedy'✦가 압도적인 성과를 보였다. 스케치 코미디 좀 봤다 하는 사람은 바로 유튜브 채널 '숏박스'와 '너덜트'를 떠올릴 수 있을 것이다. 숏박스는 2021년 10월, 너덜트는 2021년 8월에 첫 영상을 업로드했다.

섬네일도 매우 단순하다. 단어 몇 개만으로도 어떤 영상인지 어느 정도 예상이 가능하며 강렬한 인상을 심어준다. 대표작인 〈장기연애〉 시리즈(숏박스)와 〈당근마켓 남편들〉(너덜트)은 3분 내외의 짧은 영상임에도 불구하고 폭발적인 인기를 끌면서 각 채널이 빠르게 성장하도록 이끌었다. 알고리즘의 영향일까? 두 채널과 비슷한 시기에 만들어진

✦ 스케치sketch라고 불리는 일련의 짧은 장면으로 구성된 코미디로 1~10분 정도의 짧은 에피소드들로 이루어진 코미디를 말한다.

출처: '숏박스', '너덜트' 유튜브 채널

스케치 코미디의 양대 산맥 숏박스와 너덜트. 2022년 10월을 기준으로 각각 224만 명, 135만 명의 구독자를 보유하고 있다. 이는 첫 영상을 업로드한 지 1년 정도 만에 이룬 성과다.

유튜브 채널 '싱글벙글'의 트래픽이 급격히 오르기 시작했고, 후발주자인 '웃기시네', '180초', '하이픽션', '숏플레이' 등의 숏폼, 숏무비 채널들도 주목받기 시작했다(이들 채널의 영상들은 구독자 대비 평균 조회 수가 매우 높은데, 여기서 스케치 코미디 콘텐츠들이 짧은 기간에 급성장한 것을 알 수 있다). 이들보다 역사가 깊은 '낄낄상회'의 경우 2022년 5월부터는 아예 스케치 코미디와 쇼츠 위주로 영상을 업로드하는 등 스케치 코미디 트렌드에 맞춰 콘텐츠에 변화를 줬다. 이외에도 스케치 코미디를 시도하고 있는 다양한 채널을 쉽게 찾아볼 수 있다.

짧지만 강력한 숏폼의 위력은 각 채널의 최고 조회 수 영상만 봐도 알 수 있다. 2022년 10월 기준 숏박스의 〈모텔이나 갈까?〉는 약 1,170만 회, 너덜트의 〈당근이세요?〉는 약 750만 회, 싱글벙글의 〈저… 진짜 맞아요…?〉(쇼츠)는 약 1,990만 회로 모두 각 채널의 구독자를 크게 웃도는 수치다.

자체 채널뿐만 아니라 다양한 브랜드의 공식 유튜브 채널에서도 숏박스나 너덜트의 콘텐츠를 찾아볼 수 있다. 많은 브랜드와 컬래버레이션을 통해 광고 영상을 제작했기 때문이다. 2022년에만 숏박스는 CJ CGV, SK텔레콤, 롯데카드, 팔라고 등의 유튜브 광고에 출연했고, 너덜트는 피파온라인4, SK온, 신한금융그룹, SK E&S, 중앙선거관리위원회 등의 유튜브 광고에 출연했다.

숏박스를 비롯한 많은 스케치 코미디 채널의 출연자들은 개그맨 출신이 많다(너덜트 제외). 무작정 웃기고 보는 작위적인 연출보다는 실생활에서 있을 법한 일들을 웃음 요소를 넣어 과하지 않게 표현해냄으로써 새로운 코미디의 형식을 만들게 됐다. 1999년 9월부터 2020년 6월까지 20년이 넘게 KBS에서 방영해오던 예능 프로그램 〈개그콘서트〉(이하 〈개콘〉)의 폐지도 한몫했다. 기본적으로 연기력이 뒷받침된 〈개콘〉 출신 개그맨들이 중심이 돼 그들만의 개그를 선보일 수 있는 새로운 무대를 유튜브에 다시 마련한 것이다. 유튜브 채널이 곧 방송국이 되고, 콘텐츠 시리즈가 곧 히트 코너가 된 셈이다. 치열한 생존 경쟁을 펼쳐야 할 뿐만 아니라 까다로운 방송 심의를 통과해야 하는 지상파의 개그 코너와 달리, 자유롭게 스토리텔링을 해나가며 개그를 펼칠 수 있는 것도 장점으로 작용했다.

## 스케치 코미디의 네 가지 매력 포인트

그렇다면 이들의 인기 비결은 무엇일까? 이미 포화상태라고 여겨지던 2022년 유튜브 시장에서 이들은 어떻게 이처럼 빠른 속도로 100만 명의 구독자를 확보하고, 업로드하는 영상마다 수백만의 조회 수를 기록할 수 있었을까? 그 이유는 크게 네 가지 정도로 볼 수 있다.

### 1. '숏폼'이라는 무기

영상의 전체 길이가 짧아 부담 없이 시청할 수 있을 뿐만 아니라, 유튜브 영상이 틱톡이나 인스타그램 릴스로 옮겨가면서 여러 플랫폼에서 인기를 얻게 된다. 숏폼 콘텐츠의 대표작인 너덜트의 〈당근마켓 남편들〉과 숏박스의 〈장기연애〉 시리즈는 원작을 더욱 짧게 편집한 클립 영상이 틱톡과 릴스에서 많은 이들에게 공감을 얻고 빠르게 확산되면서 해당 유튜브 채널이 폭발적으로 성장하는 데 크게 기여했다. 짧은 시간 안에 강렬한 임팩트와 재미를 주는 숏폼 콘텐츠의 특성이 효율적으로 콘텐츠를 소비하려는 MZ세대의 성향과 잘 맞았던 것이다. 한편, 스케치 코미디는 15초에서 30초 사이인 틱톡이나 릴스의 인기 영상들처럼 지나치게 짧지는 않다. 아무래도 스토리텔링이 필요한 콘텐츠다 보니 1분 미만으로 모든 내용을 풀어내기에는 한계가 있다. 그런 이유로 대부분의 스케치 코미디 채널의 콘텐츠는 3분에서 5분 사이가 많다.

### 2. 철저한 현실 고증, 하이퍼 리얼리티(극사실주의)

스케치 코미디는 단순한 상상만으로 대본을 쓰지 않는다. 물론 픽션이긴 하지만, 누구나 한 번쯤 경험해 볼 만한 일들을 소재로 콘텐츠를 만든다. 부부, 남매, 형제, 자매, 커플, 친구 사이 등 이 관계 중 어느 하나라도 속해 있다면 누구든 몰입하고 재미를 느낄만한 내용들을 철저한 현실 고증을 통해 풀어내므로 연기라기보다는 실제 상황처럼 다가온다. 너덜트의 〈군부심〉, 〈편의점〉, 〈카공족〉, 〈외박〉이나 숏박스의 〈찐남매〉, 〈노래방〉, 〈미용실〉, 〈헌팅〉, 그리고 싱글벙글의 〈남편의 첫사랑〉, 〈비상금〉, 〈사내 연애〉, 〈임신〉, 〈상남자〉 등 내 모습을 그대로 옮겨놓은 듯한 영상에 시청자들은 더욱 열광하게 된다.

### 3. 자극적이지 않고 친근한 콘텐츠

스케치 코미디의 영상은 보기에 불편함을 줄 만한 자극적인 요소가 없고, 평범하고 친근한 이야기 속에서 큰 재미와 웃음을 준다. 기존 TV 방송이나 1세대 유튜브 크리에이터들의 영상에서 보였던 반복적인 구성과 자극적인 소재에 피로감을 느꼈던 시청자들은 우리 주변에 있을 법한 사람들이 친근하게 전해주는 이야기에서 더 큰 매력을 느낀다. 그뿐만 아니라, 앞에서 언급했던 것처럼 우리가 이미 TV에서 여러 번 보았던 개그맨들이 많이 등장하기 때문에 더 친근감이 있다(어디서 한 번은 본 것 같은 사람들이 나오고, 이는 실제로 어디서 한 번은 봤던 게 맞다). 스케치 코미디 채널들의 콘텐츠가 비슷한 소재에 유사한 카메라 구도가 많다고 해도, 스케치 코미디를 좋아하는 사람들이 다양한 영상을 클릭할 수밖에 없는 이유다.

### 4. 세계관의 확장

대부분의 스케치 코미디는 2명의 등장인물로 시작된다. 티키타카를 통해 각 캐릭터가 만들어지고 콘텐츠가 하나씩 추가되면서 팬덤이 붙기 시작한다. 중심인물의 가족이나 친구, 지인으로 또 다른 캐릭터들이 등장하면서 콘텐츠의 세계관이 확장될 수 있다. 메인 콘텐츠 — 또는 같은 시리즈 — 에 등장하는 인물들이 각각 SNS를 만들어 별도의 활동을 하면서 또 다른 콘텐츠가 만들어지는 경우도 있다. 한편, 각기 다른 스케치 코미디 채널이나 기존의 크리에이터들이 서로 컬래버레이션을 하면서 또 다른 재미를 선사하기도 한다. 각자의 채널 계정으로 서로의 콘텐츠에 댓글로 품앗이하면서 세계관 확장에 기여하는 모습도 쉽게 찾아볼 수 있다.

콘텐츠 트렌드는 매우 빠르게 변화하고 진보한다. 스케치 코미디의 성공 사례를 보고 수많은 후발주자 채널들이 등장하면서, 어쩌면 몇 개월 내에 스케치 코미디 또한 진부한 콘텐츠 카테고리가 될 수도 있다는 생각을 하게 된다. 다만, 스케치 코미디의 빠른 성장과 기존의 콘텐츠 트렌드 양상으로 미뤄 짐작할 수 있는 것은 콘텐츠 트렌드는 반복되고 순환하며 진화하고 있다는 것이다. 10년 전에 유행하던 것이 다시 역주행하며 더 큰 대박을 터트리기도 하고, 10년 전에는 주목받지 못했던 콘텐츠가 뒤늦게 발견돼 빛을 보기도 한다.

사실 짧은 길이의 영상에 코믹 요소를 넣어 하나의 트렌드를 만들었던 사례는 2015년에도 이미 존재했다. 콘텐츠 크리에이티브 그룹 72초가 페이스북과 유튜브 채널 '72초TV'를 중심으로 선보인 초압축 드라마 〈72초〉 시리즈다. 2분이 채 되지 않는 영상 〈나는 혼자 사는 남자다〉를 비롯해 〈그녀는 내 여자친구다〉, 〈나는 오늘 미용실에 갔다〉 등은 흔히 말하는 B급 감성이면서도 세련된 영상미를 갖춰 대중들에게 큰 인기를 끌었다. 72초는 그 이후 〈오구실〉, 〈두 여자〉, 〈바나나 액츄얼리〉 등의 숏폼 콘텐츠 시리즈로 이름을 알렸고, 국내 최초로 TV

출처: '웃기시네', '너덜트', '내얘기', '낄낄상회' 유튜브 채널

스케치 코미디 채널의 다양한 컬래버레이션 사례들. 각기 다른 스케치 코미디 채널이나 기존 크리에이터들이 함께 콘텐츠를 제작하기도 한다.

방송에도 편성됐으며 2018~2019년 2년 연속 에미상에 노미네이트된 실력 있는 디지털 스튜디오로 자리매김했다.

72초가 선보인 콘텐츠는 앞에서 짚었던 스케치 코미디의 매력 포인트를 거의 지니고 있다. 1분이 조금 넘는 짧은 영상으로 시청자의 이목을 집중시켰으니, 만약 그 당시에 틱톡, 릴스, 쇼츠가 존재했다면 콘텐츠의 파급력은 더 컸을 것이다. 현실 고증도 잘돼 있다. 비교적 최근에 유튜브 영상에 달렸던 댓글들을 확인해보면 수년 전 영상임에도 현재의 스케치 코미디 트렌드와 잘 맞아떨어진다는 것을 알 수 있다. 스케치 코미디를 좋아한다면, 72초TV 유튜브 채널에서 각 주제별 '몰아보기'를 클릭해볼 것을 추천한다.

"4년 후에 보는데도 진짜 감각적이다."

"지금 나왔으면 정말 100만 각인데… 요즘 같은 유튜브 시대에 딱임."

"숏박스, 너덜트 같은 장르가 지금 뜨는 걸 보면 진짜 이건 시대를 앞서간 게 맞다."

'72초TV'의 한 영상에 달린 댓글 중

# 인생샷은 이제 그만, '리얼'을 향해가는 SNS

숏폼의 확산과 함께 SNS에서 새롭게 떠오르는 트렌드는 바로 '리얼real'에 대한 추구다. 대표적인 서비스는 2019년 프랑스에서 출범한 '비리얼BeReal'이다. 이름 그대로 사용자들의 실제 모습, 진짜 모습을 보여주는 SNS다. 현재 미국과 유럽의 Z세대를 중심으로 큰 인기를 얻고 있는 비리얼은 연출된 콘텐츠 중심의 기존 SNS와는 차별점을 가진다. 하루에 한 번 "BeReal 사용할 시간Time to BeReal"이라는 알람이 뜨면 2분 이내에 촬영 버튼을 누르고 후면 카메라와 전면 카메라에 찍힌 사진을 친구들에게 공유한다. 재촬영 시에는 재촬영을 했다는 코멘트가 뜬다. 재밌는 점은 이 알람이 언제 뜰지 알 수 없으므로 비리얼의 이용자는 콘텐츠 업로드를 미리 계획할 수 없다는 것이다. 그러다 보니 비리얼의 피드는 수업 중에, 운전하면서 정차 중에, 취침 전에, 업무 중에 찍은 사진 등으로 구성된다.

비리얼은 Z세대에게 선풍적인 인기를 끈 SNS답게, 개발을 한 것도 Z세대다. 프랑스의 IT 개발자인 알렉시스 바레야Alexis Barreyat와 케빈 페레루Kevin Perreau가 2020년 공동 창업한 서비스로, 창업한 다음해인 2021년에 실리콘밸리의 유명 벤처 투자사 앤드리슨 호로비츠Andreessen Horowitz 등으로부터 3천만 달러(약 420억 원)의 투자를 유치했다. 모바일 앱 데이터 회사 앱토피아Apptopia는 2022년 4월 초반 비리얼의 MAU가 연초 대비 3배 이상 증가했다고 밝혔다. 비리얼은 2022년 8월에 글로벌 기준 2천만 다운로드 수를 돌파했고 이용자가 많은 국가는 미국, 영국, 프랑스 순이다.

틱톡, 인스타그램, 스냅챗, 바인(2017년 서비스 종료) 등의 앱이 Z세대에게 인기가 있었던 이유는 사용자들의 숨겨진 재능(댄스, 노래, 손재주, 메이크업, 마술 등)을 빠르고 간결하게 뽐낼 수 있기 때문이었지만, 이것은 점차 나를 좀 더 완벽하게, 예쁘게, 멋지게 보여야만 한다는 압박을 느끼게 했다. 이러한 상황 속에서 비리얼은 '자기 모습을 있는 그대로

출처: 구글 플레이

하루에 한 번, 친구들과 사진 속 꾸미지 않은 자신의 실제 모습을 공유하는 사진 공유 앱 비리얼.

드러낸다'는 메시지를 통해 기존 SNS와 차별화를 만들면서 Z세대의 이목을 끌 수 있었다.

비리얼처럼 가식이나 연출이 없는 실제의 모습을 보여주는 또 다른 SNS로는 2021년 5월 말에 애플 앱스토어에 출시된 '포파라치Poparazzi'가 있다. 이 앱은 셀카 모드가 없고 후면 카메라로 촬영한 사진만 업로드할 수 있으며 보정이 불가능하다. 또한 내가 꾸미는 완벽한 모습이 아니라 남이 담아주는 나의 자연스러운 모습이라는 점에서 비리얼과 같은 성격을 가진다.

이처럼 비리얼이나 포파라치와 같이 사용자의 실제 모습을 보여주는 서비스가 인기를 끌게 된 이유는 많은 사람이 기존의 SNS에 대해 피로감을 느끼기 때문이다. 미국 채프먼대학교의 니클라스 마이허Niklas Myher 교수는 진정성과 자연스러움이 SNS의 초기 성장에서 중요한 요소가 된다고 말했다.

## 지금은 리얼해져야 할 순간? 한국은 글쎄…

하지만 리얼을 지향하는 SNS들이 한국에서는 생각보다 인기가 많지 않다. 사용자가 있다 하더라도 꾸준한 이용보다는 호기심에 깔아보는 이들이 많다. 북미나 유럽과는 다르게 한국 시장에서 이러한 SNS가 큰 주목을 받지 못하는 이유는 무엇일까?

일찌감치 싸이월드 시절부터 자리 잡았던 보여주기식 SNS 문화와 비교 및 경쟁 심리, 그리고 빠른 변화에 익숙한 한국 사회의 특성 때문일 것이다. 2000년대 초반, WEB 2.0✦ 시대를 맞이하면서 우리나라 사람들은 싸이월드 미니홈피에 자신의 미니미와 미니룸을 꾸미고, 사진첩이나 다이어리 기능을 통해 자신의 일상을 공유했다. 자신의 기분이나 취향을 드러내기 위해 돈을 주고 미니홈피 배경음악을 구매하는 것도 익숙한 일이었다. 요즘 말로 표현하자면 '관종' 정도의 의미인 '퍼블리즌Publizen'이라는 개념도 존재했다. 퍼블리즌이란 퍼블리시티Publicity와 시티즌Citizen의 합성어로, 사이버 공간에서 자신의 모든 것들을 공개하거나 알리고 싶어 하는 사람들을 일컫는 용어다. 그만큼 나를 다른 이들에게 알리고 보여주는 것에 있어서 거리낌이 없는 문화가 이미 오래전부터 있었던 것이다.

부정적인 이야기를 하는 것이 아니다. 이는 우리나라 사람들의 특성이자 개성이다. 그리고 요즘은 '나는 맛있는 음식을 먹는다', '좋은 곳을 간다', '스스로 이상적으로 생각하는 사람이다', '문화생활을 많이 한다' 등 매력적인 일상을 노출하는 자기 어필도 필요한 시대다. 국내의 크리에이터 이코노미도 이러한 자기과시가 퍼져나가는 데 한몫했다. 활발한 SNS 활동이 있어야 팬들과 브랜드의 이목을 끌 수 있기 때문이다. 그래서인지 자기과시를 넘어 지나치게 거짓되고 과장된 모습을 보이는 과유불급의 계정들도 많다. 어쩌면 국내에서는 리얼함 자체에 집중하기보다는 거짓과 과장이 심한 계정을 필터링할 수 있는 기능을 제공하는 SNS가 더 인기 있을지도 모른다.

✦ 웹 서비스의 사용성을 대폭 개선해 네티즌이 자유롭게 자신의 콘텐츠를 제작하고 재창조하고 공유할 수 있는 웹 환경.

리얼을 추구하는 비리얼과 포파라치와 같은 SNS들은 그 참신함을 무기로 이용자 수를 늘려가며 빠르게 성장하고 있지만, 해결해야 하는 큰 숙제가 하나 있다. 바로 지속성의 문제다. 이는 곧 수익화와도 연결이 되는데, 자체적으로 뚜렷한 수익 모델이 없는 서비스는 일정 규모의 사용자를 확보하면 광고 비즈니스를 비롯한 수익화에 집중해야 한다. 수익화란 결국 개인에게 있어서는 먹고 사는 문제에 대한 이야기다. 현실적인 모습을 담는 SNS를 통해서는 누가 인플루언서가 될 수 있을까? 제한적인 콘텐츠 업로드 환경에서 어떻게 매력적인 콘텐츠를 제작하고 홍보할 수 있을까? 리얼함에 기반한 SNS를 통해 어떤 식으로 크리에이터 이코노미를 만들어갈 수 있을지 한번 진지하게 고민해볼 필요가 있다.

# 크리에이터의 두 가지 무기: 커뮤니티와 찐팬

유튜브 통계 전문 업체 플레이보드playboard에 따르면, 2020년 말 기준 인구 대비 광고 수익이 발생하는 유튜브 채널의 수는 한국이 인구 529명당 1개꼴로 세계에서 가장 높다고 밝혔다. 수익이 발생하는 유튜브 채널의 수만 해도 9만 7,934개로 세계 7위다. 또한 유튜브의 최고 비즈니스 책임자인 로버트 킨슬Robert Kyncl은 2022년 한국에서 10만 명 이상의 구독자를 보유한 채널이 7천 개가 넘으며 연간 1천만 원 이상의 수익을 창출하는 채널 수가 2021년 대비 30% 증가했다고 밝혔다. 이미 국내 유튜브 시장에는 크리에이터 이코노미가 잘 자리 잡았음을 알 수 있다.

이제 더 이상 '크리에이터'는 기존의 동영상 크리에이터나 연예인들만 해당하지 않는다. 누구나 자신만의 콘텐츠를 만들고 이를 통해 수익을 창출할 수 있는 생태계가 조성됐다. 단지 유튜브가 대표적일

### 전 세계 수익 창출 유튜브 채널 수 비교

| 순위 | 국가명 | 광고 수익 창출 유튜브 채널 수(A) | 인구 수(B) | B/A=N✦ (N명당 1개) |
|---|---|---|---|---|
| 1 | 미국 | 49만 6,379개 | 3억 3,052만 명 | 666 |
| 2 | 인도 | 37만 9,899개 | 13억 8,000만 명 | 3,633 |
| 3 | 브라질 | 23만 6,839개 | 2억 1,134만 명 | 892 |
| 4 | 인도네시아 | 19만 2,965개 | 2억 7,442만 명 | 1,422 |
| 5 | 일본 | 15만 4,599개 | 1억 2,596만 명 | 815 |
| 6 | 러시아 | 13만 1,104개 | 1억 4,674만 명 | 1,119 |
| 7 | 대한민국 | 9만 7,934개 | 5,178만 명 | 529 |
| 8 | 영국 | 9만 1,517개 | 6,683만 명 | 730 |
| 9 | 프랑스 | 6만 5,583개 | 6,571만 명 | 1,002 |
| 10 | 멕시코 | 6만 5,001개 | 1억 2,620만 명 | 1,942 |

✦ 인구 수를 광고 수익 창출 유튜브 채널 수로 나눈 값. 숫자가 낮을수록 인구 수 대비 광고 수익이 발생하는 유튜브 채널이 많다는 의미다.

출처: 플레이보드

뿐, 크리에이터 이코노미를 실현할 수 있는 플랫폼은 너무나 다양하다. 동영상을 비롯해 사진, 텍스트, 그림, 음성, 라이브 방송 등 다양한 형식의 콘텐츠로 수익을 만들 수 있는 시대다.

## 커뮤니티가 더 중요해진다

이러한 상황에서 콘텐츠의 트래픽을 높이고 수익을 증대시키는 역할을 하는 중요한 요소가 바로 '커뮤니티'다. 커뮤니티는 크리에이터와 팬들 사이, 제품과 소비자들 사이를 연결하는 것이 핵심이다. 유튜브는 2016년 채널의 기본 메뉴에 '커뮤니티'를 도입한 이후 계속해서 커뮤니티 기능 강화에 힘써왔다. 기존의 댓글과 좋아요 수준을 넘어 크리에이터와 팬들이 좀 더 생생하고 밀접하게 커뮤니케이션할 방법에 대해 고민한 것이다. 그러한 고민의 결과로 2022년 10월에는 '핸들handle' 기능을 추가했다. '@' 뒤에 크리에이터 고유 식별자를 두는 것으로, 페이스북의 태그나 트위터의 멘션 정도로 이해하면 쉽다. 이는 사용자들이 쉽게 서로를 찾을 수 있게 함으로써 커뮤니티 기능을 강화하는 데 목적을 둔 것이다.

네이버도 밴드를 활용해 커뮤니티를 확장하고 있다. 국내의 앱 분석 서비스 기업 모바일인덱스에 따르면 2022년 7월 밴드의 MAU는 1,873만 명으로 인스타그램(1,891만 명)과 큰 차이가 없다. 이 중 53%가 4050세대로, 밴드는 이들의 강력한 커뮤니티가 된 것이다. 따라서 4050세대를 타깃으로 하는 크리에이터들에게 밴드는 매우 중요한 역할을 한다. 2020~2021년 TV조선의 〈미스터트롯〉에서 시작된 트로트 열풍이 전국을 강타했을 때도 밴드와 네이버 카페에서 단합된 팬덤 커뮤니티는 국내 음원 차트의 순위를 좌지우지할 만큼 큰 위력을 보여줬다. 이 외에도 아이돌 팬덤이 메인 타깃인 커뮤니티 플랫폼도 지속해서 운영 중이다. 위버스, 버블, 유니버스 등의 서비스는 팬들이 아티스트와 좀 더 친밀하게 소통하고, 팬들 사이에서 소속감과 유대감이 형성되도록 도우며 팬덤을 더욱 견고하게 만들어준다.

이렇듯 커뮤니티가 중요시되는 이유는 크게 세 가지 정도로 정리할 수 있다. 첫째는 소통이다. 커뮤니티 내의 다양한 사람들과 소통하면서 새로운 관계를 형성할 수 있고, 내가 알지 못했던 정보를 얻을 수 있다.

••• 커뮤니티, 그리고 커뮤니티간의 커뮤니티

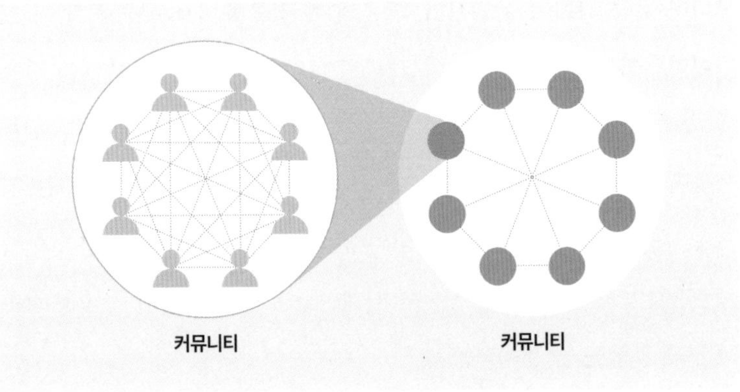


물론 나만 아는 정보를 다른 사람들에게 공유하는 기쁨도 상당하다.

둘째는 소속감과 유대감이다. 같은 크리에이터를 좋아하고 함께 관심사를 공유하면서 커뮤니티에 속하는 소속감을 느끼게 된다. 크리에이터가 커뮤니티 구성원(팬)의 니즈를 파악하고 끊임없이 소통하며 친밀감을 쌓으면 그들이 찐팬으로 발전하게 되며, 찐팬끼리는 소속감과 유대감을 통해 더 결속하면서 커뮤니티 내에서 본인의 목소리를 내고 아이디어를 적극적으로 제시하는 등 그 영향력을 키워나간다. 이러한 아이디어가 모여 참신한 콘텐츠나 제품(굿즈) 제작으로 이어지기도 한다.

셋째는 재방문이다. 소통을 통한 다양한 정보 공유와 그를 통해 얻는 소속감은 해당 커뮤니티에 매일 들어오고 싶은 마음이 들게 만든다. 머무는 시간은 매번 다를지라도 반복되는 커뮤니티 활동이 곧 일상이 된다. 이러한 커뮤니티의 강점을 바탕으로 커뮤니티 내에서의 구성원들의 네트워크뿐 아니라 커뮤니티 간의 네트워크도 만들어진다. 크리에이터와 브랜드가 커뮤니티 강화에 집중하는 이유가 바로 이 때문이다.

틱톡은 마케팅 인사이트를 담은 〈What's Next Report 2022〉를 발표하며 2022년의 주요 키워드 중 하나로 '커뮤니티 커머스'를 이야기했다. 플랫폼 내의 브랜드, 크리에이터와 커뮤니티 참여도에 대해 자체적으로 연구를 거듭한 결과 73%의 사람들이 다른 플랫폼 대비 틱톡에서 더 깊은 유대감을 느끼고, 67%의 사람들이 틱톡을 통해서 계획에 없던 구매를 한다고 밝혔다. 이처럼 사람들은 커뮤니티 내에서 콘텐츠를 함께 즐기며 유대감을 쌓고 더 나아가 커머스에도 참여해 플랫폼의 비즈니스 모델이 만들어지는 데 기여하게 되는 것이다.

## 찐팬이 가지는 힘

《2022 콘텐츠가 전부다》에서는 미국의 테크 미래학자 케빈 켈리Kevin Kelly가 말하는 '1천 명의 팬 이론'을 언급했었다. 그는 전문적인 크리에이터가 아니더라도 자신이 생산하는 콘텐츠에 돈을 소비하는 1천 명의 팬만 있으면 크리에이터 이코노미가 만들어질 수 있다고 말했다. 이처럼 커뮤니티와 더불어 중요한 역할을 하는 것이 바로 '찐팬'이다.

필자가 MCN 사업과 인플루언서 육성을 해오면서 많은 인플루언서와 그들의 팬들을 보고 느낀 것은 '단순한 셀럽과 팬의 관계가 아니라, 진짜 친구나 가족의 느낌으로 다가오는 찐팬들이 있다'는 사실이다.

자기 경험을 가감 없이 팬들에게 이야기하고 다양한 SNS로 직접 소통하면서 신뢰와 우정을 쌓게 되고, 팬들이 직접 내 채널의 마케터나 홍보 담당이 돼주기도 하는 것이다. 그렇다면 이와 같은 찐팬은 크리에이터 이코노미에서 어떤 역할을 담당할까?

첫 번째는 연결고리다. 이것은 앞서 다뤘던 '커뮤니티'의 의미와도 일맥상통하는데, 크리에이터의 찐팬들은 커뮤니티를 이루고 있다. 볼거리를 찾아 나섰던 구독자들이 특정 채널을 발견하고 해당 콘텐츠에 빠져들면서 팬덤을 형성하고 단결하게 된다. 크리에이터를 좋아하는 이들끼리 소통하고 안부를 나누면서 자연스럽게 연결고리가 생긴다. 카카오톡 오픈채팅방이나 밴드를 통해 커뮤니티를 이루고 있는 찐팬들은 일상적인 소통은 물론, 서로를 위하는 마음으로 크리에이터가 라이브커머스를 진행한 제품을 선물로 주고받기까지 한다고 한다.

두 번째는 크리에이터의 자기 계발이다. 수익 창출을 떠나서 찐팬들과 소통하고 그들의 사랑을 느끼면서 크리에이터는 좀 더 나은 사람이 되고자 노력하게 된다. 팬들에게 선한 영향을 주기 위해서 하루하루 허투루 살아서는 안 되겠다고 생각한다. 내 콘텐츠가 좀 더 진정성 있게 다가가고 내 콘텐츠의 정보가 찐팬들에게 도움이 되도록 하기 위해, 반복해서 학습하고 도전하며 개선한다. 오랜 기간 사랑받는 크리에이터들의 공통적인 특징은 바로 끊임없는 자기 계발과 도전 정신이다. 내가 좋아하는 크리에이터가 나날이 성장하는 모습을 보면서 찐팬들 또한 감동을 받고 더불어 성장하게 되는 경우가 많다.

세 번째는 수익 확장이다. 유튜브에서의 기본적인 애드센스 수익과 더불어 브랜디드 콘텐츠 및 커머스 수익은 물론이고, 그 외에도 공연이나 행사, 굿즈 판매, 펀딩 등으로 수익을 창출할 수 있다. 가치 소비를 중시하는 MZ세대 찐팬들은 내가 좋아하는 크리에이터가 더 잘될 수 있도록 돕는 역할을 한다는 데 의미를 두고 망설임 없이 지갑을 연다.

기존에 발표됐던 곡을 다시 부르는 커버cover 영상을 주로 올리는 유튜버 '별은'은 2020년 9월 가수로 데뷔하기 위해 와디즈에서 펀딩을 진행했다. 약 2주간의 펀딩 목표 금액은 200만 원이었는데 단 이틀 만에 목표 금액을 달성하고 최종 약 1,200만 원의 금액을 모으면서 600%에 가까운 달성률을 보여줬다. 이는 모두 237명의 찐팬이 만들어 낸 결과다.

출처: 와디즈

찐팬의 펀딩 파워. 237명의 찐팬들 덕분에 유튜버 '별은'은 신인 가수로 데뷔할 수 있게 됐다.

유튜브와 게임 스트리밍 플랫폼 트위치Twitch는 찐팬의 위력을 보여 주는 다양한 기능들을 선보이고 있다. 유튜브의 '채널 멤버십'(유료)에 가입한 사람들은 해당 채널의 찐팬으로서 여러 가지 혜택을 누리게 된다. 일반 콘텐츠와 별개로 멤버십 전용 콘텐츠를 볼 수 있고, 크리에이터로부터 찐팬들만 볼 수 있는 메시지를 받아볼 수 있으며, 찐팬임을 인증할 수 있는 배지도 프로필 계정 옆에 표시된다. 또한 후원금을 통해 내가 좋아하는 크리에이터를 직접 지원할 수 있다. 라이브 방송에서 '슈퍼챗Super chat'을 통해 후원하는 기존 방식 외에도 2021년에 추가된 '슈퍼땡스Super thanks' 기능을 통해 댓글을 달면서도 후원할 수 있다. 트위치는 찐팬들의 기본적인 참여 모델인 '정기 구독'이 있다. 유료 구독자만 시청할 수 있는 콘텐츠가 있으며 트위치 채널에서 활동할 때마다 주어지는 포인트를 통해서도 보상을 받을 수 있다. 채팅창에 보이는 이모티콘과 배지를 통해 자신이 찐팬임을 드러낼 수도 있다. 정기 구독 이외에도 영상 후원, 음성 후원, 그림 후원 등을 통해 찐팬과 스트리머(크리에이터)가 소통할 수 있다.

예전에 어른들은 흔히 "안정적인 직장이 중요하며 평생직업으로는 공무원만 한 게 없다"라고 말씀하셨다. 과연 이는 오늘날 우리에게도 유효한 생각일까? 물론 누군가에겐 그럴 수 있겠지만, 정답은 아니다. 기술이 빠르게 발전하고 평균 수명도 계속 연장되고 있는 요즘, 평생직장이나 평생직업이라는 개념이 무색해졌다. 다양한 직업을 가진 이른바 'N잡러'가 많아졌으며, 지금은 그게 점차 익숙해지는 시대다. 그리고 그 N잡러의 핵심이 바로 '디지털 크리에이터'로서의 역량이다. 그것은 비단 유튜브로 대표되는 영상 콘텐츠뿐만이 아니라, 오디오일 수도 있고 텍스트일 수도 있다. 그림일 수도 있고 사진일 수도 있다.

지금 유명한 크리에이터들 역시 처음부터 유명했던 것이 아니다. 그들의 성공 역시 작은 커뮤니티, 그리고 소수의 찐팬에서 시작됐다. 디지털 크리에이터로서의 직업을 가지기 원한다면 내 가족이나 친구, 지인들을 찐팬으로 만들고 소규모의 커뮤니티부터 조성해보자. 내 콘텐츠를 커뮤니티 중심으로 확산시키고 또 다른 커뮤니티에도 확산될 만한 양질의 콘텐츠를 지속해서 생산하면 된다. 커뮤니티는 그렇게 거창한 것이 아니다. 강한 의지와 이를 빠르게 행동으로 옮기는 실천력에서 시작되며, 그 중심에는 든든한 지원군인 나의 찐팬들이 있다.

# #HowtoMakeMoney,
# 이번엔 마이크로 실전 팁!

크리에이터 이코노미 내에서 우리는 다양한 경제활동을 하고 수익을 창출할 수 있다. 그러나 그게 쉽지만은 않다. 유튜브의 경우 구독자 1천 명 이상, 연간 누적 시청 시간 4천 시간을 달성하면 그때부터 수익이 물밀듯이 들어오는 게 아니라, 그제야 수익을 창출할 기본 조건을 겨우 충족시킨 셈이다. 따라서 유튜버가 애드센스를 통해 이익을 얻는 것은 매우 어려운 일이다. 또한 채널의 인지도가 낮은 상태에서 브랜디드 콘텐츠나 라이브커머스를 진행해 수익을 확보하는 것도 사실상 불가능에 가깝다. 그렇다면 마이크로, 아니 그보다 더 미약한 나노 인플루언서들은 어떤 방식으로 수익을 만들어갈 수 있을까?

## 콘텐츠 공모전을 공략하라

콘텐츠 공모전은 수익도 창출하고 콘텐츠 제작 스킬도 향상시킬 수 있는 좋은 방법이다. 몇 년 전부터 정부 기관과 지자체에서 1인 미디어나 디지털 콘텐츠와 관련한 공모전을 꾸준히 진행하고 있다. 게다가 코로나19로 인해 지역 관광과 상권이 악영향을 받으면서, 홍보 및 마케팅을 위한 콘텐츠의 필요성이 더욱 커졌다. 이외에도 각 지역 방송, 종편, 일반 기업 등에서도 다양한 공모전을 진행하고 있으니 관심을 가지고 살펴보자.

### 1. 콘텐츠 공모전에 관한 정보를 수시로 확인하자

공모전과 관련한 정보는 《한국경제신문》에서 운영하는 공모전 및 대외활동 정보 사이트 '올콘' 홈페이지(allcon.co.kr)와 유튜브 채널에서 볼 수 있으며, 각 콘텐츠 진흥원이나 한국전파진흥협회의 홈페이지에서도 찾아볼 수 있다. 생각 이상으로 많은 콘텐츠 공모전이 열리고 있고, 경쟁률이 낮은 공모전도 있으므로 도전해 입상을 노려볼 만하다. 꼭 상금 때문이 아니더라도 공모전에 도전하면서 레퍼런스를 쌓고 콘텐츠 제작 역량을 강화한다면 외주 제작의 기회가 생기기도 한다. 지원자가 적어 지원 기간이 늘어나는 경우도 있으므로 꾸준하게 찾아보는 것을 추천한다.

### 2. 각 공모전의 역대 수상작을 살펴보자

공모전에서 이전에 수상한 콘텐츠들을 보는 것은 큰 도움이 된다.

출처: '삼성전기', '한경올콘', '해양안전실천본부', '부산MBC뉴스' 유튜브 채널

2022년에 열린 콘텐츠 공모전들. 이는 지극히 일부의 사례로 이보다 훨씬 많은 곳에서 다양한 공모전이 개최되고 있다.

지자체 공모전의 경우 입상하는 작품들에 유사함이 많다. 해당 지역에 거주하거나 연관이 있는 참가자에게 가산점이 있을 수는 있더라도, 타 지역 거주자라 해서 공모전 지원을 제한하는 경우는 거의 없다. 다양한 공모전 레퍼런스를 보면서 내 콘텐츠를 구상해보자. 각 지역의 로컬 문화를 알리고 경제 활성화에 목적을 둔 공모전이 많다 보니, 지난 자료를 많이 볼수록 대강 어떤 식으로 스토리텔링을 해나가야 할지 감이 잡힌다.

### 3. 장비 대여 및 대관은 비싼 돈 내지 말고 저렴하게!

'공모전에 제출할 영상이니 그래도 좋은 장비로 찍어야지'라고 생각하기 쉽지만, 처음부터 대상을 노리는 것이 아니라면 스마트폰으로도 충분히 촬영이 가능하다. 그럼에도 불구하고 고사양의 장비로 더 높은 퀄리티의 콘텐츠를 만들고 싶다면 무료 장비 대여 서비스를 이용하는 것을 추천한다. 다양한 기관과 기업이 1인 크리에이터의 콘텐츠 제작을 응원하고 장려하며, 각종 지원을 제공하고 있다. 시청자미디어재단의 경우 서울, 부산, 세종, 광주, 강원, 대전, 충북 등에 지역 센터를 두고 있으며, 정회원 등록을 하고 교육을 받으면 다양한 영상 관련 교육 이수와 장비 대여, 시설 대관이 가능하다.

무료 장비 대여가 가능한 곳이 가까운 곳에 없을 경우에는 시청자미디어재단 이외에도 다양한 지자체 미디어센터 및 콘텐츠 랩을 통해 매우 저렴한 가격으로 대여를 할 수 있다. 서울시 중구에 위치한 '1인 미디어 콤플렉스'는 한국전파진흥협회가 운영하는 크리에이터 복합 성장 공간으로 매우 저렴한 가격으로 최첨단 장비 대여와 스튜디오 이용이 가능하다. 물론, 이러한 인프라를 이용하기에 앞서 내가 가진 스마트폰으로라도 일단 시작해보는 것이 중요하다. 스마트폰 영상으로 시작해 점차 다양한 장비로 업그레이드해가면서 공모전 도장 깨기를 하다 보면, 어느새 크리에이터로 레벨 업한 내 모습을 발견할 수 있을 것이다.

#### 4. 저작권 문제가 없는 콘텐츠를 만들자

당연한 이야기지만 생각보다 많은 이들이 간과할 수 있는 부분이 저작권이다. 우선 촬영하는 영상이나 사진 등을 원작에서 가져와서 가공하거나 변형시켜서는 안 되고, 배경음악 또한 마찬가지다. 게티이미지Getty Images를 비롯한 정식 플랫폼에서 영상과 사진을 구매해야 하며, 국내의 대표적인 배경음악 사이트인 BGM팩토리나 셀바이뮤직 등을 통해 필요한 배경음악을 구매하거나 프리랜서 마켓 크몽에서 개인 간 거래를 통해 필요한 소스를 사는 것도 추천하는 방법이다.

## 두드리면 열린다(feat. 나만의 포트폴리오 만들기)

나만의 확실한 콘텐츠와 노하우가 있다고 하더라도 팔로워 수가 적고 채널 파워가 약하다면 첫 수익화를 어떻게 시작해야 할지 막막하게 느껴질 수 있다. 결국에는 발품이 아닌 손품이 필요한데, 일단 자신이 가진 네트워크를 활용해 여기저기 문을 두드려볼 필요가 있다. 필자가 잘 알고 지내는 한 대표는 자기 회사의 제품을 미국 아마존과 월마트에 입점하기 위해 링크드인에서 해당 기업과 연결된 수많은 사람들에게 직접 DM(다이렉트 메시지)을 보냈다고 한다. 친절하게도 그들은 모르면 "모른다", 알면 "이 사람에게 연락해봐라" 하며 연결을 해줬고, 수많은 다리를 건너 실제로 아마존과 월마트에 제품을 입점할 수 있었다. 제품이 아닌 콘텐츠도 마찬가지다. 내 콘텐츠에 매력을 느낄 곳은 분명 존재하니 더욱 적극적으로 컨택하기를 추천한다.

### 1. 내가 잘 할 수 있는 것을 정리해 포트폴리오를 만들자

기업에 취업할 때 이력서와 경력 기술서, 포트폴리오가 필요하듯이 마이크로 및 나노 크리에이터에게도 포트폴리오가 반드시 있는 것이 좋다. 내가 만들 수 있는 ― 또는 만들어온 ― 콘텐츠의 형식, 스토리텔링 능력, 레퍼런스 등을 한눈에 볼 수 있는 포트폴리오야말로 수익화의 첫걸음이다. 윅스(wix.com)나 크리에이터링크(creatorlink.net) 등의 포트폴리오 제작 사이트에서 보다 간결하고 멋진 디자인으로 나만의 포트폴리오를 만들 수 있다.

### 2. 그 포트폴리오가 어울릴 만한 제품과 서비스를 찾자

포트폴리오를 만들고 나면 이제 이 포트폴리오에 매력을 느낄 만한 곳을 찾는 것이 중요하다. 특히 사진이나 동영상에 일가견이 있는 크리에이터는 수많은 기업과 브랜드에 꼭 필요한 존재다. 업종을 막론하고 디지털 콘텐츠는 모든 곳에 필요한 핵심 요소이므로 회사 내에 PD나 작가가 있지 않은 한 결국에는 대행사나 외주 업체로 눈을 돌리게 되기 때문이다. 이때 양질의 포트폴리오를 가진 크리에이터를 발견하게 된다면, 그가 마이크로, 나노 크리에이터라 하더라도 담당자 입장에서는 매우 매력적으로 보일 것이다. 내가 도움을 줄 수 있는 곳을 잘 찾고, 나아가 어떤 식으로 풀어내면 서로 윈윈할 수 있을지 미리 고민해두자.

### 3. 이메일부터 인스타그램 DM까지, 직접 메시지를 보내자

포트폴리오와 아이디어를 잘 정리했다면, 다음 단계는 실전이다. 기본적인 글의 몸통을 만든 상태에서 앞뒤로 해당 브랜드에 대한 나의 생각이나 분석을 잘 담아서, 내가 아무 곳이나 찔러보는 것이 아니라 많은 고민과 학습을 한 후에 연락하는 것임을 나타내보자. 이때 무엇보다 진정성 있는 단어 선택이 중요하다. 콘텐츠를 제작하는 것도, 메시지를 확인하는 것도 모두 사람이 하는 일이기 때문이다. 너무 이상하게 글을 썼다거나, 해당 브랜드의 담당자가 내가 보낸 메시지를 읽지 않는 경우를 제외하고는 거절이든, 조건부 수용이든, 미팅 제안이든 답이 올 것이다.

물론 초반에는 먼저 연락한다는 것이 어려울 수 있겠지만, 이러한 시도를 통해 한 건의 사례라도 만들게 되면 그것이 곧 레퍼런스가 되고 레벨 업을 위한 경험치가 된다. 최초에는 제작 비용을 지원받지 못하더라도 양질의 제품을 현물로 협찬받을 수도 있고, 유명한 브랜드와의 협업 기회를 얻음으로써 자신의 인지도를 높이는 데 크게 기여할 수 있다.

## 인플루언서 중개 플랫폼을 활용하라

콘텐츠 쪽을 조금이라도 아는 사람들은 MCN 사업의 흐름을 통해 이 비즈니스가 시장에 정착하기는 매우 힘들다는 것을 알고 있다. 그도 그럴 것이 이미 수많은 크리에이터와 채널이 존재하고, 그들의 소속사나 중간에서 업무를 조율하는 대행사가 있으며, 요새는 연예인이나 방송국, 대형 소속사까지도 디지털 콘텐츠에 직접 뛰어들어 경쟁이 더욱 극심해졌기 때문이다. 공룡들이 싸우는 틈에서 마이크로 및 나노 크리에이터에게는 성공은커녕 생존조차 쉽지 않은 상황이다.

광고주 역시 마찬가지다. 특히 중소기업이나 소상공인은 높은 비용을 내고 인플루언서 마케팅을 하는 데 한계가 있다. 그러다 보니 좀 더 비용이 저렴한 마이크로, 나노 인플루언서를 활용해 제품을 홍보하고 마케팅하기를 원하지만 직접적으로 이들과 실무를 진행하기에는 어려움이 많다.

그래서 적은 수수료로 인플루언서와 광고주 모두에게 도움을 줄 수 있는 미디언스, 유커넥, 태그바이, 레뷰, 유디터, 셀럽션, 브릭씨 등과 같은 중개 플랫폼들이 많이 생겨났다. 잘 찾아보면 이러한 서비스 중에서 나와 잘 맞는 캠페인을 발견할 수 있을 것이고, 그것이 새로운 수익을 만드는 지름길이 될 수 있다.

## 크리에이터로서의 첫걸음

크리에이터가 되는 방법에는 위에서 소개한 것 외에도 여러 방법이 있겠지만, 만약 본인의 콘텐츠 제작 역량이 제로에 가깝다면 걱정이 앞설 수 있다. 이럴 때는 지자체에서 진행하는 크리에이터 육성 사업에 지원해보는 것을 추천한다. 서울시와 서울산업진흥원이 공동으로 지원하는 1인 미디어 그룹 크리에이티브 포스(일명 크포), 경기콘텐츠진흥원의 1인 크리에이터 육성 사업, 강원도의 소셜 크리에이터, 광주의 관광 콘텐츠 크리에이터 등 다양한 크리에이터 육성 사업이 매년 진행되고 있다.

이러한 제도를 잘 활용한다면 영상 제작을 한 번도 해보지 않은 사람도 쉽게 첫 출발을 내디딜 수 있을 것이다. 대부분 내가 거주하는 지역(시, 도)이 아니라도 해당 지자체의 크리에이터 사업에 지원할 수 있으므로, 관심이 있다면 충분히 타지역의 크리에이터로도 활동할 수 있다. 활동비와 상금, 기업과 매칭 등을 통해 다양한 수익을 확보할 수 있고, 크리에이터 역량을 업그레이드하면서 기회가 된다면 강사로도 활동할 수 있다. 다양한 시도를 통해 자신의 역량을 차곡차곡 쌓아가면 된다.

크리에이터란 단순히 '만들기create'만 잘하면 되는 것이 아니다. 기획, 촬영, 연출, 편집, 디자인, 마케팅 등 다방면에서의 경험과 훈련이 필요하다. 필자가 크리에이터, 매니저, 사업가, 교수, 마케터, 강사, 평가 위원 등의 N잡러로 활동할 수 있었던 이유 또한 크리에이터로서의 다양한 도전 경험이 있었기 때문이다. 플랫폼, 그리고 그 안의 콘텐츠를 가장 빠르게 체험하는 존재로서 크리에이터는 빠르게 바뀌는 콘텐츠 시장에서 생존하기 위해 '기민함'과 '유연함'을 가장 기본적인 가치로 둬야 한다.

한 우물보다는, 여러 우물을 빠르고 유연하게 파야 하는 것이다.

## 유튜브 코믹 숏무비의 시작,
## '코믹 + 숏 + 공감'

출처: 맥심 코리아

**너덜트** | 유튜브 크리에이터
유현규, 전상협, 임재형으로 구성된 유튜브 크리에이터팀. 국내 '코믹 숏무비'의 창시자지만, 개그맨 출신이 아니라는 점이 특별하다. 2021년 8월 14일 유튜브에 올린 영상 〈당근이세요?〉가 각종 SNS에서 동시에 엄청난 화제가 되면서 8개월 만에 유튜브 구독자 100만 명을 달성하는 등 '괴물 신인'이라는 호칭이 얻었다. 평균 조회 수는 460만 회에 이르며 모든 기획, 촬영, 연출을 단 3명이 진행한다. 너덜트 유튜브 채널에서 진행하는 광고 협찬 이외에도 CJ, SK, 중앙선거관리위원회, EA 스포츠 등 대기업 및 정부 기관의 공식 광고 모델로 활동하는 등 기존의 유튜브 크리에이터와는 다른 행보를 보이고 있다.

**너덜트에서 보여준 영상미와 연기력에서 오랜 내공이 느껴졌는데요. 영상 크리에이터로서 활동하게 된 계기와 팀 너덜트는 어떻게 탄생하게 됐는지 그 스토리가 궁금합니다.**

**현규** 저는 예전부터 영상 관련 일을 했어요. 너덜트 이전엔 광고 감독으로 활동했었는데, 시간이 지날수록 '하고 싶은 걸 할 수 없겠구나' 싶더라고요. 웃기고 재밌는 광고를 만들고 싶었는데 광고라는 제약 때문인지 제가 봐도 재미가 없었어요(웃음). '그렇다면 웃기고 재밌는 영상을 만들기 위해선 어떻게 해야 할까?'를 고민했고 유튜브가 떠올랐어요. '유튜브라면 내가 원하는 영상을 만들 수 있겠다'는 생각이 들었죠. 그래서 광고 현장에서 함께 작업한 적 있던 상협이에게 함께 해보자 제안했고, 약 1년의 준비 끝에 너덜트를 시작하게 됐습니다.

연기 칭찬을 많이 해주시는데요. 상협이는 원래 연기를 하던 친구이기도 하니 워낙 잘했지만, 사실 그때까지 저는 감독으로서 디렉팅했지, 연기를 제대로 해본 적은 없었어요. 그런데 저도 하다 보니 점점 내공이 쌓이더라고요(웃음).

**짧은 시간에 한국의 스케치 코미디 시장이 정말 많이 커졌습니다. 신생 채널도 많지만, 기존부터 구독자 수가 많던 인기 채널들조차도 최근에는 '스케치 코미디', '숏무비' 형태의**

**콘텐츠를 많이 제작하고 있는데요. 이렇게 대중이 스케치 코미디에 열광하는 이유는 무엇일까요?**

상협 아마도 신선함이 큰 것 같아요. 지금이야 다양한 채널에서 유사한 영상을 많이 만들고 있지만, 저희가 처음 영상을 올렸을 때만 해도 국내 유튜브에서는 거의 전무했거든요. '코믹 숏무비'라는 말도 저희가 만든 말이고요. 저희가 활동하기 전에 "요즘 유튜브 다 비슷하다. 볼 거 없다"고 이야기하는 친구들도 종종 있었는데, 아무래도 저희가 새로운 것을 원하는 대중들의 니즈를 잘 자극한 것 같아요.

그리고 점점 많은 채널에서 숏무비를 만들기 시작한 것도 긍정적인 영향을 준 것 같습니다. 시장에서 숏무비가 차지하는 규모가 점차 커지면서 시청자들에게 더 많이 노출되고, 하나의 트렌드가 되는 데 가속이 붙었다고 생각합니다. 요즘 정말 많긴 많더라고요(웃음). 그런 거 보면 새삼 뿌듯해지기도 합니다.

**그러한 채널들 사이에서도 너덜트는 확실히 너덜트만의 색이 있는 것 같아요.**

재형 저희가 만드는 게 코믹 숏무비잖아요? 여기엔 네 가지 요소가 있어요. 코미디, 부담 없는 짧은 길이, 영화 같은 고퀄리티, 공감 가는 주제. 이 네 가지가 융합되면서 너덜트만의 차별성을 만들었다고 생각합니다. 게다가 매번 다른 스토리에 항상 다른 장소와 다양한 캐릭터들이 등장하니까 구독자들이 '다음 너덜트 영상은 뭘까?' 하고 더 기대하게 되는 것 같아요.

특히 최근엔 저희만의 경쟁력을 높이기 위해서 다양한 시도를 하고 있어요. 공감과 재미를 넘어 메시지가 남을 수 있도록 〈자격지심〉과 같은 블랙코미디를 기획하기도 하고, 상대적으로 길이가 좀 더 긴 영상을 제작하기도 합니다. 〈소심한 복수〉의 경우 길이가 10분이 넘었거든요. 앞으로도 저희만의 아이덴티티가 드러나면서도 새롭고 감명 깊은 영상을 만들기 위해 계속 정진할 생각입니다.

**콘텐츠의 내용들 하나하나가 실제 내가 겪었던 일이자 가까운 곳 어디선가 일어나고 있는 일처럼 많이 공감됐는데요. 콘텐츠 기획 시 이러한 하이퍼 리얼리티를 반영하기 위해 어떤 노력을 하나요?**

현규 기승전결을 가진 이야기를 만드는데, 그 이야기가 재밌기 위해선 공감이 필수적이에요. 아무리 흥미로운 이야기라도 공감이 안 되면, 감정이입이 힘들고 극에 몰입하기 어렵거든요. 그래서 애초에 일상에서 아이디어를 많이 얻는 편입니다. 친구와 수다를 떨다가 구상이 떠오르기도 하고, 뉴스에서 본 특정 단어에 꽂혀서 이야기를 만드는 경우도 있습니다.

그리고 기획 회의를 할 때 특별한 제약을 두지 않고 자유롭게 회의하는 것도 저희의 노력 중 하나일 것 같아요. 얼토당토않은 아이디어라도 서로 살을 붙이면서 뼈대를 갖춰가는 경우도 많죠. 그러면서 점차 완성도가 높아집니다. 그렇게 결국 공감도 되고 재미도 있고 여운까지 남는 콘텐츠가 탄생하는 거죠.

**틱톡, 유튜브 쇼츠, 인스타그램 릴스를 중심으로 많은 숏폼 콘텐츠가 만들어지고 있습니다. 너무나도 빠르게 변화하는 콘텐츠 시장 속에서 분명 스케치 코미디도 영속하진 않고 또 다른 트렌드가 만들어질 텐데요. 이러한 흐름에 기민하게 적응하기 위해 크리에이터로서 어떤 준비를 하고 있나요?**

상협 분명 언젠가 그런 때가 오겠죠? 근데 그렇더라도 아마 저희의 경우 '고퀄리티의 영화 같은 영상'이라는 지향점은 계속 가져갈 것 같습니다. 그리고 그 안에서 조금씩 변화를 줄 듯한데요. 장르를 전환한다거나 더 큰 스케일의 작업을 시도하면서 또다시 새로운 자극을 줄 수 있게끔 노력할 것 같아요. 사실 지금도 여러 회의를 하면서 그러한 변화에 대해 조금씩이나마 얘기를 나누고 있어요. 저희의 역량과 영역을 지속적으로 확대하고자 노력 중이고, 차후에는 영화나 드라마처럼 더 큰 프로젝트 제작도 꿈꾸고 있습니다.

**숏폼을 비롯한 디지털 콘텐츠 제작과 기획에 관심이 많은 독자들에게 팁을 준다면요?**

재형 콘텐츠 제작이나 기획에 꿈을 가진 분들, 이미 현재 진행형인 분들 모두 '자기 객관화'가 정말 중요한 것 같아요. 많은 분들이 향유할 수 있는 콘텐츠를 창작해내야 하기에 나의 콘텐츠를 정말 객관적이고 냉철하게 볼 수 있어야 한다고 생각합니다. 처음 보는 사람도 이해할 수 있는 내용인지, 설정상 오류나 사회적으로 민감한 소재는 없는지, 발견하지 못한 실수는 없는지, 나만 재밌는 건 아닌지 등 끊임없이 검토하면 좋을 것 같아요. 저희도 그래요. 기획 단계부터 촬영, 편집, 업로드하는 순간까지 계속 스스로 객관화시키려 노력하거든요. 특히 유튜브는 콘텐츠를 올리자마자 댓글을 통해 매우 직설적인 평가가 이뤄지다 보니까, 업로드하는 순간에는 정말 긴장되기도 합니다(웃음).

# K-팝 콘텐츠란
# 팬들과 연결되는 모든 것

**최원준** | 케타포 대표

'케이타운포유K-TOWN4U'(이하 케타포)는 창립 5년 만에 매출 15배 이상의 성장을 이뤄낸 K-엔터테인먼트 팬덤 플랫폼이다. K팝 앨범을 주력으로 굿즈, 화장품, 패션, 푸드 등 다양한 K-팝 연계 상품들을 판매한다. 국내외 음반 판매량의 35~40%를 차지하며 이 중 90%가 해외 배송일만큼 명실공히 글로벌 팬덤 플랫폼으로 자리 잡았다. 현재 케타포에는 전 세계 243개국 6천여 개의 K-팝 팬클럽이 활동하고 있다. MTV, 라이코스 코리아를 거쳐 PTKOREA(펑타이 코리아) 대표 등을 역임한 최원준 대표는 케타포의 성공 요인을 자발적으로 구축된 '3C(콘텐츠 - 커뮤니티 - 커머스)'의 완성도 높은 시스템이라 강조했다.

**K-엔터테인먼트(이하 K-엔터)의 영향력이 날로 증가하고 있는데요. K-엔터의 과거, 현재, 미래를 어떻게 보고 있나요?**

최근 몇 년간의 K-엔터 산업의 특징은 크게 위버스, 유니버스, 버블, 케타포 등 플랫폼 기반으로 진화, 기획사와 아이돌 멤버들이 진심으로 공들이는 '자체 제작 콘텐츠(일명 자컨)'의 확대, 팬덤의 2차 창작 무한 확장 이렇게 세 가지로 정리할 수 있습니다. 제가 보기에 우리나라만큼 자사(엔터사) 플랫폼 및 유튜브, 틱톡 등을 활용해 자체 제작한 콘텐츠를 확산시키는, 즉 콘텐츠에 진심인 곳은 거의 없습니다. 팬들 역시 자체적으로 기획사와 아이돌이 만드는 콘텐츠를 재가공·재생산하면서, 전 세계를 향해 콘텐츠를 무한히 확산시키고 있습니다.

지금까지는 음악, 드라마, 영화가 별개로 움직이거나 인기 아이돌이 드라마 주인공으로 출연하는 등의 단순한 확장을 보여왔지만, 앞으로는 K-팝, K-드라마, K-웹툰이 커다란 선순환 고리를 그리지 않을까 합니다. 개인적으로는 왓챠의 〈시맨틱 에러〉가 K-팝과 K-드라마 사이에 순서를 크게 한 번 바꾼 의미 있는 케이스라고 생각해요. K-팝의 주역이 드라마나 영화로 간 것이 아니라, 드라마 속 주인공(아이돌 출신인 재찬, 박서함)이 뜨니 그들이 속한 아이돌 그룹(DKZ, 크나큰)이 뜨는 반대 방향의 역주행이었습니다. 지금껏 'K-팝 → K-드라마'

로의 확장에서 앞으로는 'K-드라마 → K-팝'으로의 확장이 더 활발해질 것으로 보이는 만큼, 이제는 기획사들이 아이돌의 데뷔를 준비하면서 음악, 드라마, 웹툰, 게임 등 모든 분야의 IP가 총동원되는 선순환 비즈니스 모델을 구축할 것으로 예상됩니다.

한편 앞으로는 한국인 멤버가 주축이 되는 아이돌 말고도, 다양한 구성의 아이돌이 등장할 거예요. 국내 엔터사들이 해외에서 뽑은 해외 아이돌(JYP 재팬의 걸그룹 '니쥬iziNiziU'), 국내 인재들이 해외 프로젝트에 참여해 만든 아이돌(필리핀 보이그룹 'SB19'), 대만의 〈아톰 보이즈ATOM BOYZ〉처럼 한국식 오디션 프로그램 출신의 아이돌, 해외 오디션에 등장한 K-팝 가수(〈아메리카 송 콘테스트〉 우승자 '알렉사AleXa') 등 다양한 형태의 K-팝 모델이 수없이 나올 겁니다. 이미 K-팝이 하나의 큰 음악적 장르로 완성됐으니, 사실 이러한 형태 모두가 K-팝이라고 볼 수 있습니다. 한국 기획사, 한국인 멤버의 K-팝을 넘어서요.

**K-팝의 글로벌 현상은 이제 'K-팝'이라는 한 단어로 말하기에는 무색할 만큼 K-엔터 산업으로 완성됐습니다. K-팝, K-엔터를 넘어 K-콘텐츠의 글로벌 문화 현상에 대한 거시적인 인사이트가 있을까요?**

우선, K-팝과 K-드라마가 이끄는 'K-○○' 현상이 더욱 다양한 분야로 확대될 것으로 보입니다. 일본만 해도 하라주쿠가 지고, 도쿄의 한인타운인 '신오쿠보新大久保'가 뜨는 등 지역 상권까지 바뀌고 있는 상황입니다. 영어권에서는 한국의 콩글리시를 받아들이면서 틀린 영어를 써주고(?) 있습니다(웃음). 이는 엔터테인먼트 영역을 넘어 라이프스타일 및 소비문화, 그리고 경제 전반을 바꾸는 커다란 변화입니다.

한편, K-팝의 영향력이 날로 커지는 상황에서, 'K'자를 여전히 앞에 붙여 쓰는 게 맞는지에 대한 고민도 시작해야 합니다. 이미 아이돌 음악을 넘어서 인디나 발라드까지 한국의 전반적인 음악 장르가 인기를 더해가고 있는 상황에서 'K-팝 = 한국 아이돌 음악'이라는 이미지가 워낙 강해 다른 음악의 정체성에 영향을 주고 있습니다. 'K'라는 타이틀을 붙이는 게 이제는 산업의 확장에 제약을 줄 수 있을 정도로 그 영향력이 커진 거죠. 이미 K-팝을 한국인이 아닌 전 세계인들이 함께 즐기고, 소비하고, 만들어가는 상황에서 이를 어떻게 정의할지에 대해 고민해야 합니다. 단순히 네이밍을 넘어서 K-엔터에 대한 재정의가 필요한 시점입니다.

**케타포의 글로벌 성장에도 가속이 붙었는데요. 2021년 매출 2천억 원을 돌파했고, 회원 수도 500만 명에 육박한다고 들었습니다. 전 세계 K-엔터 시장의 현황과 그 안에서 케타포의 입지는 어떤가요?**

현재 케타포의 글로벌 영향력이 높아지고 있는 것은 확실합니다. 특히 K-엔터 업계의 성장은 앨범 판매가 적지 않은 영향을 미치고 있는데, 여기서 케타포의 역할이 매우 큽니다. 가온 차트의 앨범 판매(리테일 기준)로 보면 국내외를 통틀어 케타포의 비중이 35~40%를 차지하는 수준이 됐습니다. 6천여 개에 달하는 전 세계 팬덤이 케타포에서 앨범을 구매하고 있는 거죠. 특히 새로운 아이돌이 등장하거나 앨범이 발매되면 팬덤과의 연결이 늘어나는데요. 각 팬덤의 회원 수를 계산해보니 무려 2억 명에 달하더라고요. 그중 중복을 제외하면 전 세계의 K-팝 인구는 약 1억 5천만 명 정도로 추산됩니다. 배송 국가를 살펴보면 더 놀라운데요. 총 243개 지역(국가, 제도, 령 포함)에 달하니, 이제 전 세계에 K-팝 팬이 없는 지역은 없다고 보셔도 됩니다. 유튜브나 트위터에서의 콘텐츠 소비를 넘어서, 돈을 지불하고 앨범이나 굿즈를 구매하는 팬들은 찐팬들이잖아요. 즉, 케타포에 가입한 회원 500만 명을 K-팝의 찐팬이라고 보면 됩니다.

**'콘텐츠 - 커뮤니티 - 커머스'를 잘 연결해 'K-팝(아티스트) 플랫폼'으로 완성하는 것은 다른 기업에서도 시도하는 전략입니다. 케타포의 경우 특히 커머스와 팬덤 커뮤니티 간의 연결이 매우 강한데요. 그 비결이 무엇인가요?**

팬 개인 차원으로 굿즈를 구매하기도 하지만, 팬클럽이라는 단체를 통해서 구매하면 서로 공감하며 즐겁게 덕질할 수 있잖아요. 케타포는 다른 K-팝 아티스트 플랫폼에 비해서 그러한 팬클럽 단위의 구매가 가장 활성화된 플랫폼입니다. 핵심은 팬클럽과의 직접적인 연결, 그리고 진심으로 팬들의 목소리에 귀를 기울이는 거예요. "팬들이 하라는 대로 한다"가 저희가 일하는 기본자세입니다.

그리고 '케타포 랭킹'도 저희의 차별화 요소입니다. 앨범 구매는 각종 순위에 결정적인 영향을 미치는데요. 케타포는 팬들의 앨범 구매가 바로 반영되는 판매 랭킹 차트를 플랫폼에서 제공하고 있습니다. 케타포 랭킹을 통해서 인기 선행 지표를 파악하는 것은 물론, 앨범 구매 행위가 빠르고 투명하게 반영되니 구입 및 재방문이 늘어나게 됩니다. 거기에 인기 앨범의 경우, 한 번에 수십만 장의 배송을 처리해야 하는데 그러한 전반적인 물류 능력도 독보적이고요.

요약하면 개별 팬클럽 페이지를 하나씩 열어서 팬클럽 단위로 구매를 할 수 있다는 점, 그 결과들이 모인 케타포 단독 랭킹 서비스를 통해 팬클럽 구매 화력 및 아이돌의 인기를 빠르게 알 수 있다는 점, 그리고 마지막으로 빠른 배송 시스템 및 가격 경쟁력을 갖추고 있다는 점을 들 수 있겠네요. 이렇다 보니 "전 세계 팬클럽 총대(팬클럽장)들은 케타포로 화력을 집중하자"라는 목소리도 커지고 있습니다.

**K-팝의 인기가 지금 수준으로까지 올라온 결정적 계기는 무엇일까요?**

사실 복합적이고 다양한 원인과 배경이 있어서 콕 집어서 얘기하기는 어렵지만, 굳이 뽑는다면 이 책의 제목과 거의 흡사한 결론에 도달할 것 같습니다. K-팝의 위상에는 '콘텐츠가 전부'까지는 아니더라도, 아주 큰 역할을 했다고 생각해요. 여기서 콘텐츠는 음악, 사진, 뮤직비디오 외에도 특히 자체 콘텐츠와 브이라이브, 버블과 같은 커뮤니케이션 메시징 서비스를 모두 포괄합니다. 개인적으로는 콘텐츠를 '팬들과 연결되는 모든 것'이라고 정의합니다.

디지털 시대에 맞춰, 공급자들은 콘텐츠를 잘 만들어 올렸고, 이를 팬들 소비하고 재가공해 다시 퍼트리면서 콘텐츠의 확장에 기여했습니다. 거기에 질적인 부분은 물론이고, 결론적으로 양적인 부분에서 승리를 거뒀습니다. K-팝 아티스트들이 유튜브, 틱톡, 인스타에 올리는 콘텐츠 양과 해외 인기 스타들(위켄드The Weeknd, 빌리 아일리시Billie Eilish, 저스틴 비버, 아리아나 그란데 등)의 콘텐츠 양을 보면 비교가 불가한 수준입니다. 10배 이상까지 차이가 나죠. 수치상으로 보면 K-팝 아이돌은 매일 1~2시간을 콘텐츠를 생산해가며 팬들과 소통하고 있는 셈입니다.

이게 무슨 의미냐면 '관심attention'과 '시간time'을 점유하는 자가 모든 것을 가져가는 시대에, 결국 K-팝 아이돌이 그걸 독차지한 것입니다. 팬들의 입장에서 보면 K-팝 아이돌은 '멋지고도 친근한 존재'인 반면, 해외 스타는 '멀리 있는 슈퍼스타'의 이미지입니다. 누가 이 시대에 더 적합할지는 따로 말하지 않아도 너무 잘 알 수 있겠죠.

**글로벌 시장에서의 'K-콘텐츠 르네상스'를 이야기할 때, 흔히 K-팝 산업은 '한국이 IP를 소유하고 국내 플랫폼이 같이 진출했다'는 측면에서 K-드라마나 K-무비가 완성하지 못한 건강한 생태계를 만들어가고 있는 것처럼 보입니다. 지금 글로벌 시장에서의 K-팝의 실질적인 영향력은 어느 정도일까요?**

최근 태국과 인도네시아에 다녀왔습니다. 향후 K-컬처의 시장성이 매우 큰 시장인데요. 그래서 케타포는 영어, 중국어, 일본어, 한국어 플랫폼 외에 태국, 인도네시아 버전도 오픈했죠. 그곳에서 현지인들을 만나보면서 느낀 점은 K-팝에 대한 한국인들과 해외 현지인들의 이해도가 이미 비슷한 수준까지 왔다는 겁니다. "내가 팬은 아니지만, 내 딸이 BTS 팬

출처: 트위터(@Ktown4u_store)

전 세계 K-팝 팬덤을 이끄는 팬덤 기반 엔터테인먼트 플랫폼 케타포. 전 세계 243개국, 6천여 개의 팬덤이 이용하는 케타포는 서울에 2곳의 오프라인 매장도 오픈했다.

이다", "내 친구가 블랙핑크 제니를 좋아한다", "방콕에서 열린 ○○ 보이 그룹의 공연에 직장 동료가 다녀왔다더라" 등 그들이 하는 말이 제가 한국에서 듣는 것과 큰 차이가 없어서 놀랐습니다.

또한 방콕의 시암 지역을 두세 시간 남짓 짧게만 둘러봤을 뿐인데도, K-팝 아이돌이 모델로 활동하는 브랜드 및 기업의 광고, 콘서트 안내, 생일 축하 광고 등을 많이 볼 수 있었습니다. 서울 한복판을 돌아다니며 접하는 것과 양적인 측면에서 큰 차이가 없다고 느껴질 정도였어요. 이제 단기적 열풍을 넘어서 일상으로 충분히 스며들어 생활의 일부가 됐고, 특정 팬층을 넘어 일반 대중에게 직간접적 영향을 많이 미치고 있다는 생각이 들었습니다.

CHAPTER

# 4

# 원작의 출발지에서 콘텐츠의 종착지가 된 K-웹툰

# K-웹툰, 글로벌을 뒤흔들다

2021~2022년 글로벌 바이럴이 일어난 K-드라마 〈지금 우리 학교는〉, 〈지옥〉, 〈D.P.〉의 공통점은 무엇일까? 바로 웹툰 원작을 기반으로 제작됐다는 것이다. 물론 과거에도 웹툰을 원작으로 한 드라마가 있었지만, 넷플릭스를 비롯한 글로벌 OTT를 통해 보다 많은 시청자를 확보하게 되면서 원작 IP Intellectual Property로서 K-웹툰의 경쟁력이 더욱 주목받고 있다. 2020년 〈기생충〉과 BTS가 물꼬를 튼 K-콘텐츠 바이럴은 2021년 〈오징어 게임〉과 〈지옥〉에서 정점을 찍고 2022년 〈이상한 변호사 우영우〉까지로 이어졌다. 즉, K-콘텐츠 르네상스에 대한 글로벌 담론은 여전히 현재 진행형이다. 그럼에도 불구하고 우리는 〈오징어 게임〉이 넷플릭스 역사상, 최장기간 전 세계 시청률 1위를 기록했을 때조차도 20억 원 남짓의 수수료가 수익의 전부인 한국 제작사들의 사업 주권 부재에 대해 아쉬움을 토로했다. 일부 매체들은 'K-하청 업체'라

는 자극적인 묘사도 서슴지 않았다. 즉, 사업 주권이 없는 글로벌 흥행으로 남 좋은 일만 시킨 셈이다.

그런데 K-웹툰은 다르다. 아시아와 북미, 유럽에 이르기까지 콘텐츠와 플랫폼이 하나의 몸체로 해외시장에 진출하며 여타의 K-콘텐츠 군단과는 다른 노선의 건강한 생태계를 만들어왔다(이에 대해서는 사업 초기 영악하게 글로벌 전략을 밀어붙인 네이버와 카카오에 적지 않은 공을 돌리고 싶다). 이는 K-팝의 팬 커뮤니티 플랫폼과 비슷하다. BTS의 소속사인 하이브가 운영하는 '위버스Weverse'와 SM엔터테인먼트가 개발한 '디어유DearU'가 대표적인 사례로, 양질의 콘텐츠 공급은 물론 소비자와 콘텐츠를 연결하는 팬 플랫폼으로서 K-팝만의 독창적인 생태계를 구축하고 있다. 그렇다면 K-웹툰은 어떨까? 콘텐츠와 플랫폼 모두를 섭렵 중인 K-웹툰의 위상은 과연 어디쯤 있을까?

## 1조 원을 넘어선 국내 웹툰 시장

국내 웹툰 시장의 성장세는 가히 압도적이다. 한국콘텐츠진흥원의 자료에 따르면 국내 웹툰 시장은 2020년에 1조 원을 돌파한 것으로 조사됐다. 2017년 3,799억 원 규모에서 불과 3년 만에 3배 가까운 성장을 보인 것이다. 웹툰 전성시대는 계속 이어지고 있는데, 2021년 웹툰을 포함한 만화 산업의 시장 규모는 약 1조 9천억 원으로 2020년 1조 5천억 원 대비 23.5% 성장하며 콘텐츠 산업 전 분야에서 가장 높은 성장률을 기록했다. 오늘날 만화 산업 내 웹툰이 차지하는 비중이 높기 때문에, 이러한 지표들은 곧 웹툰의 성장을 의미하는데, 웹툰 플랫폼 거래액의 증가와 만화 시장의 성장으로 볼 때 2021년 국내 웹툰 시장은 1조 4천억 원 규모로 추정된다.

한 가지 재밌는 사실은 웹툰과 더불어 웹소설 시장도 함께 성장하고 있다는 점이다. 2013년 100억 원대에 머물던 시장 규모가 웹소설 플랫폼 문피아와 카카오페이지를 필두로 2020년에 6천억 원대로 성장하는 등 단행본 시장과 비슷한 규모를 형성하며 출판 시장에서 존재감을 보이고 있다. 웹툰과 유사한 서비스 방식(매일 1편의 웹소설을 볼 수 있는 '기다리면 무료' 모델과 편당 과금 모델)을 도입하고 〈달빛조각사〉, 〈나 혼자만 레벨업〉 등 대작 콘텐츠를 공급하며 웹소설 시장은 그야말로 폭발적인 성장을 보였다. 웹툰과 웹소설 간 '미디어 믹스Media Mix', 즉 원작 IP를 소설, 영화, 만화, 게임, 캐릭터 제품 등 여러 매체로 출시하는 현상이 보편화됨에 따라 웹툰 내 웹소설 원작의 중요성이 커지고 있으

**국내 웹툰 시장 규모**

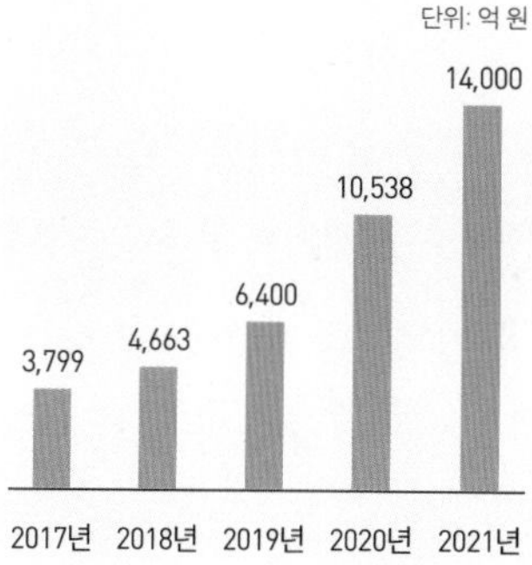


출처: 한국콘텐츠진흥원, 기업별 IR 리포트 및 자체 추정

**국내 출판 시장 규모**

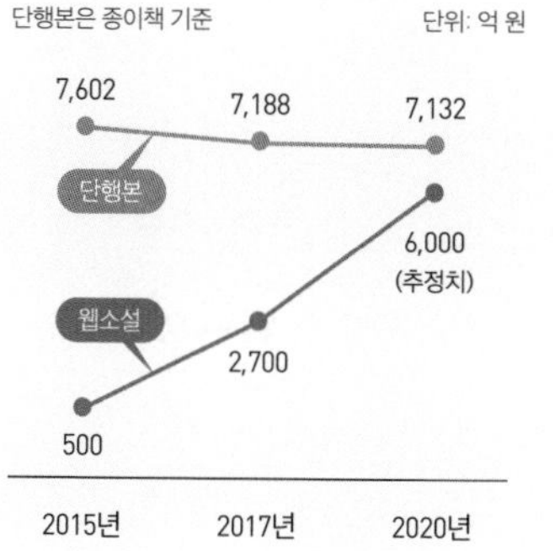


출처: 한국콘텐츠진흥원, 한국출판문화산업진흥원

므로, 웹소설 시장 역시 지속적인 성장이 예상된다.

웹툰은 시장 규모의 성장과 더불어 일상에 없어서는 안 될 콘텐츠로 자리 잡았다. 모바일인덱스에 따르면 2022년 6월 기준 네이버 웹툰의 국내 MAU는 883만 명, 카카오웹툰의 MAU는 183만 명으로 총 1천만 명에 가까운 사용자가 웹툰을 즐기고 있는 것으로 나타났다. 아울러 오픈서베이가 2022년 7월 발표한 〈웹툰 트렌드 리포트 2022〉(15~49세 남녀, 2,500명 대상)에 따르면 웹툰 이용자의 성비가 비슷하고 10~20대의 일주일 내 웹툰 이용률이 60%를 상회하는 것으로 조사됐다. MZ세대에게 웹툰은 이미 성별을 가리지 않는 대세 콘텐츠로 자리 잡았다.

MAU와 비슷하게 이용률 역시 네이버 웹툰이 압도적으로 높아, 웹툰 플랫폼 중에서는 여전히 네이버 웹툰의 시장 장악력이 높은 상황이다. 다만, 네이버 웹툰은 10~20대 유저의 비중이 높기 때문에 상대적으로 다른 플랫폼에 비해 결제 금액도 적은 편이다. 실제로 앞의 리포트에서 전체 웹툰 플랫폼의 월평균 지출 금액은 7,620원인 반면, 네이버 웹툰만 이용한 유저는 월 3,180원을 지출하는 것으로 조사됐다. 네이버 웹툰이 사용자는 압도적으로 많지만 주 연령층이 낮고, 무협, 로맨스, 판타지 등 소위 돈이 되는 장르의 콘텐츠는 카카오(카카오웹툰, 카카오페이지)가 더 많이 보유한 상황이다. 해당 연령층이 원하는 콘텐츠의 장르와 유형이 다르기 때문에, 플랫폼 사업자들 역시 그에 맞는 콘텐츠를 공급하는 데 주력함과 동시에 사용자 저변을 늘리기 위해서 노력하고 있다. 특히 카카오는 2021년 기존 다음웹툰을 카카오웹툰으로 개편하면서 카카오페이지의 웹툰을 서비스하고 소설 원작 웹툰을 강

### 웹툰 이용자 분석

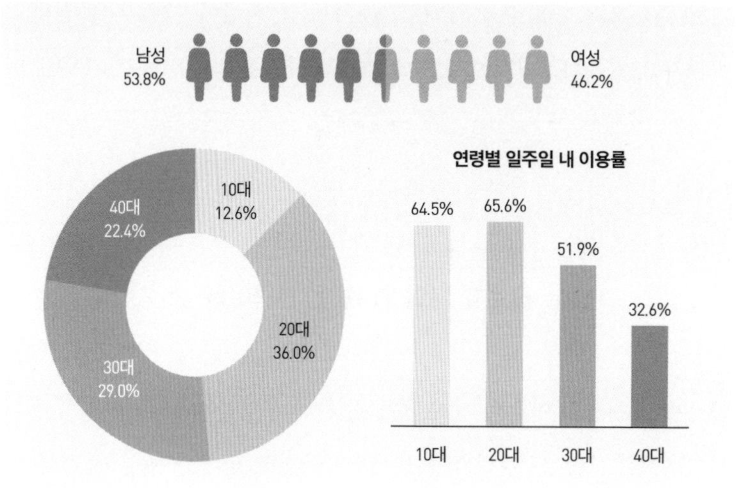


출처: 오픈서베이

### 국내 웹툰 플랫폼별 이용률

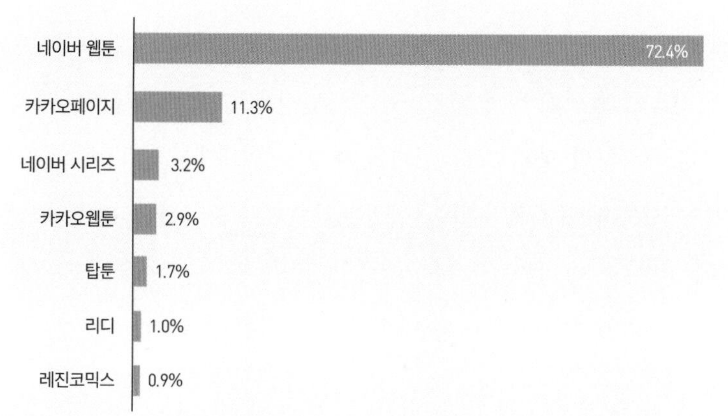


최근 1개월 내 웹툰 이용자 대상 주 이용 플랫폼 질문, 중복 응답

출처: 오픈서베이

조하는 등 네이버 웹툰과 차별성을 두고 있다. 국내 웹툰 시장을 네이버와 카카오가 주도하고 있다면, 해외 웹툰 시장은 어떤 기업들이 이끌어가고 있을까? 해외에서도 네이버와 카카오가 우위를 차지하고 있을까?

## 글로벌 만화 앱 1등은 한국이야

글로벌 유저들의 마음을 사로잡기 위해 국내 웹툰 회사들은 총력을 다하고 있다. 지난 2~3년간 네이버와 카카오를 비롯한 웹툰 플랫폼 기업들은 그야말로 사력을 다해 해외시장에 집중했다. 네이버는 2019년에 스페인어, 프랑스어, 독일어 지원을 추가하며 'WEBTOON'이란 이름으로 유럽 시장 공략에 나섰으며, 뒤이어 카카오도 2021년에 유럽 시장에 진출했다. 아울러 인수 합병을 통한 몸집 불리기도 적극적으로 이뤄졌는데, 카카오의 경우 2012년부터 서비스를 시작한 북미의 웹툰·웹소설 플랫폼 타파스Tapas를 2021년에 5억 1천만 달러(약 7,140억 원)에 인수하며 북미 시장 공략에 나섰다. 이외에도 NHN의 코미코Comico(일본)와 포켓코믹스Pocket Comics(북미, 유럽 등), 키다리스튜디오의 레진코믹스lezhin Comics(일본, 북미 등)와 델리툰Delitoon(프랑스), 리디의 만타코믹스Manta Comics(북미) 등 다수의 국내 기업이 글로벌 시장에 진출해있다. 실제 지표를 보더라도 글로벌 시장에서 K-웹툰 플랫폼(서비스)의 인기는 가히 압도적이다. 2022년 2분기 기준 네이버 웹툰은 글로벌 MAU 8,600만 명(한국 포함), 분기 거래액 4천억 원으로 글로벌 서비스로 확고히 자리 잡았으며, 일본에서 서비스 중인 카카오의 픽코마Piccoma는 2022년 2분기 기준 MAU 950만 명, 월 거래액 77억 엔(770억 원)을 기록했다. 글로벌 만화 시장 톱5에 드는 미국, 일본 프랑스의 만화 앱 시장을 살펴봐도 K-웹툰의 위력은 놀랍다. 데이터닷에이아이에 따르면, 2021년 4분기 기준 해당 국가의 만화 앱 매출 순위에서 10위권 내에 자리한 한국 기업은 적게는 3개에서 많게는 6개에 이른다. 말 그대로 K-웹툰이 모바일 만화 시장을 평정했다고 해도 과언이 아니다. 성장세도 두드러지는데 네이버의 웹툰 분야 매출액은 글로벌 진출에 힘입어 2021년 상반기 1,980억 원에서 2022년 하반기 4,150억 원으로 2배 이상 성장했으며, 카카오 픽코마의 2022년 상반기 매출은 2,424억 원으로 2020년 전체와 유사한 매출을 기록하며 무서운 상승세로 성장 중이다.

앞서 이야기한 K-웹툰의 글로벌 성과는 '플랫폼'과 '콘텐츠' 두 가

### 네이버 및 카카오의 웹툰 분야 매출 추이

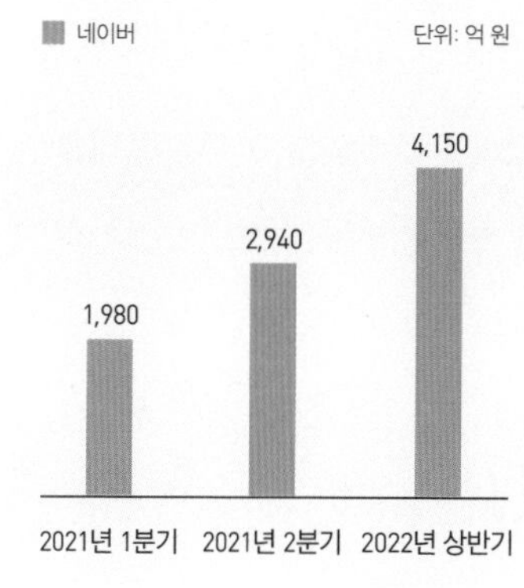


출처: 네이버 IR 자료

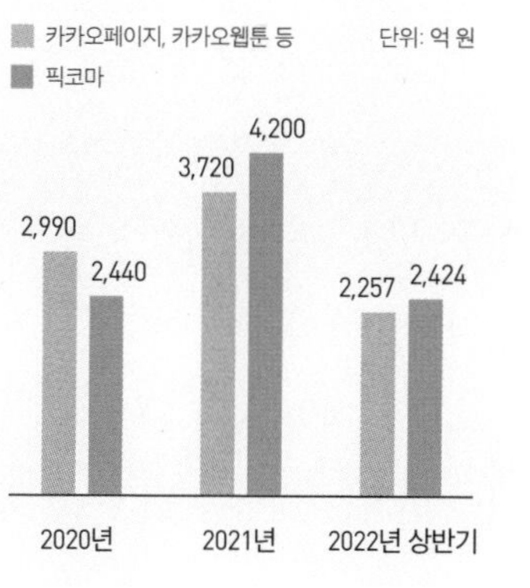


출처: 카카오 IR 자료

### 주요 국가의 만화 앱 매출 순위

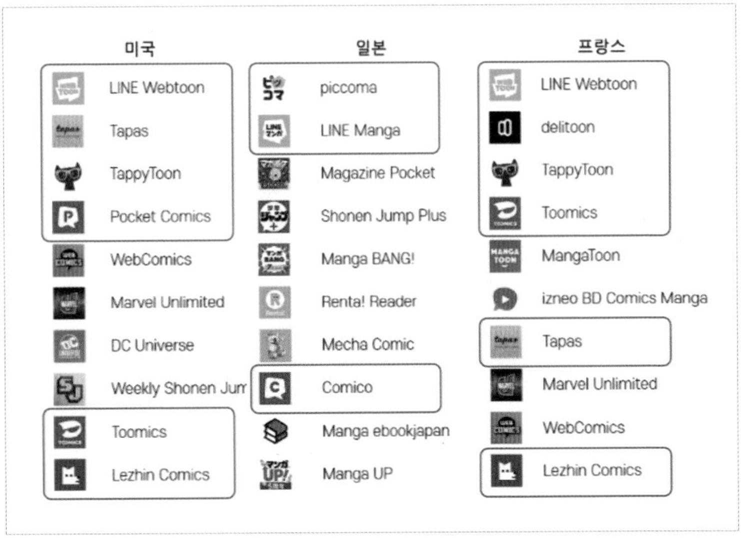


출처: 데이터닷에이아이

지 측면으로 볼 수 있다. 2010년대 후반에 접어들며 K-웹툰 플랫폼은 명실공히 주요 국가에서 매월 수천만 명이 즐겨보는 서비스로 전성기를 맞이했다. 한편, 웹툰이 다른 디지털 만화들과 가장 구별되는 장르적 특성은 디바이스 환경에 최적화된 세로 스크롤 방식의 화면 구성으로 이는 일본의 망가Manga나 미국의 코믹스Comics와는 다른 별개의 특성인데, 이제는 해외의 만화 작가들이 웹툰을 제작하고 있으니 꽤 고무적인 현상이다.

만화 강국인 일본 현지에서의 성과를 좀 더 자세히 들여다보자. 일본의 만화 앱 매출 순위 1~2위가 K-웹툰 플랫폼이니 사실상 산업적으로는 일본 시장을 장악한 셈이다. 다만, 라인망가와 픽코마는 종합 만화 콘텐츠 플랫폼이기에 웹툰뿐 아니라 일본산 만화인 망가(일명 '웹-망가'로 불림)도 제공하는데, 작품 편수와 거래액 모두에서 망가의 영향력은 여전히 상당하다.

카카오에서 서비스하는 픽코마의 경우, 전체 콘텐츠 중 웹툰이 차지하는 작품 수의 비중은 2020년 1%에서 2022년 2% 대로 소폭 증가했으나 여전히 미미한 실정이다. 반면, 거래액의 비중은 2020년 30%에서 2022년 40%대로 올라서며 K-웹툰의 저력을 제대로 보여주고 있다. 전체 중 단 2%밖에 되지 않는 작품 수로 무려 40%의 매출을 만들어내는 효자 노릇을 톡톡히 하고 있는 셈이다. 이에 대해 업계 전문가들은 웹-망가는 종이 만화책으로 먼저 공개되기 때문에 매출 부분에서 한계가 있고, 일본의 주 만화 소비층인 20~30대가 과거 세대와 달리 한국에 악감정이 없으며, 글로벌 시장에서 승승장구하는 K-콘텐츠의 위력이 웹툰의 흥행에도 상당 부분 작용하고 있다고 분석했다. 한국의 IP가 일본 시장에도 통하고 있는 것이다.

일본 만화의 고고한 팬덤층이 같은 플랫폼 안에서 K-웹툰의 재미를 발견하게 되면서, 콘텐츠 소비가 '망가'에서 '웹툰'으로 이동해가는 것도 긍정적인 흐름으로 평가된다. 다양한 국내 웹툰이 현지 플랫폼의 인기 순위 상위권에 포진돼 있으며, 전 세계 누적 142억 뷰를 기록하며 일본 현지에서 단행본으로 출시되기도 한 〈나 혼자만 레벨업〉 같은 메가 히트작도 존재한다. 그럼에도 불구하고 'K-웹툰' 자체의 글로벌 경쟁력을 위해 욕심을 좀 더 부려보자면, 플랫폼 차원의 성공을 넘어 K-웹툰 콘텐츠의 절대적인 공급량을 늘리는 전략도 필요해 보인다.

이처럼 K-웹툰 콘텐츠의 히트작이 속속들이 나오고 있지만, 미국 만화 시장의 60%를 차지하는 그래픽 노블graphic novel✦을 점령한 일본 망가에 비해서는 그 영향력이 부족하다. 특히 만화 원작의 〈귀멸의 칼날〉 — 2016년을 시작으로 누적 판매 부수 1억 5천만 부를 기록한 메가 히트 만화 — 애니메이션이 2021년 북미에서 극장 박스오피스 1위를 달성한 사례는 K-웹툰에도 시사하는 바가 크다.

✦ 문학적 구성과 특성을 지닌 작가주의 만화. 스토리에 완결성을 가진 단행본 형식으로 발간되는 것이 특징이다.

# IP 확보,
# 총성 없는 전쟁이 시작되다

한국산 웹소설로부터 비롯된 K-스토리가 웹툰 제작으로 이어지며 글로벌을 휩쓸고 있다. 흔히 웹소설 원작의 웹툰을 '노블코믹스Novel Comics'라고 부르는데, 〈나 혼자만 레벨업〉은 이러한 노블코믹스의 대표적인 성공 사례다. 2016년 연재를 시작한 〈나 혼자만 레벨업〉은 카카오페이지에서 최고의 인기를 누렸던 웹소설 작품이다. 2018년 완결을 기점으로 웹툰으로 제작돼 카카오웹툰과 카카오페이지에 공개됐고, 일본, 미국, 유럽 등 글로벌 출시를 통해 누적 142억 뷰, 매출액 400억 원을 달성하며 세계에 K-웹툰을 알리는 중추적인 역할을 했다. 단행본으로도 인기를 계속 이어갔는데 일본에서는 누적 판매 부수 100만 부를 달성했고, 미국에서는 2021년 11월 그래픽 노블 부분 — 앞서 설명했던 일본 망가가 점령했던 시장이다 — 판매 순위 7위를 기록하며 K-웹툰이 글로벌에서도 충분히 통하는 콘텐츠임을 증명해냈

〈나 혼자만 레벨업〉 애니메이션 PVPromotion Video 및 북미 독자들의 청원 사이트.

출처: 'D&C WEBTOON Biz' 유튜브 채널, change.org

다. 웹소설로 시작해 웹툰에서 끝날 것 같았던 〈나 혼자만 레벨업〉은 2023년 출시를 목표로 일본의 A-1 픽쳐스A-1 Pictures에서 애니메이션을 제작하고 있다(A-1 픽쳐스는 〈귀멸의 칼날〉 애니메이션을 배급했던 애니플렉스Aniplex의 자회사다). 미국의 한 청원사이트에서는 20만 명이 넘는 인원이 〈나 혼자만 레벨업〉의 애니메이션 제작을 요청하는 등 웹소설에서 파생된 K-웹툰의 미디어믹스 수요도 많은 상황이다. 웹소설에 녹아든 K-스토리가 세계시장을 휩쓸며 글로벌 IP로서의 가능성을 보여준 대표적인 사례다.

## K-스토리: 노블코믹스 전성시대

〈나 혼자만 레벨업〉을 기점으로 국내 웹툰 시장에서는 노블코믹스가 대세 트렌드로 자리 잡게 된다. 특히 국내 1등 웹소설 플랫폼인 카카오페이지를 운영하는 카카오가 가장 적극적으로 노블코믹스를 진행하고 있는데, 2021년 말 카카오엔터테인먼트 이진수 대표가 "스토리 사업의 글로벌 통합 거래액을 3년 내 3배로 키우겠다"라고 밝혔듯이 카카오는 웹소설 기반의 K-스토리 사업 확장에 힘쓰고 있다. 웹툰 서비스 내에서도 차별화를 두고 있는데, 카카오웹툰 내 웹소설 원작 웹툰과 일반 웹툰을 분리해 유저가 노블코믹스에 보다 쉽게 접근하도록 했다. 반면 네이버는 카카오보다 한발 늦게 노블코믹스를 시도했는데, 2020년부터 본격적으로 노블코믹스 작품들을 연재하기 시작했다. 〈화산귀환〉, 〈전지적 독자 시점〉, 〈나노마신〉 등의 작품이 인기 순위 상위권에 포진하며 독자들로부터 좋은 반응을 끌어내고 있다. 아울러 네이버는 2021년 4만 명 이상의 작가를 보유한 웹소설 플랫폼 문피아를 1,700억 원에 인수하며 IP 확보에 열을 올리고 있다. 대표적인 성공 사례는 2020년 네이버 웹소설에서 연재를 시작해 누적 다운로드 수 3천만 회를 돌파하며 독보적인 인기를 보여준 〈내 남편과 결혼해줘〉다. 원작 웹소설을 바탕으로 2021년에 웹툰으로 제작돼 지금까지 연재를 이어오고 있는데, 로맨스(네이버 웹툰에서는 '순정'으로 분류) 장르 인기 1위를 차지하는 등 국내 웹툰 시장에서도 큰 인기를 얻고 있다. 더 나아가 프랑스어로 번역돼 네이버 웹툰 프랑스 서비스에서 전체 인기 1위를 차지하며, 국내외에서 모두 성공한 노블코믹스로 자리 잡았다. 드라마화까지 고려 중이라고 하니 K-스토리에서 시작한 미디어 믹스가 어디까지 확장될지 눈여겨볼 부분이다.

웹소설 IP의 중요성이 강조되면서 기업들도 웹소설 작가 모시기에 열중하는 모습이다. 작화와 스토리 모두가 중요한 웹툰에 비해 아마추어가 접근하기 쉽기 때문에, 최근에는 큰 규모의 웹소설 공모전도 많이 개최되고 있다. 네이버는 무려 총상금 10억 원 규모의 '2022 지상 최대 웹소설 공모전'을 개최하며 웹소설 IP 확보에 공들이고 있으며,

*** 〈내 남편과 결혼해줘〉의 노블코믹스

출처: 네이버 시리즈, 네이버 웹툰

네이버 웹소설에서 인기리에 연재됐던 〈내 남편과 결혼해줘〉는 2021년 웹툰으로 제작돼 국내는 물론, 프랑스 등 해외시장에서도 큰 인기를 얻고 있다.

카카오페이지도 지속적인 공모전을 비롯해 2021년부터 네이버 웹툰의 '베스트 도전만화(누구나 참여할 수 있는 창작만화 게시판)'와 유사한 '카카오페이지 스테이지'라는 아마추어 소설가 육성 플랫폼을 통해 웹소설 IP 확보에 힘을 쏟고 있다. 매달 우수작을 선정해 카카오페이지 연재 기회를 부여하는 '페이지GO' 프로그램을 운영하는 식이다.

한편, 노블코믹스 시장이 활성화되면서 인기작과 유사한 스토리 전개 방식이 다수 연재되고, 이에 따라 오히려 콘텐츠의 다양성이 줄어든다는 비판도 많다. 공모전 및 작가 육성 플랫폼을 통해 참신한 이야기와 신진 작가를 계속 발굴하며, 글로벌에서 통하는 K-스토리를 지속해서 만들어낼 수 있을지는 앞으로 K-웹툰이 풀어가야 할 또 하나의 숙제로 보인다. K-스토리만의 참신성과 정체성을 유지하면서도 콘텐츠의 다양성을 확보해갈 수 있을지 귀추가 주목된다.

## 국내만이 답은 아닌 해외 원작 웹툰

2022년 7월 웹툰 시장에서 의미 있는 소식이 들려왔다. 만화계의 아카데미 상이라고 불리는 미국 만화 시상식인 윌 아이스너 어워드Will Eisner Comic Industry Awards에서 뉴질랜드 작가가 연재하는 네이버 웹툰의 〈로어 올림푸스Lore Olympus〉가 베스트 웹코믹 부문을 수상한 것이다. 아울러, 베스트 웹코믹 부문의 5개 후보작 중 4개가 K-웹툰 포맷을 갖춘 것만 보더라도 글로벌 시장에서 웹툰은 이제 하나의 장르로 완성됐다고 할 수 있다. K-웹툰의 장르적 특성으로는 익히 알려진 대로 세로형 스크롤에 본문 전체가 컬러로 진행되고 — 일본의 웹-망가는 표지를 제외하고는 대부분 흑백이다 — 여타 디지털 만화보다 이야기의 호흡이 짧다는 점을 들 수 있다.

〈로어 올림푸스〉는 그리스 신화를 현대적으로 재해석한 로맨스판타지물로 2018년 네이버 웹툰의 영어 서비스를 통해 처음 공개된 이후 누적 조회 수 12억 뷰를 달성한 글로벌 IP다. 네이버 웹툰은 국내의 '베스트 도전만화'처럼 해외 아마추어 작가들을 위한 공간인 '캔버스CANVAS'를 운영 중인데, 〈로어 올림푸스〉 또한 여기서 데뷔한 작품이다. 캔버스를 통한 현지 창작자 발굴이 활발히 이뤄지면서, 현재 네이버 웹툰 영문 서비스 내 현지 작품의 비율은 무려 50%에 달한다. 인기 순위(2022년 8월 기준)를 보더라도 10개의 작품 중 국내 콘텐츠는 3개에 불과하고 나머지는 모두 현지 작가의 작품이다. 캔버스에 출시됐던 작품이거나 캔버스를 통해 연재를 시작했던 작가들의 작품이 〈로어 올림푸스〉를 포함해서 인기 순위 톱10 중 6개를 차지할 정도로 캔버스는 웹툰 콘텐츠 공급에 중요한 역할을 하고 있다.

K-웹툰 플랫폼의 해외 콘텐츠 확보는 여기서 그치지 않는다. 국내에서 웹소설의 노블코믹스가 대세이듯 해외 웹소설을 웹툰과 연계하려는 시도도 활발하다. 네이버는 2021년 캐나다의 웹소설 플랫폼 왓패드Wattpad를 6억 달러(약 8,400억 원)에 인수했는데, 그 당시 네이버의 단일 인수 건 중 최대 규모로 네이버가 글로벌 IP 확보에 얼마나 진심인지 알 수 있는 대목이다. 국내에서는 잘 알려지지 않은 왓패드는 MAU 9천만 명, 작가 수 500만 명, 작품 수는 무려 10억 편에 달하는 초대형 웹소설 플랫폼으로 작가와 독자가 직접 소통하는 커뮤니티적 성격이 특징이다. 왓패드 사용자의 80%가 Z세대라고 하니 네이버 입장에서는 그야말로 IP 보물단지처럼 여기기 충분하다. 카카오도 이에 지지 않고 2021년 북미 웹소설 플랫폼 래디쉬Radish를 인수하며 북미 시장 공략에 집중하고 있다. 웹소설계의 넷플릭스라 불리는 래디쉬는 1만 개 이상의 웹소설 IP를 보유하고 있으며, 매출의 90% 이상이 회사가 보유한 IP에서 발생한다는 강점을 가지고 있다. 현지화에 최적이면서 유료 결제도 많은 강력한 IP를 자체적으로 보유했다는 점에서 카카오의 기존 국내 시장 전략과 일치하는 부분이 많다. 네이버는 네이버 웹툰의 베스트 도

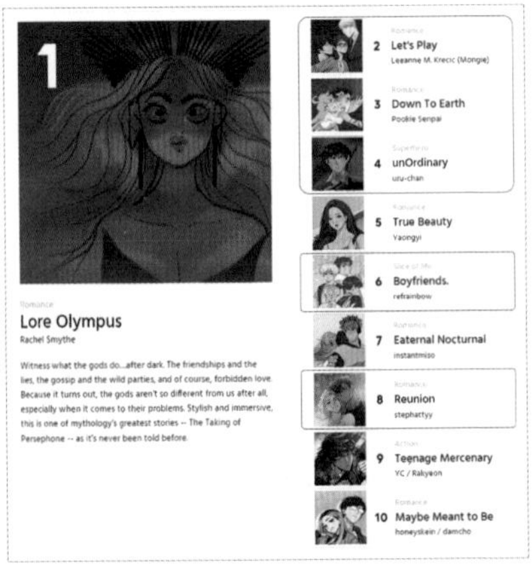

출처: WEBTOON

네이버 웹툰 영문 서비스 인기 순위. 캔버스 관련 작품(붉은색 박스)이 절반을 넘는다.

**네이버와 카카오의 웹툰 생태계 구축**

| 국내 웹소설 플랫폼 | 국내 웹툰 플랫폼 | 해외 웹소설 플랫폼 |
|---|---|---|
| MUNPIA 웹소설의 유토피아, 글세상 문피아 | WEBTOON | Radish |
| SERIES | KAKAO WEBTOON | wattpad |
| kakao page | | |

출처: 각 회사 홈페이지

네이버는 웹소설 플랫폼 문피아(국내)와 왓패드(북미)를, 카카오는 웹소설 플랫폼 래디쉬(북미)를 인수했다. 다양한 웹소설 IP를 확보해 노블코믹스로 콘텐츠를 확장하며 탄탄한 웹툰 생태계를 구축하려는 움직임으로 보인다.

전만화 게시판이나 캔버스와 왓패드처럼 누구나 쉽게 접근할 수 있는 플랫폼을 지향하지만, 카카오는 카카오페이지와 래디쉬의 사례처럼 완성된 IP를 추구한다는 점에서 서로 (비슷하면서도) 조금씩 다른 전략을 취한다. 그 방법은 서로 다를 수 있지만, 두 기업 모두 국내에서의 성공 방정식을 토대로 글로벌 IP에 기반한 웹툰, 웹소설 그리고 그 외의 다양한 콘텐츠 확장을 시도하며 글로벌을 평정할 K-웹툰 생태계를 차근차근 구축하고 있다.

## 원작의 출발지에서 콘텐츠의 종착지로

2022년 여름을 뜨겁게 달궜던 드라마를 꼽으라면 단연 〈이상한 변호사 우영우〉(이하 〈우영우〉)를 떠올릴 것이다. 드라마 인기에 힘입어 〈우영우〉는 네이버 웹툰을 통해 재탄생되며 사람들의 많은 관심을 받았다. 드라마가 종영됐음에도 목요웹툰 인기 1위를 계속 유지하고 첫 화에서만 1만 개 넘는 댓글이 달리며 화제성을 계속 이어가고 있다. 다만 독자들의 평가는 드라마에 대한 호평과 달리 싸늘한 편이다. 별점 10점 만점에 평균 5~6점으로 드라마에 비해 세세한 묘사가 부족하고 원작을 너무 그대로 따라가다 보니 전개가 아쉽다는 의견이 지배적이다. 이렇게 드라마를 웹툰으로 재탄생시키는 일명 '드라마코믹스'는 〈우영우〉가 처음은 아니다. 2013년에 방영됐던 KBS 드라마 〈굿 닥터〉는 당시 TV 시청률 20%를 넘기며 시청자들에게 많은 사랑을 받았는데, 2022년 5월 웹툰으로 다시 출시되며 관심을 모았다. NHN의 코미코 역시 2022년 5월 SBS 드라마 〈옥탑방 왕세자〉의 웹툰 버전을 출시했으며 과거 수많은 화재를 일으켰던 〈아내의 유혹〉(2008년 방영, 최고 시청률 43%), 〈명랑소녀 성공기〉(2002년 방영, 최고 시청률 38%) 등의 판권을 구매하며 드라마코믹스에 앞장서고 있다.

드라마코믹스는 원작 드라마를 바탕으로 제작되기 때문에 완성도 있는 스토리를 기반으로 기존 시청자들에게 쉽게 접근할 수 있다는 장점이 있다. 드라마를 시청했던 독자의 입장에서는 원작과 비교하는 재미도 있을뿐더러, 마케팅 측면에서도 유리하기 때문에 드라마코믹스 웹툰은 상업적으로 성공할 가능성이 높다. 다만 〈우영우〉의 사례처럼 원작의 재미를 살리지 못한 웹툰은 오히려 팬들에게 반감을 얻을 수 있기에, 원작의 인기와는 별개로 웹툰만의 차별화된 경쟁력이 필요할 것으로 보인다. 최근 역대 드라마 시청률 4위(최고 시청률 64.8%)를 자랑

출처: 에이스토리, KBS

드라마코믹스의 사례. 원작 드라마의 인기에 기대기보다는 웹툰만의 차별화된 경쟁력을 갖출 필요가 있다.

하는 MBC 드라마 〈허준〉(1999년 방영)의 웹툰화가 결정됐다고 한다. 기존 드라마를 그대로 표현하기보다는 주인공 허준의 어린 시절 이야기를 다루는 프리퀄prequel(오리지널에 선행하는 사건을 담은 속편) 작품으로 원작과는 또 다른 재미가 기대된다.

한편, 기존 드라마의 웹툰화 이외에 아예 드라마 제작 단계부터 웹툰을 같이 (또는 미리) 제작하는 사례도 나오고 있다. 물론 이전에도 드라마나 영화가 개봉되기 전에 마케팅 수단으로서 단편 위주의 웹툰이 제작되기도 했다. 그러나 최근 눈에 띄는 사례들은 이와는 조금 다르다. 2021년에 방영된 SBS 드라마 〈그 해 우리는〉은 프리퀄 웹툰 〈그 해 우리는 - 초여름이 좋아!〉를 드라마 방영 한 달 전부터 공개해, 9개월

간 장기 연재을 이어가며 색다른 행보를 보여줬다. 특히 드라마 내용과 다른 프리퀄 형식으로 독자들에게 원작 드라마와는 또 다른 재미를 선사했는데, 유료 결제는 물론 추후 단행본까지 출시하며 드라마와 웹툰 간의 시너지를 제대로 보여줬다.

원작의 바다이자 콘텐츠의 출발지였던 웹툰이 이처럼 콘텐츠의 종착지로 자리 잡은 사례는 비단 드라마에서 그치지 않는다. 네이버 웹툰은 2021년부터 하이브, DC 코믹스DC Comics 등 글로벌 엔터테인먼트 기업들의 슈퍼 IP를 웹툰, 웹소설 오리지널 콘텐츠로 제작하는 '슈퍼캐스팅' 프로젝트를 진행하고 있다. 특히 하이브 소속 보이그룹 BTS와 협업해 제작한 〈세븐 페이츠: 착호7FATES: CHAKHO〉(이하 〈세븐 페이츠〉)는 근미래의 도시를 배경으로 한 어반 판타지 장르Urban Fantasy의 웹툰으로 조선 시대의 범 잡는 부대로 알려진 '착호갑사捉虎甲士'에서 모티브를 얻었다. 착호갑사를 BTS 멤버 7명으로 설정하고 단군 신화에 등장하는 곰과 호랑이의 이야기를 재해석해 노블코믹스나 드라마코믹스와는 다른 IP 활용 사례를 보여준다. 글로벌 보이그룹 BTS의 IP 활용으로 출시 전부터 티저 광고 영상의 누적 조회 수가 5천만 뷰를 돌파하며 높은 관심을 받았는데, 웹툰과 웹소설 출시 직후 이틀만에 글로벌 누적 조회 수 1,500만 회를 돌파하고 영어 서비스에서만 150만 명이 넘는 구독자가 발생하는 등 단기간에 성공적인 콘텐츠로 자리 잡았다. 특히 국내에서 출시된 웹툰을 번역해 순차적으로 해외에 서비스했던 기존의 방식에서 벗어나, 10개 언어로 전 세계에서 동시 공개하며 글로벌 공략에 큰 노력을 기울였다. 네이버 웹툰과 하이브는 〈세븐 페이츠〉 이외에도 보이그룹 엔하이픈과 투모로우바이투게더를 기반으로 〈DARK

출처: 네이버 웹툰, 하이브

네이버 웹툰이 하이브와 손잡고 소속 아티스트의 슈퍼 IP를 활용해 웹툰 및 웹소설 오리지널 콘텐츠를 제작하는 '슈퍼캐스팅' 프로젝트. BTS와 협업해 제작한 〈세븐 페이츠: 착호〉는 10개 언어로 전 세계에서 동시 공개되며 큰 화제를 모았다.

MOON: 달의 제단〉, 〈별을 쫓는 소년들〉을 연재하며 다양한 웹툰, 웹소설 콘텐츠로의 확장을 시도하고 있다.

슈퍼히어로물을 주로 다루는 미국의 DC 코믹스와의 협업도 웹툰의 달라진 위상을 느낄 수 있는 사례다. 〈배트맨〉 시리즈의 스토리를 기반으로 〈배트맨: 웨인 패밀리 어드벤처Batman: Wayne Family Adventures〉를 웹툰으로 연재했는데, 영어 서비스에서만 누적 조회 수 5,500만 회, 목요 웹툰 인기 순위 2위를 기록하며 성공적인 프로젝트로 평가받았다. 특히 지금까지 공개되지 않은 스토리를 웹툰으로 풀어냈다는 점에서 호평받았는데, 이러한 성공에 힘입어 DC 코믹스는 3개의 오리지널 웹툰 추가 연재를 확정하며 K-웹툰의 저력을 다시 한번 확인시켜줬다.

최근 유튜브를 중심으로 1990년대부터 2000년대에 방영했던 드라마의 다시 보기가 유행하고 있다. 그 시대의 향수에 젖어 다시 시청하는 사람들뿐만 아니라, 아예 해당 드라마를 접한 적 없는 MZ세대 사이에서도 과거 드라마에 대한 열풍이 불고 있다는 점에서 관심을 끈다. 요즘 드라마와는 사뭇 다른 스토리와 스타일로 색다른 재미를 선사하고 있는데, KBS와 MBC는 각각 옛날 드라마 다시 보기를 제공하는 별도 유튜브 채널 'KBS Drama Classic'(구독자 162만 명), '옛드: MBC 레전드 드라마'(구독자 318만 명)를 운영하며 이러한 트렌드에 앞장서고 있다. 영화와 드라마를 주로 다루는 유튜브 채널 '지무비: G Movie'는 KBS 드라마 〈추노〉를 "지금 넷플릭스에 공개하면 무조건 전 세계 1위 확정인 전설의 한국 드라마"라고 소개했는데, 2021년 5월에 업로드된 이 영상은 2022년 9월 기준 조회 수 560만 회를 넘겼다. 방영 후 10년이 넘은 드라마라는 게 믿기지 않는 커다란 관심이다.

오늘날, MZ세대들의 콘텐츠 소비 방식은 기존과 다르다. 전편을 처음부터 끝까지 보지 않고 유튜브에 요약된 콘텐츠를 중심으로 빠르게 소비한다. 소위 잘나가는 콘텐츠는 시간이 지나도 재미있기 마련이라, 주옥같은 과거의 스토리가 현재 트렌드에 맞춰 다시금 매력적인 콘텐츠로 재탄생하는 편집이 이뤄지고 있는 것이다. 웹툰 시장도 이와 비슷하다. 과거에 유행했던 혹은 다른 방식으로 펼쳐졌던 스토리가 웹툰만의 스타일과 결합해 시너지를 발휘하며 콘텐츠 시장을 지배하고 있다. 〈해리 포터〉 시리즈의 조앤 롤링이 2022년에 활동하는 신인이었다면 과연 그 스토리로 소설책을 출판했을까? 아마도 웹툰이나 웹소설로 독자들에게 다가갔을 것이다. 웹툰의 장점은 수천만 명의 독자를 보유한 플랫폼을 바탕으로 빠르게 콘텐츠 공급이 가능하다는 것이다. 무엇이든 빠르게 소비하고 새로운 것을 찾아 나서는 게 대세인 요즘, 웹툰은 원천 IP가 다양한 콘텐츠로 확장하는 시작점이면서 동시에 종착지가 되기도 한다. 콘텐츠 시장에서 웹툰의 영향력이 점점 커질 것으로 예상되는 이유다.

# 국내 웹툰 시장에 불어온 변화의 바람

국내 웹툰 시장의 성장에 따라 산업적으로도 커다란 변화의 바람이 불고 있다. 특히 제작 환경의 구조적인 변화와 콘텐츠 다양성이 주목받고 있다. 초기에 비해 높아진 독자들의 눈높이와 다양한 장르에 대한 수요는 국내 웹툰 시장의 변화를 촉진하고 있다. 콘텐츠 다양성 측면에서 가장 대표적인 변화는 소위 빨간 맛 웹툰으로 불리는 성인 웹툰과 BL 시장의 성장이다. 그동안 음지에 머물렀던 빨간 맛 웹툰이 서서히 양지로 나와 대중들에게 다가가면서 관련 시장 역시 급격하게 커지고 있다. 아울러 웹툰 제작 환경도 큰 변화를 겪고 있는데, 원고량이 계속 늘어나고 그림체의 중요도가 높아짐에 따라 웹툰을 전문적으로 제작하는 웹툰 스튜디오들이 탄생하고 있다. K-웹툰의 밑바탕이 되는 국내 웹툰 시장이 지금, 이 순간 어떻게 변화하고 있는지 한번 자세히 살펴보자.

## 빨간 맛 웹툰의 반란: 성인 웹툰과 BL 시장

거대 웹툰 플랫폼인 네이버 웹툰과 카카오웹툰이 쉽게 접근하지 못하는 웹툰 장르가 있다. 바로 성인 웹툰이다. 전 연령층을 커버하는 두 플랫폼이 19금 성인 웹툰을 전면에 내세우기에는 부담스러운 부분이 많다. 물론 네이버나 카카오에 성인 웹툰이 없는 것은 아니다. 〈1을 줄게〉, 〈비즈니스 여친〉 등 일부 작품은 네이버 웹툰에서 인기 순위 상위권을 기록 중이며, 카카오웹툰에서도 〈미완결〉이라는 작품이 전체 인기 1위를 할 정도로 성인 독자들을 위한 콘텐츠도 그 존재감을 드러내고 있다. 또한 두 플랫폼 모두 최근에 '17금 콘텐츠'✦라는 주제로 '매운맛', '어른 로맨스' 공모전을 개최하며 이전보다 적극적으로 성인 시장을 공략하고 있다. 물론 다른 성인 웹툰 플랫폼에 비해 빨간 맛 정도는 다를 수 있지만, 적어도 거대 플랫폼 회사들이 성인 시장을 염두에 두고 있다는 점에서 의미 있는 행보라 할 수 있다.

한편, 앞서 이야기한 대로 성인 웹툰 시장의 강자들은 우리가 아는 네이버나 카카오가 아니다. 다양한 성인 웹툰 플랫폼이 있지만, 그중 1위는 바로 '탑툰TOPTOON'이다. 2014년 서비스를 시작한 탑툰은 전 세계 가입자 수 4,500만 명, 매출액 650억 원(2021년 기준)에 달하는 빨간 맛 웹툰 시장의 선두 업체다. 연재작 전체가 성인 웹툰은 아니지만, 연재작의 70%, 매출액의 90%가 성인 콘텐츠로 니치 마켓을 제대로 공

✦ 17금 콘텐츠는 19금보다는 낮은 수위로 탄탄한 스토리와 성숙한 로맨스 분위기를 풍기는 장르를 지칭한다. 성인 작품으로 불리는 19금 로맨스와는 조금 다르며, 2030 여성 이용자층이 주 타깃이다.

출처: 네이버 웹툰, 카카오웹툰

네이버와 카카오의 성인 로맨스 웹툰 공모전. 이는 콘텐츠 외형을 확장하는 동시에 2030 여성 이용자층을 확보하기 위함으로 보인다.

략하고 있다. 특히 자체 제작 스튜디오를 통해 직접 제작에도 관여하며 250편의 IP를 보유한 그야말로 성인 웹툰에 진심인 회사다. 탑툰을 비롯한 성인 웹툰 플랫폼들은 보통 남성향 콘텐츠 — 우리가 익히 상상할 수 있는 성인 콘텐츠 — 를 주로 다루고 있다.

그런데 이와는 성격이 조금 다른 빨간 맛 콘텐츠가 있는데 바로 BL 장르다. 보이즈 러브Boy's Love의 약자인 BL은 남성과 남성의 사랑 이야기를 다루지만, 창작자와 독자는 대부분 여성이라는 특징이 있으며, 장르의 특수성으로 인해 보통 19금으로 연재되는 경우가 많다. 과거에는 주로 일본 만화를 수입해서 보거나 네티즌 사이에서 알음알음 퍼지는 등 소수만이 즐기는 콘텐츠로 인식됐지만, 이제는 더 이상 무시할 수 없는 하나의 장르로 인정받으며 그 규모를 키워가고 있다. 이러한 여성향 콘텐츠에는 BL뿐 아니라 로맨스와 판타지가 결합한 '로맨스판타지' 장르인, 일명 '로판'도 큰 인기를 얻고 있다. 코스닥 상장사인 키다리스튜디오가 운영하는 웹툰 플랫폼 '봄툰'은 여성향 콘텐츠를 집중적으로 연재하며 연간 300억 원 이상의 매출을 달성 중이며, 2016년부터 BL 장르를 개척한 전자책 업체 리디는 BL 웹소설과 웹툰을 다수 연재하며 현재는 BL 관련 신작을 한 달에 300종 이상 쏟아내고 있다. 업계 관계자에 따르면 리디의 전체 매출 중 BL 콘텐츠가 차지하는 비중이 작지 않은 것으로 알려졌다. 중소 플랫폼뿐만 아니라 거대 플랫폼인 카카오페이지에서도 2021년 7월 BL 파트를 따로 만들 정도로 BL은 비주류에서 주류 콘텐츠로 자리 매김하는 중이다. 이외에도 레진코믹스, 코미코 등 다양한 플랫폼이 성인, BL, 로판 등 차별화된 콘텐츠로 시장 공략에 나서고 있다. 네이버와 카카오가 대중적인 웹툰으로 높은 시장 점유율을 확보한 상황에서, 이와 차별화된 니치 마켓 공략은 또 다른 기회가 될 것으로 보인다.

물론 지나치게 선정적이고 자극적인 콘텐츠는 시장에 부정적인 영향을 줄 수 있다. 그러나 작품성과 상업성을 모두 갖춘 성인 영화 시장이 존재하듯, 빨간 맛 웹툰의 성장 역시 또 다른 거대 시장을 만들 가능성이 있으며, 웹툰과 웹소설을 벗어나 드라마나 영화로 재창작해 대중 앞에 선보였을 때 신선한 자극과 더불어 콘텐츠 장르의 저변 확대를 기대할 수도 있다. 지금껏 일부 성인, BL 작품이 드라마나 영화로 제작됐지만, 소위 대중에게 인식된 대박 콘텐츠는 없다. 소재의 특성상 모두에게 사랑받을 수는 없다고 하더라도 해당 장르의 지속적인 영화화 및 드라마화는 빨간 맛 웹툰에 또 다른 가능성을 부여할 수 있지 않을까? 음지에서 양지로, 비주류에서 주류로 옮겨가는 빨간 맛 웹툰 시장의 발전을 지켜보자.

## 웹툰 제작 환경은 폭풍 변화 중

이제까지 K-웹툰의 글로벌 영향력이 점점 커지고 있으며, 콘텐츠의 미디어 믹스가 매우 활발하게 이뤄지고 있음을 살펴봤다. 그렇다면 10년이 넘는 기간 지속해서 성장해온 웹툰의 제작 방식은 어떻게 변하고 있을까? 이를 확인하기 위해서는 먼저 웹툰의 양적, 질적 변화를 살펴봐야 한다. 2010년대 초반 웹툰 시장의 성장기에는 1회당 컷(장면) 수가 60컷 내외였지만, 현재 100컷 이상의 웹툰도 다수 연재되며 절대적인 원고량이 늘어났다. 아울러 질적인 부분에서도 많은 성장이 이뤄졌는데, 비교적 단순한 그림체로 소소한 일상을 다룬 가벼운 웹툰이 주였던 시장에서 그림체가 화려한 웹툰이 다수 연재되기 시작하면서 독자들의 눈높이는 지속해서 높아져 왔다.

연재 기간이 긴 작품들은 연재 과정에서 작화가 개선되는 사례도 많다. 2010년 연재를 시작해 누적 조회 수 45억 회를 돌파한 네이버 웹툰의 간판 작품인 〈신의 탑〉의 경우, 시즌1 작화와 최근 시즌3 작화를 비교해보면 그림체가 얼마나 향상됐는지 확인할 수 있다. 모든 콘텐츠가 그러하듯 웹툰도 스토리뿐만 아니라 이를 어떻게 표현하는지가 매우 중요하다. 실제로 최근 웹툰 독자들을 대상으로 한 설문조사에서 "작품 선택 시 가장 중요하게 생각하는 요소는 무엇인가?"라는 질문에 '작화 및 그림체'라고 응답할 정도로 그림의 중요도는 매우 높다. 이렇듯 늘어난 회당 컷 수와 높아진 독자들의 눈높이에 부합하는 작화를 위해서는 자연스럽게 작업량도 증가할 수밖에 없으며, 이에 따라 웹툰 작가의 노동환경과 관련된 여러 문제점이 발생하고 있다. 2022년 10월

출처: 트위터(@huasira)

웹툰 〈신의 탑〉의 그림체 변화. 연재 기간이 긴 작품들은 연재 과정에서 작화가 개선되는 사례도 많다.

《중앙일보》에서도 웹툰 업계의 인터뷰를 통해 고강도 근로 환경의 문제점과 실태를 심층적으로 분석하는 기사를 냈다. 해당 기사에서는 "앰뷸런스를 타본 적이 없다면 작가가 아니다"라는 자조 섞인 웹툰 작가들의 농담을 언급하며 웹툰 제작 환경의 문제점을 지적했다. 하나의 웹툰을 제작하기 위해서는 스토리, 스케치, 채색, 배경 등 다양한 작업 과정이 필요한데 1명의 작가가 이를 모두 소화하기에는 현실적으로 어려운 환경이라는 것이다.

이러한 시장 환경에 맞춰 스토리, 그림 작가를 나눠 분업하는 사례가 많아졌고, 전문적으로 웹툰을 제작하는 웹툰 스튜디오 역시 최근 몇 년간 급격하게 성장했다. 심지어 웹툰 플랫폼에서 적극적으로 제작 스튜디오를 설립해 웹툰 제작을 지원하기도 한다. 일례로 네이버 웹툰이 2017년 설립한 자회사 스튜디오 리코는 현재까지 15편의 웹툰을 제작했는데, 〈내 남편과 결혼해줘〉, 〈화산귀환〉 등 인기 작품을 선보이며 존재감을 드러냈다. 하나의 작품에 10명 이상을 투입하고 각 제작 파트별로 분업화된 시스템 — 작가명은 'LICO'로 표기된다 — 으로 기존 웹툰 제작 시장과는 다른 모습을 보여주고 있다. 일각에서는 웹툰 플랫폼 업체가 제작사까지 겸하는 것이 플랫폼의 공정성을 해친다는 논란이 있지만 스튜디오 리코에서 제작된 웹툰에 대한 독자들의 반응은 전반적으로 긍정적인 편이다.

플랫폼사의 제작 스튜디오 이외에 중소 제작 스튜디오의 선전도 눈여겨볼 부분이다. 2018년 설립한 레드아이스 스튜디오는 주로 노블코믹스 작품을 제작하는 웹툰 스튜디오로 다수의 인기 작품을 연재 중이다. 앞서 소개한 〈나 혼자만 레벨업〉을 비롯해 〈전지적 독자 시점〉, 〈템빨〉을 성공적으로 연재하고, 글로벌 게임사인 유비소프트Ubisoft의 액션 게임 '어쌔신 크리드Assassin's Creed'의 웹툰 제작을 맡으며 국내외에서 제작 역량을 인정받고 있다. 또 다른 스튜디오로는 웹툰 〈외모지상주의〉로 유명한 박태준 작가가 설립한 더그림엔터테인먼트가 있다. 본래는 박태준 작가의 작품을 제작 보조하는 스튜디오였지만, 최근 아카데미를 운영하며 다수의 작품을 제작하는 스튜디오로 거듭났다. 이러한 제작 스튜디오의 확대로 인해 일각에서는 양산형 웹툰이 제작된다

출처: 웹툰 AI 페인터

웹툰 AI 페인터를 사용한 채색 과정. 왼쪽이 원본 스케치이며, 오른쪽이 AI가 자동으로 채색한 결과물이다.

는 비판도 있지만, 웹툰 시장의 확장과 함께 기업형 제작 스튜디오 역시 지속해서 늘어날 것으로 예상된다.

또 한 가지 새로운 변화는 웹툰 제작 도구의 발전이다. 일상생활의 다양한 분야에서 AI 기술이 도입된 것처럼 웹툰에서도 AI 기술이 활용되는 사례가 나오고 있다. 그중 가장 화제가 되는 기술은 네이버 웹툰이 개발한 '웹툰 AI 페인터'다. 스케치만 업로드하면 AI가 채색을 자동으로 진행하기 때문에 웹툰 제작이 한결 수월해진다. 실제로 몇몇 작가들은 해당 기술을 보조적으로 활용하고 있는 것으로 알려졌으며, 유명 웹툰 작가인 이말년은 유튜브 채널 '침착맨'에서 웹툰 AI 페인터를 시연하면서 "특이점은 이미 왔다"고 호평했다.

K-웹툰을 발전시키는 원동력은 결국 콘텐츠다. 웹툰 시장의 성장에 맞춰 지금과 같은 제작 시스템 고도화 및 차별화된 기술 도입이 유지된다면, K-웹툰은 지속해서 글로벌 경쟁력을 갖출 수 있을 것으로

기대된다. 다만, 너무 비슷한 그림체로 공장형 만화를 찍어낸다는 비판도 어느 정도는 사실인 만큼, 어떻게 하면 효율적인 제작 환경 속에서 보다 창의적인 콘텐츠를 제작해 글로벌 독자들을 만족시킬 수 있을지 끊임없이 고민해야 할 것이다.

# 미디어의 경계를 넘나드는 웹툰의 콘텐츠 확장

K-웹툰이 가지는 진정한 가치 중 하나는 바로 '콘텐츠 확장'이다. 지난 몇 년간 K-웹툰은 원작의 바다로서 수많은 콘텐츠로 재생산됐는데, 이렇게 만들어진 2차 콘텐츠들은 K-웹툰을 전 세계로 알리는 역할을 톡톡히 해냈다. 물론 웹툰의 콘텐츠 확장은 오래전부터 시도됐던 일이지만, 기존의 흥행 수준을 넘어선 글로벌 드라마 및 영화의 탄생과 장르적 확대로 인해 K-웹툰의 인지도는 놀라울 만큼 높아진 상황이다. 특히 기성 콘텐츠와 다른 웹예능에서의 시도가 흥미로운데, 2018년 네이버 웹툰에 첫 연재를 시작한 웹툰 〈머니게임〉이 대표적인 사례다. 총상금 448억 원을 두고 8명의 참가자가 100일간 생존 경쟁을 펼치는 스릴러물인 〈머니게임〉은 웹툰 연재 당시에도 참신한 내용으로 독자들의 호평을 받은 작품이다. 이를 모티브로 2021년에는 기성 방송사가 아닌 유튜브 채널 '진용진'(구독자 250만 명)에서 웹예능을 제작했는데,

총상금 5억 원이 걸린 동명의 웹예능은 1천만 회 가까운 조회 수를 달성하며 이례적인 화제를 모았다. 더 나아가 2022년에는 유튜브 채널 '쥬빌리Jubilee'(구독자 700만 명)에서 미국 버전 〈Money Game〉을 공개하며 새로운 콘텐츠 포맷의 글로벌 확장을 이뤄냈다. 미국 버전 제작 시 기획 단계부터 네이버 웹툰이 적극적으로 참여해 완성도를 높였으며, 한국 웹툰 최초로 해외 제작진과 출연진이 참여하는 글로벌 영상 콘텐츠로 제작됐다는 점에서 의미 있는 시도로 평가받는다.

원작 웹툰의 검증된 스토리와 인지도를 통해 어느 정도 성공 가능성을 가늠할 수 있고, 최근에는 역으로 드라마나 영화의 방영 이후 원작 웹툰의 조회 수가 늘어나는 선순환이 이뤄지면서 미디어 믹스 역시 이전보다 활발해지고 있다. 특히 넷플릭스 등 글로벌 OTT를 통한 드라마화는 글로벌 고객의 웹툰 유입을 증가시킨다는 장점이 있다. 드라

출처: 네이버 웹툰, '진용진', 'Jubilee' 유튜브 채널

한국과 미국의 인기 유튜브 채널에서 웹예능으로 재탄생한 웹툰 〈머니게임〉.

마가 공개된 후 원작 웹툰의 주간 조회 수가 수십 배씩 늘어나는 등 웹툰 플랫폼들 역시 드라마 덕을 톡톡히 보고 있다.

## 이거 원작이 웹툰이었어?

웹툰을 원작으로 한 드라마들은 최근 몇 년간 아주 만족스러운 시기를 보내고 있다. 우선 양적으로도 많은 수의 웹툰이 드라마로 방영됐으며, 국내뿐만 아니라 글로벌에서 인기를 얻으며 질적으로도 큰 성장을 이뤘다. 이러한 웹툰 원작 드라마의 성장에는 두 가지 특징이 있다.

첫 번째는 OTT를 통한 출시와 글로벌 진출이다. 웹툰 원작 드라마의 시초라고 불릴 수 있는 〈미생〉은 2014년 당시 케이블 채널(tvN)에서 방영됐음에도 불구하고 최고 시청률 10%를 기록하며 선풍적인 인기를 끌었다. 주로 케이블 채널에서 방영되던 웹툰 원작 드라마는 최근에는 글로벌 OTT로부터 러브콜을 받으며 시장에서 높은 평가를 받고 있다. 만약 〈미생〉이 처음부터 글로벌 OTT로 방영됐다면 어떤 성적을 거뒀을지 기대되는 부분이다.

웹툰 원작 드라마의 경우 특히 넷플릭스에서 성적이 좋은데, 최근 2년간 국내에서 제작된 넷플릭스 오리지널 드라마는 총 17편으로 그 중 웹툰 원작 드라마는 5편(〈좋아하면 울리는〉, 〈D.P.〉, 〈지옥〉, 〈지금 우리 학교는〉, 〈안나라수마나라〉)이다. 비중도 비중이지만 성공 타율도 높다. 현재까지 국내 넷플릭스 오리지널 드라마 중 전 세계 인기 1위를 달성한 드라마는 2021년 9월에 선보인 〈오징어 게임〉을 비롯해 총 세 작품뿐인데, 나머지는 웹툰 원작인 〈지옥〉(2021)과 〈지금 우리 학교는〉(2022)으로 웹툰 드라마의 높은 흥행 가능성을 엿볼 수 있는 대목이다. 2023년에도 다수의 대작 출시가 예정돼 있어 웹툰 드라마의 글로벌 흥행은 계속 이어질 것으로 보인다. 넷플릭스는 〈이두나!〉(수지, 양세종 주연), 〈마스크걸〉(고현정, 나나 주연) 등을 예고하고 있으며, 국내에서 고전 중인 디즈니플러스는 제작비 500억 원의 〈무빙〉(류승룡, 한효주, 조인성 주연)과 범죄 스릴러 〈비질란테〉(남주혁, 유지태 주연) 등을 공개할 예정이다.

그렇다면 웹툰이 드라마 시장에서 지속해서 러브콜을 받는 이유는 무엇일까? 바로 완성도가 보장된 스토리 덕분이다. 보통 드라마로 제작되는 웹툰은 장기간의 연재를 통해 이미 독자들에게 검증받은 작품인 경우가 대다수다. 장기간 다져진 탄탄한 스토리와 원작 팬덤의 존재는 드라마의 흥행에 큰 도움이 된다. 이는 실제 웹툰 독자의 반응을 통해서도 확인할 수 있다. 오픈서베이에서 실시한 〈웹툰 트렌드 리포트 2022〉에 따르면 웹툰 독자 10명 중 4명은 "이미 감상한 웹툰·웹소설이 실사화될 경우 가급적 챙겨본다"라고 응답하며 웹툰의 영상화에 긍정적인 반응을 보였다. 또한 "원작과의 싱크로율이 높아야 한다"는 의견이 전체 응답자의 77%로, 드라마가 원작을 잘 반영할수록 드라마의 성공 확률이 높아짐을 짐작게 했다. 아울러 글로벌에서 K-웹툰의 위상이 올라감에 따라, 국내뿐만 아니라 해외시장의 진출이 한층 더 쉬워졌다는 점도 드라마 산업에서 웹툰의 입지가 넓어진 이유 중 하나로 꼽을 수 있다.

두 번째는 웹툰 플랫폼 기업의 드라마 제작 진출이다. 네이버 웹툰은 자회사인 스튜디오엔을 통해 다른 영상 제작 업체와 공동 제작에 나서고 있다. 2018년 설립 이후 11편의 드라마를 제작해 국내외 OTT와 방송사에 방영했는데, 대부분의 작품이 웹툰 원작 드라마다. 특히 넷플릭스로 공개되며 한국 드라마 최초로 미국 넷플릭스 톱10에 진입한 〈스위트홈〉을 비롯해, 원작의 만화적 요소들을 실사와 애니메이션으로 제대로 구현해내며 역대 최고의 웹툰 드라마화로 찬사를 받았던 〈유미의 세포들〉까지 다수의 작품이 대중들로부터 좋은 평가를 받고 있다. 최근에는 CJ ENM, 스튜디오드래곤과 손잡고 일본 내 JV Joint Venture(합작사)인 스튜디오드래곤 재팬(가칭)을 설립하고, 일본의 지상파 방송국 중 하나인 TBS TV와 합작해 스튜디오 툰 Studio TooN을 설립하는 등 일본 드라마 시장을 공략하기 위해 적극적으로 나서고 있다.

카카오도 드라마 제작에 열심이다. 카카오웹툰과 카카오페이지를 운영하는 카카오엔터테인먼트는 10곳 이상의 드라마, 영화 제작사를 자회사로 두며 영상 콘텐츠 제작에 집중하고 있다. 대표적인 작품으로 웹소설 원작의 〈사내맞선〉이 있는데, 2022년 SBS와 넷플릭스에 동시 방영돼 국내 시청률 10%를 넘기고 넷플릭스 글로벌 시청 주간 2위를 차지하며 흥행에 성공했다. 아울러 국내에서도 큰 인기를 얻었던 웹툰 원작 드라마 〈이태원 클라쓰〉를 리메이크한 일본 드라마 〈롯폰기 클라쓰 六本木クラス〉의 제작에도 참여했는데, 일본 내에서 시청률 10%를 넘기며 한일 공동 제작 드라마로서 의미 있는 성과를 기록했다. 웹툰과 웹소설에 이해도가 높은 플랫폼 기업이 직접 드라마 제작에 참여함으로써, 원작의 감성을 그대로 살리면서도 완성도를 높일 수 있다는 점에서 앞으로도 이러한 추세는 지속될 것으로 예상된다.

출처: 네이버 웹툰, 넷플릭스, 티빙

원작 웹툰(왼쪽)의 재미를 잘 구현한 드라마(오른쪽)로 호평받는 〈지금 우리 학교는〉과 〈유미의 세포들〉.

드라마와 달리 영화 시장에서는 웹툰을 원작으로 한 작품의 숫자가 많지 않다. 더욱이 코로나19 팬데믹에 따른 영화 산업의 축소로 인해 최근 몇 년간 개봉된 웹툰 원작 영화는 더욱 손에 꼽는다. 다년간 긴 호흡으로 연재되는 웹툰의 특성상, 방대한 스토리를 (드라마와 달리) 짧은 러닝타임으로 소화해야 한다는 점도 영화화를 어렵게 하는 요소다. 코로나19 이전으로 시간을 되돌리면, 웹툰 〈신과함께〉를 원작으로 2부작으로 제작된 〈신과함께 - 죄와 벌〉(2017), 〈신과함께 - 인과 연〉(2018)이 누적 관객 2,600만 명을 돌파하며 소위 대박을 쳤다. 그 이후로는 이렇다 할 흥행작이 나오지 않았지만, 최근 들어 웹툰 원작 영화로서 의미 있는 사례들이 속속 등장하고 있다. 넷플릭스가 제작 단계부터 직접 참여한 국내 첫 오리지널 무비인 〈모럴센스〉는 2022년 2월 공개돼 글로벌 시청 주간 11위를 기록하며 웹툰 원작 영화의 가능성을 보여줬다.

최근 중국에서 뜻밖의 좋은 소식이 들려왔는데, 장수 웹툰 〈마음의 소리〉로 유명한 작가 조석의 SF 웹툰 〈문유〉가 영화 〈독행월구獨行月球〉로 리메이크된 것이다. 〈문유〉는 소행성의 충돌로 지구가 멸망한 뒤, 유일하게 달에 남아 생존하게 된 주인공 문유의 이야기를 그린 개그 웹툰으로 중국판 영화 제목인 〈독행월구〉 역시 "달에 혼자 가다"라는 뜻이다. 〈독행월구〉는 2022년 7월 개봉 이후, 관객 7천만 명(중국 박스오피스 2022년 흥행 2위)을 돌파하고, 5천억 원 이상의 수익을 달성하는 등 큰 성공을 거뒀다. 국산 웹툰이 영화로 제작돼 해외에서 성공한 기념비적인 사건으로, 이를 기점으로 웹툰 기반의 글로벌 흥행 영화가 지속해서 탄생할 수 있을지 궁금해진다. 매년 수많은 웹툰이 드라마나

출처: 네이버 웹툰, IMDb

조석의 웹툰 〈문유〉를 원작으로 한 중국 영화 〈독행월구〉. 7천만 명의 관객을 모으며, 2022년 중국 박스오피스 흥행 2위에 올랐다.

영화로 제작되고 있지만, 장르 특성상 실사화가 불가능한 경우도 많기 때문에 모든 웹툰이 드라마나 영화로 제작될 수는 없다. 특히 인기가 많더라도 판타지나 무협 장르는 현실적으로 드라마화되기 어렵고, 제작된다고 하더라도 원작과의 괴리로 인해 성공할 가능성이 높지 않다. 그렇다면 이러한 장르는 그저 웹툰에만 머물러야 하는 걸까? 그렇지 않다. 판타지나 무협 같은 장르에 최적화된 콘텐츠가 있는데, 바로 애니메이션과 게임이다.

## 웹툰 원작 애니메이션과 게임, 아직 갈 길이 멀다

알다시피 애니메이션과 게임은 콘텐츠 산업에 있어서 매우 거대한 시장 중 하나다. 그러나 이 분야에서 웹툰이 원작 IP로 활약하는 경우는 웹툰의 드라마 및 영화화에 비해 매우 미미한 수준이다. 먼저 애니메이션을 살펴보면 최근 몇 년간 다양한 시도가 있었지만, 아쉽게도 글로벌 흥행에 성공한 사례는 나오고 있지 않다. 여기에는 여러 이유가 있겠지만, 국내 애니메이션 시장의 구조적 특징도 그 원인 중 하나다. 국내는 저연령층을 대상으로 한 작품 위주로 애니메이션 시장이 형성돼 있기 때문에, 10~30대가 주 연령층인 웹툰의 애니메이션화는 아무래도 한계가 있을 수밖에 없다. 그럼에도 불구하고 최근 몇 가지 의미 있는 시도들이 이뤄지고 있는데, 네이버 웹툰의 대표작인 〈신의 탑〉, 〈갓 오브 하이스쿨〉, 〈노블레스〉가 2020년에 애니메이션으로 방영되며 웹툰 원작 애니메이션 제작에 신호탄을 쐈다. 세 작품 모두 한국과 일본 방송사, 넷플릭스, 크런치롤cruchroll(미국의 애니메이션 OTT 서비스) 등에 방영되며 원작 팬들의 많은 주목을 받았다. 네이버 웹툰과 크런치롤 등의 투자를 통해 일본의 제작 스튜디오에서 제작된 한·미·일 합작 프로젝트로, 국내 제작이 아니라는 아쉬움은 있지만 웹툰 원작 애니메이션 시장의 가능성을 엿볼 수 있는 유의미한 사례다. 이 같은 흐름을 타고 네이버 웹툰은 2023년에도 다수의 애니메이션을 출시할 계획인데, 〈유미의 세포들〉, 〈연의 편지〉 등의 웹툰을 원작으로 한 극장용 애니메이션을 선보일 예정이다. 국내에서 저연령 극장용 애니메이션을 제외하면 국산 애니메이션이 성공한 사례가 없기에 두 작품의 출시로 애니메이션 시장에 어떤 변화가 생길지 기대된다.

그렇다면 게임 시장에서 웹툰의 성적표는 어떠할까? 현재까지 수십 종의 웹툰 원작 게임들이 출시됐지만, 아직 장기적인 성공을 거둔 게임은 나오지 않고 있다. 시간을 거슬러 국내 게임사 YD온라인이 2015년에 출시한 모바일 게임 '갓 오브 하이스쿨'은 출시 당시 매출 순위 10위 안에 안착하며 처음으로 웹툰 IP의 게임화 가능성을 보여줬다. 그 이후 수년간 다수의 게임이 출시됐는데 출시 초반에는 웹툰 원작이라는 마케팅 효과와 소위 '찍먹(기대감을 가지고 게임을 경험해보는 행위)'으로 인기가 높지만, 원작 스토리를 제대로 반영하지 못하거나 과도한 결제 유도, 부족한 게임성으로 인해 지속해서 흥행을 이어가지는 못하고 있다. 보통 인기 있는 웹툰이 게임화되는 경우가 많으므로 마케팅 측면에서 도움이 되지만, 원작 팬덤의 눈높이를 맞추면서 게임성까지 갖춰야 하기에 다른 콘텐츠에 비해 더 성공하기 어려운 측면도 존재한다. 2022년 4월 출시된 웹툰 〈신의 탑〉 원작의 모바일 게임 '신의 탑 M: 위대한 여정'도 국내 구글 플레이 매출 순위 6위를 달성하며 초반 흥행에 성공했는데, 출시 후 5개월이 지난 현재는 매출 순위 100위권 밖으로 물러난 상태다.

한편, 웹툰 IP를 활용한 드라마나 영화 등 다른 분야의 콘텐츠는 활발한 해외 진출로 K-웹툰의 영향력을 제대로 발휘하고 있는 데 반해, 게임에서는 글로벌 진출조차 소수에 불과해 앞으로 해결해야 할 과제가 더욱 많아 보인다. 이러한 상황에서 외국의 성공 사례로 망가 IP를 활용한 일본의 게임들을 눈여겨볼 만하다. 고전 IP인 드래곤볼의 모바일 게임 '드래곤볼 Z: 폭렬격전'이 2015년 출시 이후 누적 매출 4조 원을 넘기며 성공적인 만화·애니메이션 IP 기반의 게임으로 자리 잡았다. 〈드래곤볼〉을 비롯한 〈원피스〉, 〈귀멸의 칼날〉 등 다수의 망가 IP들은 PC와 콘솔을 통해 게임을 출시하며 원작 팬들의 마음을 사로잡고 있다. 지속적인 업데이트와 과금 유도가 필요한 모바일 게임이 아닌, 스토리를 중시하며 웹툰의 원작 감성을 구현하는 패키지 게임의 개발도 생각해볼 부분이다.

인기 있는 수많은 K-웹툰 중에서도 특히 애니메이션 및 게임화에서 가장 기대를 모으는 작품은 앞서 여러 차례 언급한 〈나 혼자만 레벨업〉이다. 2022년 1월 넷마블에서 공개한 '나 혼자만 레벨업' 게임 트레일러 영상은 조회 수 100만 회를 넘겼으며, 2023년 공개 예정인 애니메이션의 티저 영상도 수십만의 조회 수를 기록하고 수천 개의 댓글이 달리면서 국내외 팬들 사이에서 커다란 기대를 모으고 있다. 아직 활짝 날개를 펴지 못하는 웹툰 원작 게임과 애니메이션이지만, K-웹툰의 글로벌 위상을 바탕으로 앞으로 어떤 활약을 펼칠지는 관심을 두고 지켜볼 부분이다. 특히 일본에서 대히트를 친 〈귀멸의 칼날〉 역시 그 인기가 애니메이션이 방영되면서 본격적으로 시작됐다는 점은 웹툰 원작 애니메이션이 나아갈 방향성에 참고할 만하다. 앞으로 제작되는 애니메이션과 게임의 성공으로 인해 어쩌면 K-웹툰이 완전히 새로운 국면을 맞이할지도 모르는 일이다.

이제까지 웹툰 시장의 다양한 모습을 살펴봤다. 2000년, PC 통신 천리안에서 웹툰이라는 용어가 사용된 지 벌써 20년이 넘는 시간이 흘렀다. 네이버 웹툰, 카카오웹툰, 코미코, 레진코믹스 등 다양한 웹툰 플랫폼의 탄생과 스마트폰의 급속한 발전으로 국내 웹툰 생태계는

2010년대 폭발적인 성장을 이뤄내며 우리 생활 깊숙이 녹아들었다. 지속해서 글로벌 진출을 시도하며 K-웹툰의 재미와 가치를 전 세계에 알리고 있기도 하다. 드라마, 영화, 게임 등 다양한 콘텐츠 영역과의 미디어 믹스는 웹툰을 원작의 바다, 또는 반대로 원작의 종착지로 만들며, 콘텐츠 산업에서 이제 웹툰은 없어서는 안 될 존재로 자리 잡게 했다. 그렇다고 밝은 면만 있는 것은 아니다. 획일화된 스토리와 상업성에 집중된 양산형 웹툰을 제작한다는 비판, 그리고 매주 연재라는 웹툰의 특성으로 인한 창작자들의 열악한 노동환경 등 해결해야 할 과제도 많다.

글로벌화와 콘텐츠 확장이라는 키워드를 필두로 2023년에도 웹툰의 성장은 지속될 것으로 예상된다. 앞으로 웹툰이 어떤 활약상을 펼칠지 지켜보며, 매일 밤 잠들기 전에 업로드되는 웹툰의 세상에 빠져보자.

# 나와 내 직업의 이야기가 '대중의 콘텐츠'가 되는 순간

**한산이가** | 웹소설 작가
이비인후과 전문의이자 웹소설 작가. 본명은 이낙준이며 '한산이가'라는 필명으로 활동 중이다. 동료 의사들과 의학 정보를 전달하는 유튜브 채널 '닥터 프렌즈'도 운영하는데, 구독자가 무려 90만 명에 달한다. 데뷔작인 〈군의관, 이계가다〉를 시작으로 〈열혈닥터, 명의를 향해!〉, 〈의술의 탑〉, 〈닥터, 조선가다〉 등의 작품을 썼으며 〈A.I. 닥터〉와 〈중증외상센터: 골든아워〉가 대표적인 흥행작이다. 특히 아주대학교 외과 전문의 이국종 교수를 모델로 한 작품 〈중증외상센터: 골든아워〉는 대한민국 응급의료 시스템의 현실을 실감 나게 구현해내며 세간의 화제가 됐다.

**의사이자 동시에 웹소설 작가라는 타이틀이 신선하게 느껴집니다. 어떻게 웹소설 창작자로 활동하게 됐는지 궁금합니다.**

저는 어릴 때부터 만화책이나 소설을 볼 때 '대체 어떻게 이런 생각을 했을까!' 하면서 감탄했던 적이 참 많습니다. 언젠가는 나도 이런 작품을 만들어보고 싶다는 생각을 늘 했었죠. 단지 기회와 시간이 없었을 뿐인데, 군의관이 되면서 일과 후 비교적 여유 시간이 생겼어요. 그러면서 무작정 웹소설을 시작하게 됐습니다. 그때가 2016년쯤이었는데, 마침 당시에 웹소설 분야의 문턱이 확 낮아지기도 했고요.

**흔히 '콘텐츠 과잉 공급의 시대'라는 말을 합니다. 보고 읽어야 할 것들이 넘쳐나는 현실에서 콘텐츠가 경쟁력을 가질 수 있는 방법은 무엇일까요?**

저는 적어도 웹소설에서만큼은 콘텐츠 과잉 공급의 시대라는 말에 동의하지 않습니다. 물론 매일같이 수십, 수백 편의 신작이 쏟아지고 있기는 합니다만, 그중에 재밌는 작품은 손에 꼽기 때문입니다. 그리고 이 시장에서 재밌는 작품은 어떻게든 주목받기 마련입니다. 즉, (나만 재밌는 작품 말고) 보편적인 시각으로 볼 때 재밌는 작품을 쓴다면 반드시 통할 겁니다. 다만 그렇기 위해서는 몇 가지 조건이 필요하겠죠. 일단 예전부터 콘텐츠를 즐겨온 사람이 생산하는 데도 유리할 겁니다. 또 생산하는 동시에 새로운 정보를 꾸준히 받아들

출처: 네이버 웹툰

웹툰으로도 제작된 한산이가의 대표적인 흥행작 〈A.I. 닥터〉와 〈중증외상센터: 골든아워〉.

이는 성실성도 지니고 있다면 더 좋겠죠.

**직업적인 전문성을 콘텐츠 창작에 활용한 점이 크리에이터를 꿈꾸는 독자들에게 많은 인사이트를 줬습니다. 현재 작가님의 본캐와 부캐는 어느 정도의 상관성이 있나요?**

요새 유행하는 말 중에 'OSMU(원 소스 멀티 유스)'라는 말이 있습니다. 즉, 하나의 원천 소스가 여러 2차 창작으로 이어진다는 말인데요. 저는 의사 '이낙준'이 원천 소스가 되고, 그걸 기반으로 '한산이가'라는 웹소설 작가, '닥터프렌즈'라는 유튜버로 부캐가 만들어지고 있다고 생각합니다. 제 경우에는 아주 직접적인 상관성이 있는 것 같아요.

**결국 상업적으로 성공한 웹소설 콘텐츠는 많은 사람들에게 읽히는 것입니다. 대중들의 공감을 얻기 위해 어떤 노력을 하고 있는지 궁금합니다.**

저는 웹소설 작가로서 몇 가지 유리한 면을 가지고 있어요. 그중 하나가 취향입니다. 저는 애초에 다른 사람들이 재밌어하는 걸 재밌어하거든요. 제가 쓰고 싶은 내용과 사람들이 좋아할 만한, 소위 팔릴 만한 내용이 상충하지 않습니다. 그런 이유로 지금 유행하고 있는 웹소설들을 그냥 독자로서 즐겁게 소비하고 있어요.

**SNS를 비롯한 온라인 미디어의 성장으로 크리에이터와 독자의 소통이 그 어느 때보다 쉽고 활발해진 요즘인데요. 독자의 피드백은 어떻게 받아들이고 있나요?**

전 연재 중에는 댓글을 잘 보지 않습니다. 매일 연재하기 위해서는 원고를 어느 정도 비축해둬야 하는데요. 괜히 중간에 이야기를 바꾸게 되면 후에 이어 놨던 이야기가 죄다 흔들리기 때문입니다. 그렇다고 비판적인 댓글을 보고서도 마음이 흔들리지 않을 만큼 제가 심지가 굳은 편도 아니고요. 그래서 연재가 끝난 뒤 한 번에 댓글을 모아서 보고, 이 피드백을 다음 작품에 적용하는 편입니다.

**원작인 웹소설뿐만 아니라 웹툰도 많은 인기를 얻고 있습니다. 웹툰 외에 드라마 제작도 진행되고 있다고 들었는데요. 웹소설 연재 시 이러한 2차 저작물화를 예상했나요?**

웹소설 작가라면 누구나 이게 나중에 웹툰도 되고 드라마도 되면 좋겠다는 기대를 품을 것 같아요. 다만 너무 미리부터 이를 염두에 두기보다는 기대는 기대만으로 남기고, 웹소설은 웹소설의 문법에 맞게 잘 쓰는 게 중요합니다. 제 경우 웹툰화는 이미 진행됐고, 드라마는 계약이 2건 성사됐습니다. 관련해서 가끔 "대본이 완성됐다", "어떤 배우가 섭외될 가능성이 있다" 이런 식의 연락이 오는 상황인데요. 지금은 그냥 죽기 전에는 되겠거니 하고 있습니다.

**많은 독자들이 미래의 디지털 크리에이터를 꿈꾸고 있는데요. 그들에게 꼭 필요한 조언을 해준다면요?**

기본적으로는 본인이 하고 싶어 하는 분야의 콘텐츠를 좋아해야 합니다. 적어도 그 분야 내에서는 폭넓게 콘텐츠를 즐긴다면 더할 나위 없겠죠. 독자로만 남을 거라면 취향이 확고한 것도 좋겠지만, 작가가 되기 위해서는 다양한 스타일의 작품을 살펴보고 각각의 재미를 찾아보는 것도 좋을 겁니다. 또 하나 필요한 덕목은 바로 성실함입니다. 생각보다 꾸준히 뭘 생산하는 사람이 잘 없어요. 그것만으로도 콘텐츠 제작자로서 꽤 유리한 지점에 설 수 있을 겁니다.

# 결국 콘텐츠의 본질은 그 안에 담기는 이야기

**비자** | 인스타툰 작가

현직 간호사이자 인스타툰 작가다. 단순히 '인스타그램 팔로워를 늘려볼까?' 하는 마음으로 간호사의 일상을 만화로 그리기 시작한 것이 많은 이들의 공감을 받으며 현재 12만 팔로워를 보유한 인플루언서가 됐다. 간호사로 살며 겪는 희로애락을 편안한 글과 그림으로 표현한 것이 '간호사 비자'의 매력이자, 의료 업계뿐만 아니라 일반 대중에게도 큰 사랑을 받는 비결이다. 지금도 비자의 인스타그램에는 전국의 간호사들로부터 다양한 사연이 날아든다. 저서로는 최근작인 《내 마음은 누가 간호해 주나요》를 비롯해 《리얼 간호사 월드》, 《간호사 마음 일기》 등이 있다.

**세상에는 두 종류의 크리에이터(창작자)가 있는 것 같아요. 하고 싶은 이야기가 있고, 콘텐츠를 만드는 게 좋아서 크리에이터가 된 사람과 수익을 창출하기 위한 직업이나 부캐의 수단으로 크리에이터를 선택한 사람. 대부분 이 두 가지가 혼재돼 있겠지만, 크리에이터로서 작가님의 시작은 어땠는지 궁금합니다.**

제 경우는 전자와 가깝습니다. 제가 막 만화를 시작한 4~5년 전만 하더라도 N잡러, 부캐와 같은 개념이 없었어요. SNS로 무언가를 홍보한다는 인식도 지금과 비교할 수 없을 정도로 미미했고요. 저는 순전히 제 콘텐츠를 보여주고 싶어서 인스타그램에 올리기 시작했어요. 당시 제가 간호사를 막 시작할 때였고 제 친구들도 신입 간호사로 힘든 시기를 보내고 있었거든요.

마침 그때 제가 인스타에 올릴 것들을 고민하고 있었는데, 아무리 봐도 감성적인 사진이나 셀카는 못 찍겠더라고요. 그래서 바로 포기하고 신규 간호사들의 이야기를 만화로 그렸어요. 제 팔로워 대부분이 간호학과 동기들이었고 학교 다니면서 자주 동기들 캐릭터를 그려줬거든요. 제가 만화를 올린다고 해도 다들 의아해하진 않을 것 같았죠. 그리고 동기들도 분명 다들 공감할 거라고 확신했어요. 그래서 만화를 그렸는데, 처음에는 주기적으로 업로드를 하지도 않았어요. 제가 그리고 싶을 때 그리고 중간에 몇 개월 건너뛰기도

하고요. 제대로 관리하지 않았는데도 팔로워가 늘어나고 제 만화를 기다려주는 모습을 보고, 계속 만화를 그려봐야겠다 마음먹었어요. 간호사를 시작한 지 1년이 될 무렵부터 주기적으로 업로드하며 본격적으로 관리하기 시작했습니다.

**콘텐츠 소비자와 생산자 사이의 경계가 옅어지면서 인스타툰 작가들도 늘어나고 있습니다. 말 그대로 다양한 작품이 쏟아지는 요즘, 경쟁력 있는 콘텐츠를 만들기 위해 어떤 노력이 필요할까요?**

최근 인스타툰이 매우 많아졌는데, 저도 새로운 작가님들의 만화를 계속 봅니다. 요즘엔 자극적인 이야기가 점점 많아지는 것 같아요. 주목받기 위해서는 어쩔 수 없는 부분이겠죠. 이건 인스타툰만의 문제는 아닙니다. 유튜브도 초창기엔 일상을 담은 콘텐츠가 많았는데, 이게 수익이 되니 자극적인 영상들이 더 많이 올라오잖아요. 하지만 그 속에서도 내용이 좋은 콘텐츠들은 꾸준히 나오고, 계속 인기를 얻고, 팬층도 견고합니다. 자극적인 이야기를 하면 단시간에 인기를 얻을 수 있어 좋겠지만, 사람들은 다 압니다. 작가가 어떤 생각이고 어떤 마인드로 그림을 그리며 내용을 전개하는지, 본인의 만화를 얼마나 아끼고 사랑하는지도요. 그렇게 생각하니 결국 내용에 집중하게 됐습니다.

그래서 저 역시 좋은 내용을 만들기 위해 언제나 노력합니다. 사람들은 본인이 보는 콘텐츠가 자주, 읽을 만한 내용으로 올라오지 않으면 더 이상 보지 않거든요. 어차피 괜찮은 콘텐츠는 많으니까요. 그래서 저는 캐릭터나 그림 실력보다는 콘텐츠에 담기는 이야기에 대해 정말 많은 고민과 생각을 합니다. 그리고 업로드 순서도 중요하게 생각해요. 그냥 순서 없이 올리지 않습니다. 2~3번 정도 답답하고 화나는 이야기를 올렸다면, 그다음은 쉬어가는 느낌으로 감동적인 이야기를 올리죠. 계속 감동적인 이야기만 올리면 억지처럼 느껴질 수 있고, 반대로 계속 화나게 하는 이야기만 올리면 나중에는 지치게 되거든요. 이렇게 이야기의 강약 조절을 하면 그 감정이나 내용의 전달력도 훨씬 향상되는 것 같습니다.

**통상 우리가 전문직이라고 부르는 변호사, 의사, 간호사 등이 아니라, 다소 일반적인 직업을 가진 경우에는 어떤 이야기를 콘텐츠로 풀어낼 수 있을까요?**

솔직히 말하면 전문직에 대한 콘텐츠가 관심을 받기에 유리하긴 해요. 잘 모르는 분야는 일단 궁금하잖아요. 하지만 결국 콘텐츠의 존속은 어떤 것을 보여주느냐에 달려 있다고 생각해요. 직업적으로 할 얘기가 없다면, 다른 걸 보여주시면 돼요. 요즘 저는 유튜브 채널 '리틀타네의 슬기로운 생활'을 자주 보는데요. 사실 저는 다른 사람들의 일상이 딱히 궁금하지 않아서, 브이로그 콘텐츠는 잘 안 보거든요. 그런데 리틀타네의 브이로그에는 '내용'이 담겨있어요. 단순히 '오늘 뭐 했다' 자랑하는 게 아니라, 영상마다 '오늘 이런 일이 있었는데, 달리 생각해보니 이렇다'라는 끝맺음이 있어요. 마치 짤막한 에세이나 일기를 보는 기분을 줍니다. 이 콘텐츠만의 강점인 거죠.

단순한 캐릭터와 공감 가는 이야기로 사랑받는 인스타툰 '간호사 비자'. 인스타그램 계정(@rn.bizza)의 팔로워는 12만 명에 달한다.

내가 남들보다 특출난 게 없고, 주목받을 만한 특수한 상황이 없다면 다른 것에 중점을 둬야 합니다. 계속 남들하고 비교하면 안 돼요. 내 일상에서 내가 잘하는 것, 사람들에게 알려주고 싶은 것을 찾아보세요. 그런 것들이야말로 나에겐 별거 아닌데, 남들에게는 별거일 확률이 높습니다.

**인스타툰의 짧은 호흡이 시대적 흐름과 잘 맞다는 생각이 드는데요. 인스타툰에도 트렌드나 유행하는 흐름이 있다고 생각하나요?**
인스타툰의 경우 형식보다는 내용이 트렌드를 따르는 것 같아요. 캐릭터나 색감도 트렌드가 있긴 한데, 크게 중요하지는 않습니다. 오히려 개성 있는 표현 방식이 작가만의 독특한 시그니처가 될 수 있죠. 사실 눈에 거슬리지만 않는 정도라면 사람들은 인스타툰의 작화를 집중해서 보지 않습니다(웃음).

대신 내용엔 트렌드가 있어요. 특히 화를 내거나 감동하는 것처럼 감정을 유발하는 지점에는 트렌드가 있다고 생각합니다. 어떤 대사가 옛날에는 '그럴 수도 있지. 그게 뭐 화날 정도인가?'였지만 지금은 '아니, 어떻게 저런 말을 할 수 있어?'라고 받아들여지는 거죠. 일상적인 대사들도 마찬가지예요. 예전엔 아무렇지 않았던 표현들이 지금은 '왜 저런 단어를 써?'라고 생각할 수 있어요. 특히, 만화는 시대의 흐름을 정확하게 알아야 합니다. 인물들의 대사나 사고방식이 사람들의 공감을 못 받으면, 인기를 얻지 못하니까요.

**독자의 피드백을 어느 정도 중요하게 생각하나요? 작품 창작에는 어떤 식으로 반영하나요?**
저는 대부분의 피드백을 반영합니다. 솔직히 말해 '누가 이렇게까지 생각할까?' 싶은 것도 있지만, 댓글을 남기거나 DM을 준 사람이 1~2명 있다면 글은 남기지 않았지만 그렇게 생각한 분들이 최소한 10명은 있다는 뜻이거든요. 많은 분이 지적해서 게시물을 내린 적도 있어요. 그땐 제가 배워가는 단계라 실수를 했거든요. 보통 게시물을 내릴 정도가 아니라면, 게시물 본문이나 댓글로 추가 설명을 남깁니다. 이런 경험이 쌓일수록 작업할 때 생각할 거리가 더 추가되는 것 같아요.

**간호사 비자의 단순한 캐릭터가 팔로워들에게 많은 사랑을 받고 있는데요. 원작 IP를 활용해 어떤 수익 활동을 하고 있는지 궁금합니다.**
제 경우 카카오톡에서 간호사 비자 이모티콘을 유료로 판매하고 있고요. 현재 비자 캐릭터 굿즈를 준비 중입니다. 중간에 업체를 끼지 않고 저 혼자 팔아볼 생각인데 첫 도전이라 걱정이 많이 되네요.

**글로벌 인스타그램 유저들도 간호사 비자를 볼 수 있도록 준비하고 있다고요?**
일본어 번역을 진행하고 있습니다. 제 콘텐츠는 간호사 이야기가 중심인데, 간호사란 직업이 아무래도 여성이 많잖아요. 여성이기 때문에 일어나는 사건들도 많이 있는데, 우리와 비슷한 문화권의 국가여야 제 콘텐츠에 많이 공감할 것 같았어요. 대학생 때 일본 병원에 실습을 나간 경험이 있는데, 그 당시 봤던 간호사의 모습이 한국과 크게 다르지 않더라고요. 의사는 대부분 남성이었고, 간호사 및 사무직원은 대부분 여성인 모습도 우리나라와 비슷하다고 느꼈습니다.

**그림 실력에 대한 우려 때문에 인스타툰을 시작하지 못하는 예비 크리에이터들도 많을 듯합니다. 그들에게 어떤 조언을 해줄 수 있을까요?**
제가 언제나 말씀드리는 부분이지만, (인스타툰의 경우) 그림을 그려본 적 없고 그림에 자신이 없다고 해서 고민하지 않으셨으면 해요. 그냥 그려서 올려보세요. 정 그림에 자신이 없다고 하면, 먼저 캐릭터를 정하고 몇 번 연습해본 뒤 올리면 돼요. 점점 발전하는 그림 실력은 크리에이터로서 성장하는 모습을 보여주는 것이기 때문에, 오히려 팔로워들과 유대관계를 형성하는 데 도움이 되기도 해요. 내 작품이 마음에 안 들면 삭제해버리면 그만이니, 두려워하지 마세요. 생각보다 사람들은 타인에게 관심이 없거든요. 그러니 고민하지 말고 올리고 싶은 거 보여주고 싶은 거 마음 편히 그리면 됩니다.

CHAPTER

# 5

# K-게임, 제2의 비상을 준비하다

# 게임 한류, 부활에 성공할 수 있을까?

2022년 현재, 국내 모바일 게임 유저 수가 점차 감소하고 있다. 코로나19에 따른 사회적 거리두기가 완화되고 사람들이 집 밖으로 나오기 시작하면서, 게임을 즐기는 시간도 점점 줄어들고 있는 것이다. 모바일인덱스에 따르면 전체 모바일 게임 MAU는 코로나 전인 2019년 1,961만 명에서 코로나 발생 직후인 2020년에는 2,647만 명으로 약 26% 증가하며 게임 산업은 호황기를 맞이했으나, 안타깝게도 지금은 상황이 녹록지 않다. 2022년 5월을 기준으로 불과 1년 만에 모바일 게임 MAU는 10%나 급감했다.

이러한 사용자 감소의 원인은 팬데믹의 완화에만 있지 않다. 게임 자체가 재미있다면 코로나와 상관없이 유저들은 계속 게임을 즐길 것이다. 즉, 현재 국산 게임이 유저들의 외면을 받고 있는 건 국내 게임 시장의 자체적인 문제점에 기인한다. 과도한 과금 유도 등 게임 '리니

국내 모바일 게임 MAU 현황

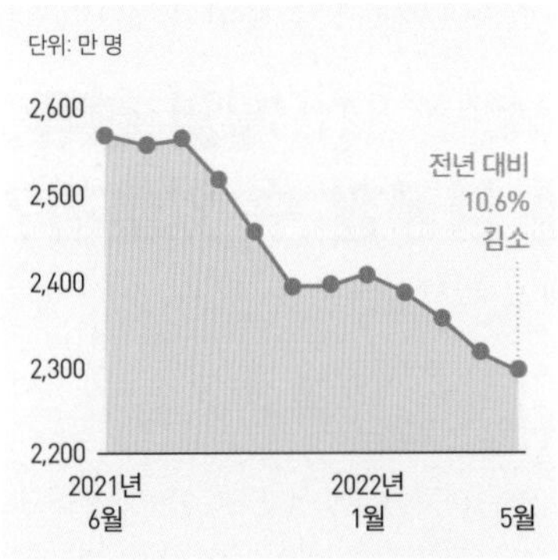


MAU 전년 대비 증감(카테고리별)

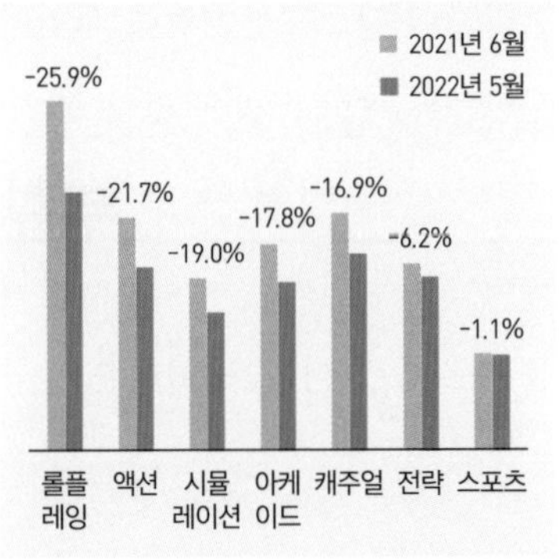


출처: 모바일인덱스

지' 시리즈의 특징과 시스템을 모방해가는 '리니지 라이크'의 계속된 출시로 유저들이 점점 지쳐가고 있는 것이다. 이는 국내뿐 아니라 해외에서도 마찬가지인데, 여타의 K-콘텐츠와 다르게 한국산 게임에 대한 인식은 별로 좋지 않다. 일례로 2022년 6월에 출시된 모바일 게임 '디아블로 이모탈Diablo Immortal'은 과도한 과금 유도로 많은 비판을 받았는데, 해외 리뷰 사이트인 메타크리틱Metacritic에서 한 해외 유저는 "이 한국산 쓰레기를 우리나라에서 치워라Take this Korean trash out of my country"라고 악평하기도 했다. 디아블로 이모탈은 사실 중국의 게임 회사인 넷이즈NETEASE에서 개발한 게임인데, 과도한 과금 구조 때문에 그는 당연히 한국 게임인 줄 착각했던 것이다. 해외 유저들이 한국산 게임에 대해 어떤 인식을 가지고 있는지 단번에 알 수 있는 씁쓸한 해프닝이었다.

그렇다고 희망이 없는 것은 아니다. 2022년을 기점으로 국내외 게

임 시장은 '다양성'과 '글로벌'이라는 키워드를 중심으로 전환점을 맞이하고 있다. 어떤 콘텐츠 산업이든 특정 장르나 스토리가 반복되면 사람들은 질릴 수밖에 없다. 과거 국내 영화 시장에서 신파가 반복될 때 피로감이 이어졌던 것처럼 중세, 판타지, RPG Role-Playing Game 등 지속해서 경험해왔던 익숙한 장르의 게임 콘텐츠로는 더 이상 게이머들을 사로잡기 어렵다. 이러한 상황에서 최근 새롭게 떠오르는 분야가 있는데, 바로 게임의 다양성 측면에서 주목받고 있는 '서브컬처Subculture' 장르다. 과거에는 '오타쿠', '덕후' 등 소수의 문화라고 치부됐던 서브컬처 장르가 2022년 6월 '우마무스메 프리티 더비ウマ娘 プリティーダービー'(이하 '우마무스메')라는 게임의 출시와 함께 다시 날아오르고 있다.

아울러 2022년 초에는 국내 게임이 글로벌 시장에서 비상하는 사건이 발생했다. 스마일게이트의 MMORPG✦인 '로스트아크'가 2022년 2월 글로벌에 출시됐는데(국내는 2018년 출시), 단숨에 전 세계시장에서 동시 접속자 수 132만 명을 기록하며 대성공을 거둔 것이다. 2017년 출시돼 선풍적인 인기를 끌었던 '배틀그라운드' 이후, 과금에만 몰두했던 한국산 게임의 이미지를 뒤엎은 큰 사건이다. 우마무스메와 로스트아크, 두 게임은 어떻게 자국뿐 아니라 글로벌 게이머들의 마음까지 사로잡을 수 있었을까?

✦ Massively Multiplayer Online Role-Playing Game의 약자. PC 통신 또는 광랜 기반의 다중 접속 역할 수행 게임을 뜻한다.

## 서브컬처 게임의 비상

2022년 7월, 카카오게임즈가 서비스하는 우마무스메라는 일본 게임이 일 매출 150억 원을 달성하며, 국내 양대 마켓인 구글 플레이 스토어와 애플 앱스토어에서 매출 순위 1위에 올랐다. 일본이야 워낙 게임으로 유명하니 일본산 게임이 매출 1위를 달성했다는 게 무슨 큰일이냐고 생각할 수 있지만, 구글 플레이 스토어를 기준으로 지금까지 국내 매출 순위 1위 자리는 대부분 MMORRG의 차지였다. NC소프트의 '리니지M'(2017년 출시), '리니지2 M'(2019년 출시), '리니지W'(2021년 출시), 카카오게임즈의 '오딘: 발할라 라이징'(2021년 출시) 등 MMORPG들이 번갈아가며 무려 5년 가까이 1위 자리를 지켜왔다. 그렇기에 MMORPG로 고착화된 게임 시장에서 생소한 일본 게임이 매출 1위를 달성한 것은 실로 놀라운 일이다. 우마무스메가 왜 이렇게까지 인기 있는지 알기 위해서는 먼저 서브컬처 게임에 대해 알아봐야 한다.

앞서 이야기한 것처럼 우마무스메는 서브컬처 게임이다. 그렇다면 서브컬처는 과연 무엇일까? 사전적인 정의는 '한 사회에서 정통적, 전통적인 위상을 지닌 문화에 대해 그 사회 내부에서 독자적 특질과 정체성을 보여주는 소집단의 문화'다. 쉽게 말해 비주류인 대중이 소비하는 하위 콘텐츠를 뜻한다. 게임에서의 서브컬처는 '미소녀와 미소년 등 2D, 3D 캐릭터를 수집하고 육성하는 게임 장르'를 의미하는 단어로 자리 잡았다. 이러한 서브컬처 게임은 초창기에는 소수의 유저만을 대상으로 서비스됐지만, 그 규모가 점점 커지면서 서비스 퀄리티 및 게임성 부분에서 급격한 성장이 이뤄지고 있다. 말만 서브컬처지 실제

출처: 카카오게임즈

MMORPG 장르의 게임들이 매출 상위권을 기록하던 국내 모바일 게임 시장에서, 혜성처럼 등장해 매출 순위 1위를 차지한 육성 시뮬레이션 게임 '우마무스메 프리티 더비'.

로는 게임 내에서 특정 장르나 문화로 일컬어질 정도로, 이제는 하위문화에서 벗어나 대중문화로 성장해가는 모습이다.

서브컬처 문화는 비단 게임 콘텐츠에만 국한된 것은 아니다. 애니메이션, 만화, 소설 등 다양한 영역에서 그 존재감을 드러내고 있다. 특히 일본은 아니메 — 애니메이션을 뜻하는 일본어 'アニメ'의 발음에서 유례 — 라고 불리는 특유의 애니메이션 시장과 오타쿠 문화의 발달로 인해 서브컬처계의 선진국으로 불린다. 2018년에 이미 연간 20조원의 시장 규모를 넘어선 일본의 아니메 산업은 다른 콘텐츠와의 연계도 활발해, 게임 출시 시점에 애니메이션을 함께 공개하는 경우가 다수다.

다시 돌아가, 우마무스메는 실존 일본 경주마들을 의인화시킨 미소녀 캐릭터들을 게이머가 트레이닝해 경주에서 승리하는 것이 목표인 게임이다. '우마무스메ウマ娘'라는 단어가 한국어로 '말의 형상을 한 소녀 또는 딸'을 의미해, 국내 게이머들 사이에서는 '말딸'이라는 애칭으로 불리고 있다. 자신이 뽑은 캐릭터를 훈련시켜 경마 대회에 출전시키는 게임 방식은 얼핏 시뮬레이션 게임 장르의 일반적인 특성 중 하나로 보이는데 이것만으로는 우마무스메의 인기를 설명하기 부족하다.

우마무스메의 개발사인 사이게임즈Cygames는 게임과 동시에 애니메이션을 제작하며 우마무스메의 팬덤을 확보하는 데 집중했다. 이는 앞서 설명한 것처럼 다양한 콘텐츠를 함께 제공함으로써 빠르게 찐팬을 양성하기 위함이다. 특히 우마무스메는 실존하는 일본 경주마를 토대로 캐릭터를 만들었기에 게임, 애니메이션, 실제 스포츠(경마)라는 3개의 콘텐츠가 자연스럽게 선순환을 이루게 된다.

일례로 게임에 등장하는 '사일런스 스즈카'라는 캐릭터는 실제 일본 경마에서도 역대 최강의 중거리 경주마로 유명하다. 1998년 최전성기를 맞아 파죽의 6연승을 달리던 상황에서 안타깝게도 레이스 도중 발목 부상으로 회복 불능 판정을 받고 그대로 안락사되며 4년간의 짧은 삶을 마친다. 사일런스 스즈카가 죽지 않고 계속 살아있다면 어떤 성과를 냈을지 상상해보는 사람들이 많은데, 이를 두고 일본 경마계에서 "사일런스 스즈카의 'If'(살아있었다면 이뤄냈을 성과)는 팬의 수만큼 존재한다"라는 명언이 있을 정도로 일본 국민들 사이에서는 상징적인 경주마다. 이러한 실존 스토리를 기반으로 애니메이션과 게임을 만들

출처: 카카오게임즈(좌), 라프텔(우상단), 위키피디아(우하단)

우마무스메 콘텐츠(게임, 애니메이션, 실제 스포츠)의 선순환 구조. 각 캐릭터가 가진 실존 스토리 및 게임 개발과 동시에 제작된 애니메이션은 게이머들에게 단순한 게임 플레이 이상의 재미를 선사한다.

었으니, 풍부한 콘텐츠 생산이 가능한 건 어쩌면 당연한 일이다. 두말할 것 없이 게임과 애니메이션에서는 스즈카의 실존 스토리를 기반으로 다양한 콘텐츠 확장이 이뤄진다.

우마무스메는 이처럼 각 캐릭터가 가진 실존 스토리와 애니메이션을 활용해 단순히 게임 플레이를 넘어선 또 다른 재미를 선사한다. 일본에서는 2020년 9월 출시됐는데 1년간 누적 매출이 무려 1조 원을 넘어설 정도로 상업적으로도 큰 성공을 거뒀다. 출시 초기 일본 게이머들 사이에서는 우마무스메 때문에 "(타 게임에서 게이머를 지칭하는) 캐릭터들이 경마하러 가서 돌아오질 않는다"라는 짤이 돌아다닐 정도로 그 인기는 엄청났다.

한편 일본에서는 경마가 국민 스포츠라 남녀노소 즐기는 문화가 있지만, 국내의 경우 경마는 스포츠라기보다는 도박이라는 인식이 강하고 게임 연령층 — 한국마사회에 따르면 전체 경마 이용자의 60% 이상이 5060세대 — 과도 겹치지 않기 때문에 국내시장에서 우마무스메의 성공 가능성에 대해 의문을 품는 시각이 많았다. 하지만 막상 뚜껑을 열어보니 기존 국내 게임과는 다른 캐릭터 육성 방식, 애니메이션 및 실존 스토리에 바탕을 둔 풍부한 콘텐츠 등 특유의 장점으로 인해 서브컬처 장르임에도 불구하고 일 매출 150억 원을 달성하는 놀라운 성과를 보여줬다.

출시 초반인 2022년 7월 우마무스메의 MAU는 80만 명대로 추정되며, 단순히 소수의 문화로만 치부하기에는 꽤 많은 게이머들이 즐기고 있는 것으로 보인다. 이전에도 중국의 '소녀전선少女前线'(2017년 국내 출시)과 '벽람항로碧蓝航线'(2018년 국내 출시), '원신原神'(2020년 국내 출시), 그리고 국내의 '에픽세븐'(2018년 출시) 등 다양한 서브컬처 게임들이 출시돼 조금씩 알려졌던 서브컬처 시장이 이번 우마무스메의 출시로 비상하는 시기가 온 것이다.

마냥 잘나갈 것만 같았던 우마무스메는 아쉽게도 국내 배급사인 카카오게임즈의 미숙한 운영과 유저와의 소통 부재로 마차 시위, 구글 플레이 스토어 평점 하락, 환불 소송 사건 등을 겪게 된다. 정해진 이벤트 기간 종료 전에 점검이 진행되며 유저들이 이벤트에 참여하지 못하는 바람에, 사전에 모아둔 포인트로 캐릭터를 교환하지 못하는 상황이 발생한 것이다. 카카오게임즈는 유저 간담회를 개최해, 구제책을 마련할 것이며 그간 제기된 문제점에 대해 해명하고 유저와의 소통을 강화하겠다고 밝히며 사태 진화에 나섰다. 출시된 지 얼마 지나지 않아 발생한 안타까운 상황인데 유저 소통을 통해 점진적으로 게임을 개선했던 '로스트아크'와 '메이플스토리'의 사례처럼 우마무스메는 어떤 해결 방안을 모색할지 주목된다.

아쉬운 점도 있지만, 그럼에도 불구하고 고착화된 국내 게임 시장에서 우마무스메 같은 색다른 게임의 출현은 게이머 입장에서 언제나 반가울 수밖에 없다. 실제 게임을 해보면 난도는 조금 있는 편이지만, 엄청나게 다양한 게임 스토리는 물론 매력적인 성우들이 연기한 애니메이션 등 재미 요소가 많다. 백문이 불여일견으로 직접 플레이해보며 서브컬처 세상을 맛보는 것을 추천한다.

## 게임, 알고 보니 콘텐츠 산업의 만년 우등생?

전 세계 매체들이 'K-콘텐츠 르네상스'라는 단어를 남발한 지도 수년째에 접어든다. 2010년대 중반 본격화된 K-팝과 K-무비를 시작으로 최근의 K-드라마와 웹툰까지, 이쯤 하면 K-콘텐츠 바이럴은 하나의 글로벌 문화 현상으로 바라봐야 할 것이다. 그런데 산업 구석구석을 숫자로 들여다보면 어떨까. 국내 콘텐츠 산업 매출에서 매년 선두를 차지해온 분야는 다름 아닌 게임이며, 그 뒤를 방송 및 출판, 광고 등의 콘텐츠가 따라오고 있다. 삼정KPMG가 발간한 〈2022 게임 산업 10대 트렌드〉 보고서에 따르면 2022년 한국 게임 시장은 매출 20조 원에 근접할 것으로 예상된다. 이 같은 만년 1등 게임의 성적을 수출액으

*** 2021년 국내 콘텐츠 산업 및 게임 산업 수출 규모

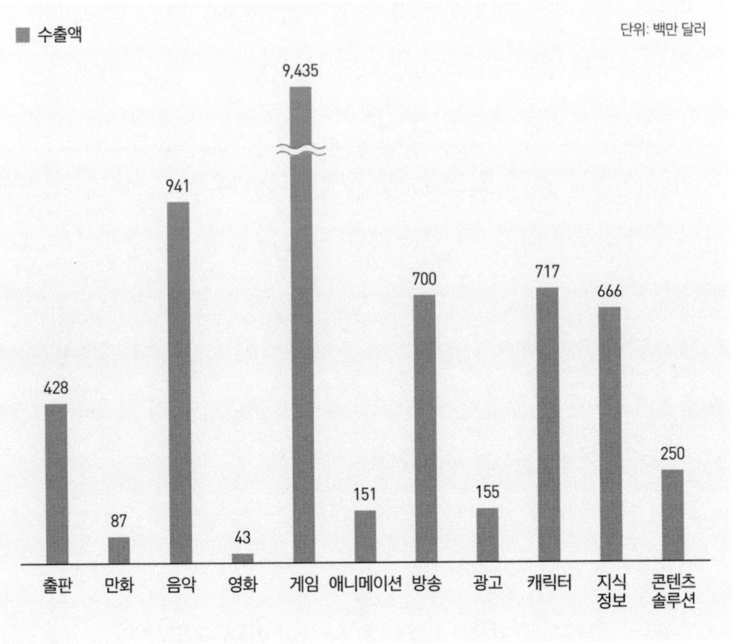


출처: 한국콘텐츠진흥원

로 살펴보면 더욱더 압도적이다. 2021년 한국콘텐츠진흥원에 따르면 게임 산업 수출의 규모는 94억 달러(약 13조 2천억 원)로 한국 콘텐츠 전체 수출액의 70%에 달한다. 어찌 보면 K-팝이나 K-드라마보다 소리 소문 없이 효자 노릇을 톡톡히 해온 진국인 셈이다.

그렇다면 이 지점에서 궁금증이 하나 생긴다. 세상 모두가 K-콘텐츠 르네상스를 부르짖을 때 왜 게임은 소외돼 있는 걸까. 더 따져보자면, 국내 콘텐츠 수출액의 70%를 차지하는 한국산 게임에 대해 시장은 왜 'K-게임'이라는 감투를 씌워주지 않는 걸까? 이에 대해서는 일

반 대중과 게임 산업 현장, 콘텐츠 전문가 등 입장별로 다양한 해석이 있겠으나 대략 요약해보면 이렇다. 혹자는 "한국인이 등장하는 K-드라마나 K-팝과는 다르게 게임은 디지털 그래픽 기반이라 한국의 정서가 덜한 이유도 작용했다"라고 해석했다. 한 국내 게임사의 대표는 "십수 년간 한국의 대형 게임사들이 모바일 MMORPG 벌이로도 넉넉해서 해외시장 개척에 절실하지는 않았다"라는 평도 내놓았다.

또 다른 관점으로는 글로벌 판을 흔들 정도로 강력한 한국산 콘텐츠가 '띄엄띄엄' 등장했다는 거다. 즉, 글로벌에서 K-게임이라는 바이럴을 이어갈 만큼 콘텐츠가 연속적이지 않았다는 뜻이다. 2005년 출시 이래 글로벌 누적 이용자 8억 5천만 명을 기록한 '던전앤파이터'와 2010년 420만 명의 동시 접속자 수로 중국 기네스북에 등재된 FPS 게임✦ '크로스파이어'(2007년 출시)는 명실공히 게임 한류의 원조다. 그러나 그 이후 컴투스의 '서머너즈 워: 천공의 아레나'(2014년 출시)가 북미 시장을 뚫고 2017년 애플 앱스토어 게임 카테고리에서 매출 2위에 올라서기까지 7년여의 세월이 걸렸다. 크래프톤의 '배틀그라운드'(2017년 출시)가 초대박이 나며 수출 규모가 전년 대비 80% 성장한 시점도 2017년 이후니 글로벌 히트작들이 수년에 걸쳐 드문드문 출현한 셈이다.

✦ First Person Shooter 게임, 즉 1인칭 슈팅 게임을 뜻한다. 주로 3차원의 공간을 게임 캐릭터 시점으로 누비며 적을 총과 같은 발사 무기로 공격하는 게임 장르다.

## 게임 한류 부활의 신호탄, 로스트아크

이처럼 배틀그라운드 이후에는 딱히 북미 및 유럽 시장에서 두각을 드러내는 한국 게임이 없었는데, 2022년 2월 세계시장을 뒤흔든 초대박 사건이 발생했다. 스마일게이트의 '로스트아크'가 글로벌 PC 게임 플랫폼 스팀Steam을 통해 출시되며, 단 3일 동안 신규 가입자 470만 명을 모으고 동시 접속자 수 132만 명을 달성한 것이다. 출시 초반에는 50만 명이 한꺼번에 게임을 다운로드하느라 스팀 서버가 휘청거릴 정도였는데, 게임 접속을 위한 대기열이 수만 명에 이르자 유저들은 커뮤니티에 다양한 밈을 게시하며 분노를 표출하기도 했다. 동시 접속자 132만 명은 스팀이 2003년 서비스를 시작한 이래 역대 2위 — 1위는 크래프톤의 배틀그라운드로 무려 325만 명이었다 — 의 놀라운 기록인데, 스팀은 가입 계정 10억 개, MAU 9천만 명이 넘는 글로벌 1위의 PC 게임 유통 플랫폼으로서 특히 북미와 유럽 게이머들의 비중이 높다는 점에서 이 같은 성적은 더욱 의미가 깊다.

과거 게임 수출 시 가장 큰 해외시장은 단연 중국이었다. 중국 내 게임 출시를 위해서는 정부로부터 '판호版號'라고 불리는 일종의 허가를 받아야 하는데, 중국의 자국 기업 보호 정책과 한국과 중국 간 정치적 분쟁으로 인해 게임 수출에 큰 어려움을 겪었다. 이에 중국 출시가 막힌 국내 게임사들이 북미와 유럽 시장으로 방향을 선회하며 대부분 스팀을 통해 PC 게임을 출시하고 있다. 이런 플랫폼에서 최고 동시 접속자 수 1, 2위가 한국 게임사라니 속된 말로 국뽕(맹목적으로 자국을 찬양하는 행태를 뜻하는 속어)이 차오르는 순간이다. 익히 알려진 대로 국내 게임사들의 독한 과금 모델과 게임 장르가 MMORPG에 편중됐다는 문제가 있긴 하지만, 글로벌에서 통하는 한국산 게임이 연이어 나올 수 있음을 2022년에 제대로 입증해낸 것이다. 언뜻 봐서는 매번 나오는 MMORPG와 별반 다를 것 없어 보이는 로스트아크가 글로벌 히트작이 될 수 있었던 이유는 과연 무엇일까?

먼저 로스트아크는 해외에 선출시된 게임이 아니다. 국내에서 2018년 11월 오픈 베타 테스트 이후 2019년 12월에 정식 출시한 PC용 MMORPG 게임이다. 출시 초반에는 다른 게임과 차별성 없는 콘텐츠, 잦은 서버 중단, 캐릭터의 직업별 밸런스 이슈 등 장점보다는 단점이 많다는 게 일반적인 평가였다. 그러나 적극적인 소통을 통해 유저들의 의견을 수용하고 지속해서 게임의 퀄리티를 개선함으로써 지금은 국내에서 가장 인기 있는 PC용 MMORPG 게임이 됐다. 유저들이 자비를 털어 로스트아크를 응원하는 지하철 광고를 진행할 정도로 개발사와 유저 간 유대감이 높고 소통이 활발한 것으로 알려져 있다.

한편, 국내 유저들을 통해 혹독하게 쌓은 경험치는 글로벌 버전의 안정적인 서비스 제공에 밑바탕이 됐다. 로스트아크는 게임 자체는 무료로 제공하되 게임 안에서 선택적으로 결제가 가능한 'F2PFree to Play' 방식을 취하고 있다. 일반적으로 F2P 방식을 선택하는 MMORPG들은 유저들의 지속적인 게임 플레이를 만들기 위해 다양한 콘텐츠를 제공하는데(장기간 게임을 해야 결제 비율이 늘어나기 때문), 로스트아크는 이미 한국에서 2~3년간 개발한 콘텐츠들이 쌓여있으니 빠른 업데이트를 통해 글로벌 유저들의 마음을 사로잡을 수 있었다. 아울러 글로벌 유저들 사이에서는 2020년 12월 출시한 PC 게임 '사이버펑크 2077' 사례 —

출시 전 엄청난 기대를 받았지만, 너무 많은 버그로 인해 대규모 환불 사태가 발생하는 등 게임의 안정성 부분에서 문제가 많았다 — 의 악몽으로 게임의 완성도를 중요하게 생각하는 이들이 많은데, 로스트아크의 한국 서버 운영 경험은 여기에 큰 도움이 됐다.

그러나 아무리 콘텐츠가 다양하고 기술적으로 완벽하더라도 게임은 재미없으면 성공할 수 없다. 로스트아크는 여러 해외 언론사들과 유저로부터 전투 시스템에 대한 호평이 많았으며, 캐릭터 그래픽에 집중된 기존 MMORPG와는 달리 주변 환경이나 맵 콘셉트 등 게임 전체적으로 그래픽 품질이 좋다는 평가가 많다. 개발사 스마일게이트에 따르면 로스트아크는 7년간 총 1천억 원의 개발비가 투입됐는데, RPG 게임 고유의 전투 재미와 차별화된 그래픽 구현을 위해 많은 시간과 비용이 소요됐다. PC용 MMORPG는 플레이 시간이 비교적 짧은 모바

출처: 스마일게이트

2022년 2월, 글로벌 PC 게임 플랫폼 스팀을 통해 북남미, 유럽, 오세아니아 등 글로벌 시장으로 진출한 '로스트아크'.

일 게임에 비해 개발 분량이 많기 때문에, 보통 게임사들은 PC보다는 모바일 MMORPG 개발에 집중하는 편이다. 그런데도 스마일게이트는 성공 가능성을 담보하기 어려운 PC용 MMORPG에 무려 7년이라는 인고의 시간과 돈을 투자했고, 결국 성공했다.

사담이지만 스마일게이트는 일반인에게는 잘 알려지지 않은 회사인데 3N 게임사(NC소프트, 넷마블, 넥슨) 등 유명 기업들과는 달리 주식시장에 상장되지 않았기 때문이다. 게임 한류의 원조인 '크로스파이어' 덕분에 매년 1조 원 이상의 안정적인 매출이 발생하는 자금력, 그리고 외부로부터 간섭이 적은 비상장 회사 구조는 지금의 로스트아크가 탄생할 수 있었던 실질적인 이유들이다.

아울러 출시 시점의 MMORPG 시장 환경도 로스트아크에 우호적이었다. 일반적으로 서양의 PC 게임은 유료로 판매되고 스토리 위주의 패키지 게임이 주를 이루고 있어, 로스트아크 같은 MMORPG 게임은 가뭄의 단비 같은 존재다. 대표적인 글로벌 MMORPG인 블리자드의 '월드 오브 워크래프트'(이하 '와우WoW')는 2004년 출시됐지만, 2021년에도 MAU가 무려 2,600만 명에 달한다. 와우가 그만큼 전설적인 게임이기도 하지만, 이는 MMORPG에 대한 해외 게이머들의 욕구가 그만큼 크기 때문이기도 하다.

로스트아크뿐만 아니라 최근 글로벌에서 두각을 나타내는 한국 게임들이 속속들이 나오고 있는데 넥슨게임즈에서 개발한 모바일 게임 '블루 아카이브'가 대표적이다. 앞서 이야기한 서브컬처 장르의 게임으로 일본 출시 1년 반이 지난 2022년 7월 애플 앱스토어에서 게임 매출 순위 2위를 달성했다. 서브컬처의 본 고장 격인 일본에서 한국 게임이 일본 게이머들의 마음을 사로잡았다는 점에서 의미가 크다. 지속적인 업데이트 이외에도 게임 IP를 활용한 애니메이션 공개 등 서브컬처 장르에 걸맞은 행보를 보이며 글로벌 진출에 성공했다는 평가를 받는다. 이처럼 해외시장을 공략하는 국내 게임사의 행보는 2023년에도 지속될 것으로 예상된다. 특히 펄어비스가 개발하고 있는 MMORPG 장르의 '붉은사막', 크래프톤의 자회사에서 개발 중인 호러 장르의 '칼리스토 프로토콜'까지 글로벌 타깃의 국산 게임들이 다수 대기하고 있어 기대가 크다.

## K-게임의 정의는 '출생'이 아닌 '장르적 독창성'

그렇다면 이제 'K-게임' 담론으로 다시 돌아가보자. 앞서 우리는 국내 콘텐츠 산업에서 압도적으로 큰 매출과 수출 비중을 자랑하는 한국의 게임 산업이 왜 K-콘텐츠의 위상에서 배제돼 있는지를 반문했고 다양한 해석들을 쏟아냈다. 그렇다면, 2022년 '로스트아크'와 '블루 아카이브'의 글로벌 성공에 이어 다수의 한국 게임들이 순차적으로 해외 출시를 앞두고 있는 지금이야말로 K-게임의 시대가 오는 것인가. 이 답을 위해서는 'K'라는 칭호의 본질에 대해 먼저 생각해볼 필요가 있다.

엄밀히 'K'라는 칭호는 우리가 아닌 해외시장에서 명명해주는 것이다. K-팝과 K-드라마, K-무비가 그러했다. 그들이 규정하는 K-팝은 중독성이 강한 리듬과 군무, 한국 기획사만의 독특한 연습생 시스템을 기반으로 한 음악이며, K-드라마와 K-무비는 할리우드 문법을 답습하면서 — 한국 배우가 나오지만, 소재는 전혀 한국적이지 않다 — 사회적 담론을 버무린 웰메이드 콘텐츠다. 이들 모두는 문화적 특성을 담고 있으며 이 역시도 계속 진화하고 있다. 결국 K-게임 담론은 해외에서 빅머니를 벌어들인 게임들이 K만의 '오리지널리티'를 지녔는가에 대한 질문으로 귀결돼야 한다. '파이널 판타지'로 대표되는 독자적인 'J-RPG' 장르를 구축한 일본이나 거대 자본이 투입된 블록버스터급 규모에 폭력, 살인 범죄 등을 소재로 하는 'GTA Grand Theft Auto' 장르의 특성을 계속 이어가는 미국처럼 말이다.

즉, K는 원산지 Origin가 아닌 장르적 독창성 Originality이다. 이는 2021년 BTS의 기획사인 하이브가 유니버설 뮤직 그룹 UMG과의 협력을 통해 '미국 국적의 멤버'들이 '미국에서 활동'하는 'K-팝 보이그룹'을 준비한다는 계획에서도 명쾌하게 드러난다. K-드라마 열풍으로 최근 동남아의 제작사들이 K-드라마 장르에 집중하고 있다거나 'K-아줌마'의 뜻이 한국 출신의 아줌마가 아니라 '억척스럽고 모성애가 강한 기질을 가진 여성'을 의미하는 것과도 비슷한 맥락이다.

한국의 게임 산업에서는 이미 'K-게임'이라는 단어를 드문드문 쓰고 있다. 최근 '로스트아크', '배틀그라운드', '검은사막' 등 다양한 국내 게임들이 해외시장에서 큰 성과를 내면서, 앞으로 대형 게임사들이 글로벌 프로젝트를 더욱 늘려갈 것으로 보인다. 중요한 사실은 바로 지금이 K-게임만의 독창성을 어떻게 기획해야 할지 고민해야 할 시점이라는 것이다. 이는 단지 K-감투를 따기 위해서가 아니다. 우리의 게임이 전 세계적으로, 더 넓은 층에게, 더 오래 사랑받기 위해서는 독한 과금 체계가 아닌 K-게임만의 특별한 오리지널리티가 필요하다. 그것은 문화 콘텐츠와 결합한 거창한 서사적 특성이나 세계관, 또는 차별화된 게임 진행 방식이 될 수도 있지만, 단순히 "난 K-게임이 이래서 좋더라", "K-게임의 이런 점이 참 매력적이야" 정도여도 충분하다. 앞으로 K-게임만의 독창성이 구축되기까지 시간이 좀 더 걸리겠지만, 2022년 로스트아크를 시작으로 2023년에는 또 어떤 게임이 새롭게 주목받으며, K-게임의 입지를 다지게 될지 지켜보기로 하자.

# 한국에선 콘솔이 안 된다고 누가 그랬나

2022년 2월, 액션 RPG 게임인 '엘든 링Elden Ring'이 출시되며 조용했던 전 세계 콘솔 게임 시장을 뒤흔들었다. 글로벌 게이머들의 마음을 훔치며, 발매 3일 만에 패키지 판매량이 1,200만 장을 돌파했다. 이런 대작이 나올 때마다 콘솔 게임기에 대한 관심도 함께 들썩였는데, 조금 더 과거 사례를 보면 '젤다의 전설 야생의 숨결'(닌텐도 스위치, 2017년 출시, 2,700만 장 이상 판매)과 '모여봐요 동물의 숲'(닌텐도 스위치, 2020년 출시, 3,900만 장 이상 판매)이 출시될 당시에도 콘솔 기기에 대한 관심이 급증했다. 콘솔 게임은 TV나 모니터를 콘솔과 연결해 플레이하는 게임을 의미하며 대표적인 콘솔 기기로는 닌텐도 스위치Nintendo Switch, 소니의 플레이스테이션PlayStation, PS, 마이크로소프트 엑스박스Xbox 시리즈가 있다. 일반적으로 게임은 스마트폰(모바일), PC, 콘솔 이렇게 세 가지 기기를 통해 플레이하는데, 게임 외에도 다양한 목적으로 구매하는 다른 기기들과 다르게 콘솔은 절대다수가 게임 플레이를 위해서만 구매한다는 차이가 있다.

## 사고 싶어도 살 수 없었던 그 이름 PS5

국내 콘솔 시장은 다른 국가에 비해 그 규모가 작아 마이너한 시장이라는 의견이 많았다. 하지만 코로나19로 인해 집에 있는 시간이 늘어나면서 집에서 간단히 즐길 수 있는 콘솔 게임에 대한 관심도 함께 증가했다. 특히 예전에는 난도가 높고 접근하기 어려웠던 콘솔 게임들이 최근 뉴비들을 끌어들이려는 개발 방향으로 전환하면서 콘솔 게임에 대한 저변과 관심도 덩달아 늘어나고 있다. 콘솔 게임은 일단 한번 게임을 구매하면 수십 시간 이상 플레이가 가능하기 때문에 모바일 게임 과금 체계에 불만이 많은 현재 시장 상황과 대비되며 게이머들에게 상대적 만족감을 줬다. 아울러 지속적인 콘솔 하드웨어의 발전으로 게임 퀄리티가 현격히 좋아졌는데, 특히 2020년 11월에 출시한 PS5는 국내에 없어서 못 살 정도로 인기가 많아 2022년 6월까지 중고 가격이 정가보다 10~20만 원 높게 형성되는 현상까지 발생했다. 국내는 이러한 현상이 많이 줄어들었지만, 해외는 아직도 물량이 부족한 국가가 많다고 하니 그 인기가 실로 대단하다.

한국콘텐츠진흥원에 따르면 국내 콘솔 게임 시장은 2019년 약 7천억 원대에서 2021년 약 1조 3천억 원으로 성장했다. 글로벌을 기준으로 하면 국내 콘솔 게임 시장의 규모가 작아 보일 수도 있지만, 2년 만

### 국내 게임 시장의 규모 및 전망

| 구분 | 2019년 | | 2020년 | | 2021년 | | 2022년 | | 2023년 | |
|---|---|---|---|---|---|---|---|---|---|---|
| | 매출액 | 성장률 | 매출액 | 성장률 | 매출액 | 성장률 | 매출액 | 성장률 | 매출액 | 성장률 |
| PC | 48,058 | -4.3% | 49,012 | 2.0% | 47,058 | -4.0% | 47,946 | -0.2% | 45,736 | -2.6% |
| 모바일 | 77,399 | 16.3% | 108,311 | 39.9% | 118,654 | 9.5% | 132,181 | 11.4% | 143,945 | 8.9% |
| 콘솔 | 6,946 | 31.4% | 10,925 | 57.3% | 12,815 | 17.3% | 14,955 | 16.7% | 18,364 | 22.8% |

단위: 억 원, 2021~2023년 값은 추정치.

출처: 한국콘텐츠진흥원

에 약 2배 가까이 시장 규모가 늘어난 것은 매우 빠른 성장 속도다.

아울러 콘솔 시장의 성장으로 '크로스 플랫폼Cross Platform'에 대한 수요도 증가하고 있다. 게이머라면 누구나 한 번쯤은 들어봤을 크로스 플랫폼은 기술적으로 둘 이상의 플랫폼 — 여기서 언급되는 플랫폼은 게임을 실행하는 하드웨어 장치로 PC, 모바일, 콘솔을 의미한다 — 에서 게임이 동일하게 실행되는 경우를 의미한다. 게임 시장에 관심이 없는 사람이라면 TV, 모바일, PC를 크로스하며 콘텐츠를 접하는 건 너무나 당연한 일인데, 왜 유독 게임 시장에서만 크로스 플랫폼이 특별히 언급되는지 의문이 들 수밖에 없다. 예를 들어 넷플릭스를 볼 때 출퇴근하면서는 스마트폰으로, 집에서는 TV로, 카페에서는 노트북으로 즐기는 것이 너무 자연스럽다. 하지만 게임은 타 콘텐츠와 달리 게이머의 조작이 필수적이고 플랫폼마다 각기 다른 조작 방식 — PC는 키보드와 마우스, 스마트폰은 터치, 콘솔은 패드 등 — 으로 작동되며 고사양의 게임을 구동하기 위한 하드웨어적 장벽이 존재하기 때문에 개발 시에 각기 다른 플랫폼의 특성을 고려해야 한다. 이러한 이유로 지금까지 게

게임 산업에서의 크로스 플랫폼

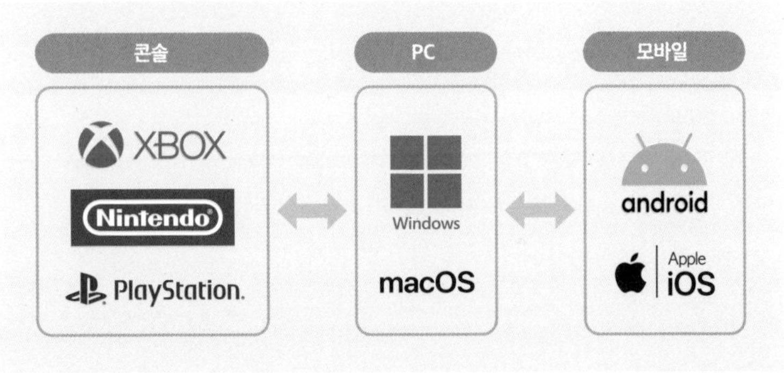


출처: 각 회사 홈페이지

임 산업에서는 크로스 플랫폼이 보편화되지 않았지만, 최근 콘솔 시장의 확대, 스마트폰의 성능 고도화, 크로스 플랫폼에 대한 게이머들의 니즈 증가 등의 이유로 크로스 플랫폼 지원이 늘어나고 있다.

## 유다희의 끝판왕, 엘든 링

그렇다면 최근 화제의 중심이었던 엘든 링은 과연 어떤 게임이길래 수십만 원에 달하는 콘솔을 구매하지 않고는 못 견디게 만들었는지 궁금할 수밖에 없다. 엘든 링은 일본 개발사 프롬소프트웨어FromSoftware(이하 프롬)에서 개발한 오픈 월드 액션 RPG 게임이다. 오픈 월드는 단어 그대로 게임 내에서 유저가 정해진 맵이 아닌 원하는 장소로 자유롭게 이동할 수 있는 형식의 게임 장르다. 이 게임을 살펴보기 전에 먼저 프롬이 어떤 회사고 그동안 어떤 게임을 만들어왔는지를 알아야 한다.

1986년 설립 당시 소프트웨어 제작사였던 프롬은 1990년대 들어서 게임 개발사로 전환해 1994년에 처음으로 '킹스 필드KING'S FIELD'라는 RPG 게임을 출시한다. 1997년부터는 필자도 어렸을 적 PS2에서 열심히 플레이했던 메카닉(로봇·기계) 액션 게임 '아머드 코어ARMORED CORE' 시리즈를 발매하며 콘솔 게임 개발사로 입지를 다졌다. 그 이후 몇 가지 신작을 더 출시했지만 상업적인 성공을 거두지는 못했는데, 2009년 '데몬즈 소울Demon's Soul' 출시를 기점으로 일명 '소울 시리즈'라는 대박 게임들을 출시한다. '데몬즈 소울'(2009년)부터 '다크 소울DARK SOUL'(2011년), '다크 소울 2'(2014년), '다크 소울 3'(2016년)로 이어지는 3인칭 액션 RPG 게임들은 난도가 매우 높은 것으로 악명 높은데, 몬스터와의 전투 중 공격, 방어, 회피 시 한정된 스태미나(게임 내에서 어떤 행동을 하기 위해 필요한 포인트)가 사용되는 것이 특징이다. 게임 플레이 도중 몬스터로부터 죽게 되면 화면에 "YOU DIED"라는 메시지가 뜨는데, 게이머들은 이를 "유다이", "유다희"라고 부르며 다크 소울은 사실 "실체가 없는 유다희라는 사람을 만나는 게임"이라고 농담할 정도로 게임이 어려운 편이다.

높은 전투 난도, 불친절한 게임 시스템, 어두운 그래픽 등 호불호가 명확하게 갈리는 RPG 게임임에도 불구하고 소울 시리즈는 전 세계에서 3천만 장 이상 판매되며 글로벌 게임으로 발돋움했다. 소울 시리즈의 전투 방식과 유사한 게임들이 '소울 라이크', '소울류 게임'이라고 불리며 하나의 장르가 됐을 정도다. 프롬은 소울 시리즈 이외에도 '블러드본Bloodborne'(2015년 출시), '세키로: 섀도 다이 트와이스SEKIRO: SHADOWS DIE TWICE'(2019년 출시) 등 소울 시리즈를 계승하는 여러 가지 게임을 개발했으며, 2022년에 드디어 유다희 게임의 끝판왕인 엘든 링을 출시하게 된다.

엘든 링은 오픈 월드를 적용해 전작들의 선형적인 맵 구조와 달리 게이머의 선택에 따라 전투와 퀘스트의 진행이 달라질 수 있다. 그 결과 다양한 육성 방법과 던전(온라인 게임에서 몬스터들이 모여있는 소굴) 공략법이 존재하는데, 이는 전작과 다르게 유저들이 자신의 선택에 따라 난도를 조절할 수 있도록 장치를 마련한 것이다. 선형적인 맵 구조에서는 몬스터 및 던전마다 (반드시 하나의 공략법만 존재하는 것은 아니지만) 보편적이고 일반적인 공략법이 존재해 선택지의 수가 적은 반면, 오픈 월드 구조에서는 주어진 자유도 아래에서 다양한 선택이 가능하다. 실제 엘든 링의 프로듀서인 키타오 야스히로北尾 康弘는 글로벌 게임 웹진 《IGN》과의 인터뷰에서 "더 많은 분이 어려움을 극복한 뒤 성취감을 얻길 바라고, 더 많은 플레이어가 게임을 즐기며 다양한 방법으로 퀘스트를 극복하게 하는 것이 저희의 과제 중 하나며, 이는 프롬소프트웨어가 매우 중요하게 생각하는 부분입니다. 저희는 기본적으로 절대 이길 수 없는 적을 만들지 않습니다. 다양한 방법으로 몬스터를 물리칠 수 있습니다. 엘든 링의 경우 멀티 플레이어 모드를 이용하면 다크소울보다 더 쉽게 게임을 클리어할 수 있습니다. 더 많은 플레이어가 부담 없이 게임을 즐길 수 있기를 바랍니다"라고 이야기했다. 소울류 장르의 저변 확대 및 유저들의 니즈를 반영하기 위해 노력했음을 엿볼 수 있는 대목이다. 프롬의 기존 게임들이 한정된 게이머들이 플레이하는 매니악한 부류였다면, 이번 엘든 링에서는 애초부터 더욱 많은 게이머들이 해당 장르를 즐기도록 게임을 설계한 것이다.

단순히 기존 게임의 연장선상에서 그래픽을 업그레이드하고 콘텐츠만 추가한다고 새로운 유저가 유입되지는 않는다는 점에서, 엘든 링을 통해 보여준 프롬의 시도는 일본 현지뿐만 아니라 해외에서도 큰 찬사를 받고 있다. 출시 한 달 만에 1,340만 장이 팔렸으니 프롬이 기획한 의도대로 소울류 게임의 저변 확대에 성공했다고도 말할 수 있다. 앞으로는 이번 엘든 링 사례처럼 기존의 매니악한 장르가 가진 전통성을 유지하면서 신규 유저들을 확보하려는 움직임이 더욱더 가속화될 것으로 예상된다. 극단적인 두 유저층을 사로잡는 것은 마치 멜로 영화와 SF 영화의 팬층을 아우르는 영화를 만드는 것처럼 어려운 일이지만, 전 세계의 게임사들이 이를 지속해서 시도하고 있으므로 앞으로 출시될 게임이 어떻게 다양한 게이머들을 흡수할지 기대해봐도 좋을 것이다.

출처: 프롬소프트웨어

'소울류' 게임의 강점을 유지하면서도 진입 장벽은 낮춰 많은 게이머의 마음을 사로잡은 '엘든 링'. 높은 난도와 출시 초반 PC의 최적화 문제 이슈를 딛고 출시 한 달 만에 1,340만 장이 넘는 판매고를 기록했다.

PS5 출시와 코로나19에 따른 콘텐츠 수요 증가, 그리고 글로벌 대작 엘든 링까지 최근 2~3년간 국내 게임 시장은 전례 없는 콘솔 부흥기를 맞이하고 있다. 2023년에도 코로나로 출시가 연기됐던 대작 게임들 다수가 출시될 예정이라 콘솔 시장의 전성기는 지속될 것으로 보인다. 대표적인 출시 예정작은 2017년 출시 후 누적 2,714만 장의 판매고를 올리며 닌텐도 스위치 붐을 일으켰던 '젤다의 전설 야생의 숨결'의 후속작과 인기 캐릭터 스파이더맨의 IP를 기반으로 한 '마블 스파이더맨 2', 베데스다 게임 스튜디오에서 개발 중인 '스타필드Starfield' 등이 있다. 재밌게도 해당 게임들은 콘솔 기기 회사들에 인수된 개발사나 콘솔 기기 회사에서 자체적으로 개발하는 게임✦으로 각 콘솔 기기에 독점적으로 출시될 예정이다. 국내 게임사들도 이러한 시장 상황에 맞춰 콘솔 게임 공략에 나서고 있다. 펄어비스의 '붉은사막', 크래프톤의 '칼리스토 프로토콜'을 비롯해, '게임스컴✦✦ 2022'에서 3관왕(가장 기대되는 플레이스테이션 게임, 최고의 액션 어드벤처 게임상, 최고의 롤플레이 게임상)을 달성하며 기대감이 높아진 네오위즈의 'P의 거짓'까지 각기 다른 장르의 게임으로 콘솔 시장을 공략한다. 다양한 대작 출시가 예상되는 2023년, (그리고 PS5 구매 대란도 끝난 지금) 그야말로 콘솔의 매력에 빠져들기 딱 좋은 시기가 아닐까?

✦ '마블 스파이더맨 2'의 개발사인 인섬니악 게임즈Insomniac Games는 2019년에 플레이스테이션 개발사인 소니에서 인수했으며, '스타필드'의 개발사인 베데스다 게임 스튜디오Bethesda Game Studios는 2020년 9월 엑스박스 개발사인 마이크로소프트에서 인수했다. '젤다의 전설'은 닌텐도에서 개발한 게임이다.

✦✦ 게임스컴Gamescom은 독일 쾰른에서 열리는 유럽 최대 규모의 게임 쇼로, 미국 LA에서 열리는 E3, 일본 도쿄의 TGS와 함께 세계 3대 게임 쇼로 알려져 있다.

# 마이크로소프트가 블리자드를 원했던 이유

'디아블로DIABLO'는 블리자드에서 개발한 PC 게임으로 1996년 첫 출시 이후 그 인기에 힘입어 다양한 후속 시리즈가 출시됐다. 특히 2000년에 출시된 '디아블로 2'는 국내에서 300만 장이 판매됐고, PC방에서는 수많은 사람들이 디아블로 2의 몬스터 '메피스토' — 아이템을 잘 떨어뜨리는 몬스터로 디아블로 2 유저라면 모를 수 없다 — 를 때려잡았다. 연이어 2012년 출시된 '디아블로 3'는 전 세계적으로 3천만 장이 판매되며 글로벌 게임 IP로 거듭났다. 2021년에는 디아블로 2를 리마스터remaster✦✦✦한 '디아블로 2: 레저렉션'이 출시됐는데 추억이 담긴 게임을 다시 하고자 너무 많은 사람들이 몰려 서버 접속이 지연되고 수시간 동안 대기가 발생하는 등 예상치 못한 인기로 게임을 할 수 없는 지경

✦✦✦ 원작에서 주요 콘텐츠는 수정하지 않으면서 그래픽, 밸런스, 버그 패치 등을 개선해 재구성하는 작업.

에 이르기도 했다. 2022년에는 디아블로 IP를 활용한 모바일 게임 '디아블로 이모탈'이 출시됐다. 디아블로 최초의 모바일 게임으로 많은 관심을 받았고 출시 8주 만에 누적 매출 1억 달러를 돌파하며 흥행을 이어가고 있다. 비록 과금을 유도하는 수익 모델, 콘텐츠 부족, 자동 사냥 기능이 없는 플레이 환경에서 매크로 사용에 대한 개발사의 미온적인 대응 등으로 비판받고 있지만, 1996년 출시한 명작 IP의 힘은 아직도 건재하다는 것을 증명해낸 셈이다.

## 명작은 죽지 않는다(Feat. IP의 힘)

IP가 게임 흥행에 있어서 중요하다는 사실은 누구나 알고 있을 것이다. 비록 오래전에 출시된 IP라고 하더라도 지속적인 게임 출시와 다른 콘텐츠로의 확대를 통해 게이머들에게 사랑받는다면 명작은 죽지 않는다는 것을 디아블로의 사례가 여실히 증명하고 있다. 특히 블리자드는 우리가 익히 알고 있는 '스타크래프트', '워크래프트', '디아블로', '오버워치OVERWATCH' 등 다양한 게임 IP를 보유하고 있는데, 최근 이러한 IP의 가치를 단번에 인정받는 대형 사건이 발생했다.

2022년 1월 18일, 새해가 시작된 지 얼마 지나지 않아 마이크로소프트가 687억 달러(약 96조 원)에 액티비전 블리자드Activision Blizzard를 인수한다고 발표한 것이다. 이는 주식시장에 상장된 국내 게임사의 시가총액을 모두 합친 것보다 많은 금액으로 글로벌 게임 산업에서도 역대 최고치의 인수합병 금액이다. 대중들에게는 세계 최대 소프트웨어 기

출처: 액티비전 블리자드

액티비전 블리자드가 보유한 대표적인 게임 IP. 마이크로소프트는 액티비전 블리자드를 인수하며 PC, 모바일, 콘솔 및 클라우드 전반에서 게임 비즈니스를 실현할 수 있게 됐다.

업으로 익숙한 마이크로소프트는 게임 산업에서도 직접 게임을 개발하기보다는 게임 관련 인프라와 하드웨어를 개발하는 쪽에 가깝다. PC에서는 운영체제인 윈도우를, 콘솔에서는 엑스박스를 개발하는 마이크로소프트가 게임 개발사인 액티비전 블리자드를 인수한 배경이 궁금할 수밖에 없다.

먼저 액티비전 블리자드에 대해 간단히 설명하자면, 게이머라면 누구나 한 번쯤 들어봤을 만한 회사인 블리자드와 게임 '콜 오브 듀티CALL OF DUTY' 시리즈로 유명한 액티비전이 합쳐진 회사로 다수의 글로벌 게임 IP를 보유하고 있는 미국의 게임 기업이다. 2015년에는 모바일 게임 '캔디 크러쉬 사가Candy Crush SAGA'로 유명한 킹닷컴King.com을 인수하며 글로벌 모바일 게임 IP도 보유하게 됐다.

## 게임 산업에 눈독 들이는 빅테크 기업들

그렇다면 마이크로소프트가 액티비전 블리자드를 인수한 이유는 무엇일까? 크게 두 가지 이유로 생각해 볼 수 있다. 첫 번째는 마이크로소프트가 추진하는 메타버스 사업을 확장하기 위해서다. 인수 발표 당시 열린 투자자 대상 컨퍼런스 콜에서 마이크로소프트의 CEO 사티아 나델라Satya Nadella는 "게임은 오늘날 모든 플랫폼 중에서 가장 역동적이고 흥미로운 엔터테인먼트 카테고리며, 메타버스 플랫폼 개발에 핵심적인 역할을 할 것"이라고 언급했다.

가상 세계인 메타버스를 구축하기 위해서는 많은 것들이 필요하지만, 무엇보다도 많은 사람들이 동시에 접속할 수 있는 서버 기술력과 가상 세계를 구현하는 증강 및 가상현실 기술, 그리고 메타버스를 채울 콘텐츠가 필요하다. 마이크로소프트는 2010년부터 '애저Azure'라는 클라우드 서비스를 시작했으며, 2022년 1분기 기준 글로벌 시장 점유율 2위로 최고의 서버 기술력을 보유하고 있다. 현재 영상이나 음악, 게임 등 우리가 소비하는 대부분의 콘텐츠는 클라우드를 통해 서비스되고 있기에 마이크로소프트의 클라우드 기술은 타 콘텐츠 기업이나 이제 막 메타버스 플랫폼을 구축하는 경쟁사와 비교했을 때 매우 큰 장점이다. 아울러 '홀로렌즈HoloLens'라는 증강현실 HMD — Head Mounted Display의 약자로 머리에 착용하는 디스플레이를 말한다 —를 2015년부터 판매하며 가상 세계를 구현하는 물리적 하드웨어 개발에도 집중하고 있다.

메타버스 플랫폼 구축에 필요한 모든 기술을 갖춘 마이크로소프트 입장에서 블리자드 콘텐츠와의 결합은 시너지를 낼 수 있는 최고의 옵션 중 하나로 보인다. 비슷한 시각에서 마이크로소프트는 앞선 2011년 유저가 특별한 목표 없이 자유롭게 무언가를 할 수 있는 장르의 샌드

### 주요 클라우드 서비스의 글로벌 시장 점유율

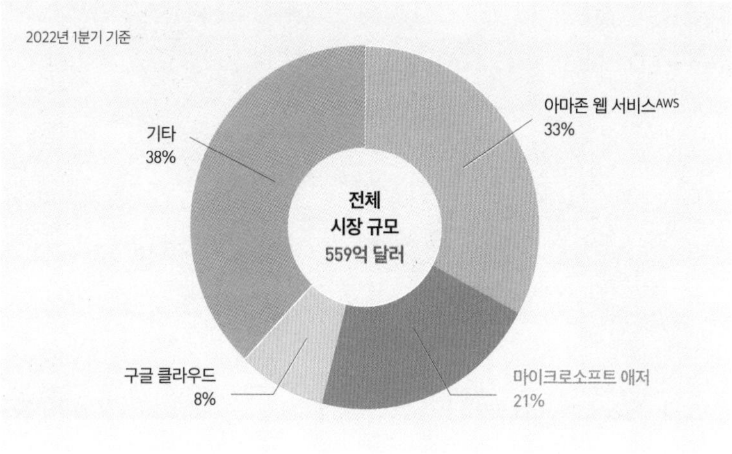


출처: Canalys

박스sand box 게임 '마인크래프트Minecraft'를 25억 달러(약 3조 5천억 원)에 인수했으며 홀로렌즈로 마인크래프트를 시연하며 기술과 콘텐츠 간 융합을 시도하고 있다. 메타버스 플랫폼은 말 그대로 플랫폼일 뿐 그 안에 무엇을 담느냐에 따라 플랫폼의 가치는 현저하게 달라지기 때문에, 마이크로소프트의 이 같은 시도는 앞으로도 지속될 것으로 전망된다. 블리자드 IP와 메타버스 플랫폼이 어떻게 합쳐질지 아직 구체적인 방향성이 나오지는 않았지만, 앞으로 어떤 방식으로 마이크로소프트가 사업을 전개해나갈지 주목해볼 필요가 있다.

두 번째는 게임 IP 확보를 통한 클라우드 게임 사업의 확장이다. 클라우드 게임은 보통 클라우드 기술을 활용해 게임을 원격으로 플레이하는 것을 스트리밍하는 방식이다. 일반적으로 게임은 게이머가 작동시키는 기기(PC, 콘솔, 모바일 등)에서 직접 구동되고, 해당 기기의 하드

홀로렌즈를 활용한 마인크래프트 시연 화면.

웨어적 성능에 따라 플레이할 수 있는 게임이 정해진다. 그래픽이 좋은 게임을 즐기기 위해서는 그만큼 고사양의 기기가 뒷받침돼야 하는데, 점점 진화하는 그래픽 기술로 인해 고사양의 기기는 게이머들에게 필수적일 수밖에 없다.

하지만 클라우드 게임의 경우 게임 작동을 위한 대부분의 연산은 온라인에 존재하는 클라우드(데이터 센터)에서 수행되고, 사용자 기기는 클라우드에 접속해 게임을 스트리밍하는 역할만 한다. 게임의 하드웨어적 연산 과정이 클라우드 서버에서 이뤄지기 때문에 별도의 설치 과정도 필요 없으며, 게이머의 기기 성능이 부족하더라도 인터넷만 있으면 언제 어디서든 고사양의 게임을 즐길 수 있다.

대표적인 클라우드 게임 서비스로는 마이크로소프트의 '엑스박스 게임 패스Xbox Game Pass', 엔비디아NVIDIA의 '지포스 나우GeForce NOW', 구글의 '스타디아Stadia'가 있다. 익히 들어온 글로벌 IT 기업들이 클라우드 게임을 미래의 게임 서비스 중 하나로 생각하고 사업 역량을 집중하고 있는 상황이다.

클라우드 게임은 월 또는 연 단위 정액(월 1~2만 원 수준) 결제가 일반적이고 수십 가지의 게임을 제공하기 때문에 게이머 입장에서는 합리적인 금액으로 다양한 게임을 즐길 수 있다. 게다가 제공하는 게임이 주기적으로 교체되고 최신 게임이 계속 업데이트되기 때문에, 어떤 게임이 서비스되는지가 클라우드 게임 서비스의 흥행을 결정짓는 중요한 요소라고 할 수 있다. 마이크로소프트가 자사의 클라우드 게임 서비스인 엑스박스 게임 패스에 액티비전 블리자드의 게임들을 서비스한다면 사용자 유치에 매우 유리해질 것이므로 블리자드 인수에 적극적일 수밖에 없는 것이다. 마이크로소프트는 액티비전 블리자드를 인수하기에 앞서 2014년에는 '마인크래프트' 개발사인 모장 스튜디오Mojang Studios를 25억 달러에, 2020년에는 '둠DOOM', '엘더 스크롤Elder Scroll', '폴아웃Fallout' 등으로 유명한 게임 회사 제니맥스 미디어ZeniMax MEDIA를 75억 달러에 인수한 전력이 있다. 콘솔 기기와 클라우드 게임을 서비스하는 회사가 경쟁사와 차별화할 수 있는 부분은 결국 콘텐츠와 IP에 있음을 증명하는 부분이다.

과거 하나의 플랫폼에 종속됐던 게임이 크로스 플랫폼을 지원하며 게이머들이 언제 어디서나 게임을 플레이할 수 있는 세상이 펼쳐졌다. 심지어 고사양의 게임을 하드웨어의 제약에서 벗어나 스트리밍으로 즐기는 클라우드 게임 세상으로 발전하고 있다. 아직 클라우드 게임을 즐기는 데는 서버 지연 시간에 따른 랙lag 등 기술적인 단점이 존재하지만, 게이머들 입장에서는 여러 게임을 다양한 기기에서 즐길 수 있다는 선택지 자체가 반가운 상황이다. 크로스 플랫폼, 메타버스, 클라우드 게임 등 게임을 즐기는 방식이 어디까지 진화하게 될지 앞으로가 더욱 기대된다.

# LoL, LCK, 롤드컵, 트위치, 'ㅁㅍ'를 아시나요?

게임에 관심이 없는 사람이라도 '롤'은 한 번쯤은 들어봤을 것이다. 게임의 정식 명칭은 '리그 오브 레전드League of Legends'로 보통 '롤'이나 '엘오엘LoL'이라고 불린다. LoL은 미국의 게임 개발사 라이엇게임즈Riot Games가 2009년 처음 북미에 선보인 PC 게임으로 한국에는 2011년에 정식 출시됐다. 게임에 대해 간단히 설명하자면 게이머는 게임 시작 시에 챔피언(캐릭터)을 선택하고 5명이 한 팀으로 5:5 실시간 대전을 진행한다. 게이머 개개인의 역량도 중요하지만 팀 게임이라는 점과 다수의 챔피언들의 전투 장면을 한눈에 알아볼 수 있어 이스포츠e-sports에 최적화된 게임이라고 할 수 있다. 특히 10~20대에게 인기가 높다 보니 여러 가지 재밌는 문화가 생겼는데, LoL 경기나 인터넷 방송을 보다 보면 'ㅁㅍ'라는 단어가 종종 등장한다. LoL에서는 상대방의 공성 미니언(게임의 등장 요소 중 하나)을 죽이지 못하면 골드(보상)를 얻지 못해

"ㅁㅍ"라고 채팅창에 쓰면서 놀리는 문화가 있다. 공성 미니언이 마치 대포를 쏘는 모양이라 대포 미니언이라고 불리고 '대포 → 머포 → ㅁㅍ'✦로 줄이면서 'ㅁㅍ'는 LoL 커뮤니티에서 많이 사용하는 단어가 됐다. 신조어까지 만들면서 게이머들 사이에서 하나의 놀이 문화로 자리 잡고 있는 LoL. 과연 그 인기는 얼마나 될까?

## LoL의 인기는 과연 어느 정도일까?

2009년에 출시된 LoL의 인기는 지금도 여전히 어마어마하다. 글로벌 MAU는 무려 1억 명에 달하며, 지속적인 챔피언 업데이트, 이스포츠의 활성화, LoL IP를 활용한 다양한 게임 시리즈와 콘텐츠 제작을 통해 게이머들을 만족시키고 있다. 국내에서의 인기는 가히 압도적인데, 게임 전문 리서치 기업 게임트릭스에 따르면 LoL은 PC 게임의 인기 척도로 판단되는 PC방 점유율에서 200주 넘게 1위를 차지하고 있을 정도로 인기가 엄청나다. 라이엇게임즈는 LoL의 IP를 기반으로 '리그 오브 레전드: 와이드 리프트'(LoL 모바일 버전), '전략적 팀 전투Teamfight Tactics'(오토 배틀러 장르), '레전드 오브 룬테라Legends of Runeterra'(트레이딩 카드 장르) 등 다수의 게임을 출시하고, 2021년에는 넷플릭스에서 LoL의 캐릭터가 등장하는 애니메이션 〈아케인: 리그 오브 레전드ARCANE: LEAGUE OF

✦ '대포'가 '머포'가 된 것은 한글 자모를 모양이 비슷한 것으로 바꿔 단어를 다르게 표기하는 인터넷 문화에서 비롯됐다. 강아지를 '댕댕이(멍멍이)'라고 하거나 명작을 '띵작'이라고 바꾸는 식이다.

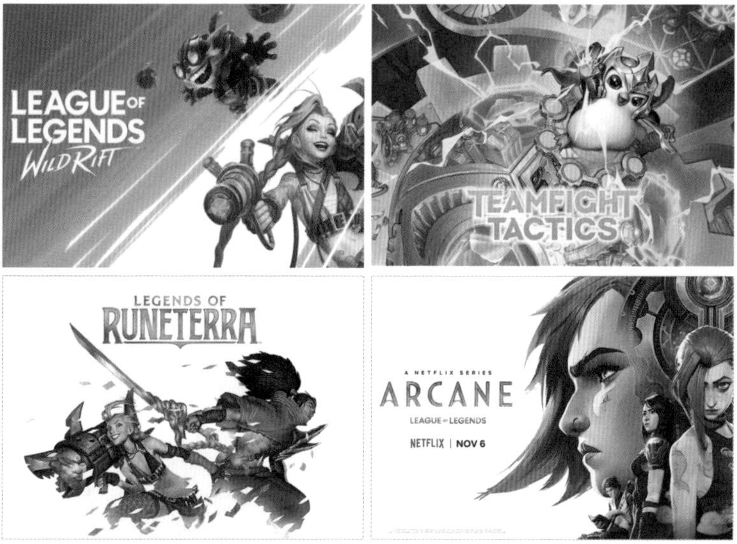


출처: 라이엇게임즈

LoL의 IP를 활용한 다양한 게임 시리즈와 애니메이션.

LEGENDS〉(이하 〈아케인〉)을 선보이며 LoL 세계관 확장에 힘쓰고 있다. 특히 〈아케인〉은 공개 일주일 만에 전 세계 52개국에서 콘텐츠 시청 1위를 차지했으며, 역대 넷플릭스 작품 중 최고 평점을 기록한 시리즈가 되는 등 게임 IP로서는 이례적인 성과를 기록했다. 이러한 인기에는 여러 가지 요인이 있겠지만, 가장 큰 이유로 '게임의 이스포츠화'를 꼽을 수 있다. LoL은 게임 출시 초창기부터 다양한 방식으로 이스포츠화를 시도했는데, 이러한 노력으로 인해 결국 게이머들을 다각도로 만족시키는 대세 이스포츠로 자리매김하게 된 것이다.

## 롤드컵, 이스포츠의 날개를 달다

LoL은 출시 초기인 2011년부터 '리그 오브 레전드 월드 챔피언십'이라는 국제 대회를 매년 개최했다. 한국에서는 '롤드컵', '롤챔스'라고 불리는데, 이는 지역별 리그에서 선별된 팀들이 모여 대회가 진행되는 형식이 마치 축구의 월드컵이나 유럽의 UEFA 챔피언스 리그와 비슷하다고 해서 붙여진 것이다. LoL 지역 리그는 메이저 리그인 한국LCK, 북미LCS, 유럽LEC, 중국LPL 리그와 나머지 8개의 마이너 리그로 분류되며, 국내 리그인 LCK는 'League of legends Champions Korea'의 약칭이다. 각 리그에 배정된 롤드컵 시드권(출전권) 수에 따라 롤드컵에 진출하는 팀이 정해진다.

롤드컵은 LoL을 좋아하는 게이머에게는 하나의 축제다. 과연 누가 우승팀이 될지는 초미의 관심사며, 대회 기간 동안 각 팀 및 선수의 활약상은 엄청난 화제를 일으킨다. LoL 프로게이머 입장에서는 롤드컵에 진출해 결승전에서 우승하는 것이 평생의 목표일 정도다. 이를 입증하듯 롤드컵에 대한 관심은 매해 증가하고 있는데, 2021년에 열린 롤드컵 결승전의 분당 평균 시청자 수는 3천만 명, 최고 동시 시청자 수는 7,386만 명으로 이는 전년 대비 30% 이상 늘어난 수치다. 롤드컵 결승전은 전 세계 34개 플랫폼, 19개 방송에서 18개 언어로 중계되며 글로벌 이스포츠로서 입지를 강화하고 있다.

롤드컵의 상금 규모는 2021년 기준 총 225만 달러(약 31억 원) 수준인데, 이는 물론 큰 금액이지만 전체 시청자 수에 비해 아주 크다고는 할 수 없다. 다만 우승팀은 게임사와 협력해 게임 내 챔피언들에게 적

출처: 라이엇게임즈

이제는 게이머들에게 하나의 축제가 된 롤드컵. 전 세계로 생중계되는 롤드컵 결승전의 동시 시청자 수는 매년 역대 최고치를 경신하고 있다. 사진은 상하이 푸동 스타디움에서 개최된 2020년 롤드컵 결승전.

용할 수 있는 '스킨skin'✦을 제작하며, 해당 스킨의 판매 수익 25%가 우승팀에게 배분되기 때문에 실제 우승팀의 수익은 대회 상금 규모보다 훨씬 크다고 볼 수 있다. 상금뿐만 아니라 자신이 제작한 스킨이 전 세계 게이머들이 즐기는 글로벌 게임에서 사용된다는 엄청난 명예도 함께 얻는 것이다.

롤드컵에서 우승하게 되면 '소환사의 컵'이라는 우승 트로피를 들 수 있는데(소환사는 게임 내 플레이어를 지칭하는 단어), FIFA 월드컵 트로피처럼 결승전 시상식 때만 들 수 있고 이후에는 우승 지역의 라이엇게임즈 지사에서 보관한다. 2022년 롤드컵의 우승 트로피는 주얼리 브랜

✦ 소프트웨어의 UI나 게임, 웹사이트, 가상 캐릭터의 외형을 변화시키는 것.

출처: 라이엇게임즈

무려 티파니앤코와 협업해서 만든 2022 롤드컵 우승 트로피. 이스포츠의 격이 점차 높아지고 있음을 알 수 있다.

드 티파니앤코와 협업한 것으로 알려졌다. 2019년에는 루이비통과 협력해 우승 트로피 케이스를 만들었는데, 루이비통이 롤드컵 이외에도 FIFA 월드컵을 비롯한 다양한 스포츠에서 케이스를 제작했다는 점에서 LoL 역시 글로벌 스포츠로서 인정받고 있음을 증명한 셈이다. 매년 개최되는 롤드컵의 규모와 수준이 점점 업그레이드되고 시청자 수도 증가하고 있어, 롤드컵이 게임 콘텐츠와 이스포츠 영역에서 차지하는 비중은 지속적으로 늘어날 것으로 예상된다.

## LCK, 프랜차이즈제로 한 단계 레벨 업

국내에서 개최되는 대회인 LCK는 다른 해외 메이저 리그와 비교해 상업적인 시장 규모는 작을 수 있지만 실력과 인기가 매우 높은 리그다. 역대 롤드컵 성적을 살펴보면 11번의 롤드컵 대회 중 무려 6번이나 우승할 정도로 LCK는 글로벌에서 뛰어난 성적을 보여주고 있다.

2012년부터 개최된 LCK는 처음에는 개발사가 아닌 방송국이 주최하는 형태였으나 2019년부터 라이엇게임즈의 자회사인 라이엇게임즈 코리아가 직접 주최하는 것으로 바뀌었다. 2021년에는 프랜차이즈제

### 리그별 역대 롤드컵 성적

| 지역 | 우승 | 준우승 | 4강 | 역대 우승팀 |
|---|---|---|---|---|
| LCK (한국) | 6회 | 5회 | 6팀 | T1(3회), 젠지(2회), DWG KIA |
| LPL (중국) | 3회 | 3회 | 5팀 | Invictus Gaming, FunPlus Phoenix, Edward Gaming |
| LEC (유럽) | 1회 | 3회 | 8팀 | Fnatic |
| PCS (태평양) | 1회 | 0회 | 0팀 | Taipei J Team |
| LCS (미국) | 0회 | 0회 | 3팀 | - |

롤드컵의 전체 상금 규모는 2021년 기준 약 31억 원이며, 국내 리그인 LCK의 경우 총 4억 원 수준(1등 2억 원)이다.

를 도입해 LCK 운영에 큰 변화를 가져왔다. 일반적으로 프로 스포츠는 프랜차이즈제 도입 여부에 따라 운영 방식이 달라진다. 프랜차이즈제란 리그와 팀이 파트너가 돼 하나의 공동체로 리그 관련 의사결정을 함께 내리고 리그에서 발생한 수익을 공유하는 모델을 의미한다. 프랜차이즈에 등록된 팀은 리그에서 강등되지 않고 계속해서 LCK에 참가할 수 있다. 2020년, 프랜차이즈제에 참여할 팀을 모집해 최종적으로 10개 팀이 확정됐으며, 현재까지 계속 운영되고 있다. LCK 프랜차이즈에 가입하기 위해서는 100억 원의 가입비를 납부해야 하는데도 팀 모집에 21개 기업이 지원할 정도로 경쟁이 뜨거웠다. 프랜차이즈제 도입으로 기존 강등제가 없어짐으로써 각 팀은 안정적으로 LCK에 참여할 수 있게 되었으며, 상금 이외에도 리그 운영에 따른 수익 배분을 통해 더욱 효율적으로 구단을 운영할 수 있는 환경이 조성됐다.

프랜차이즈제 도입과 선수들의 기량 증가, 롤드컵에서 지속적인 활약으로 LCK의 인기는 국내뿐만 아니라 해외에서도 증가하고 있다. 2022년에 진행한 LCK 스프링 시즌 — LCK는 스프링 시즌, 서머 시즌으로 치러지며 해당 시즌의 성적과 플레이오프(승률이 같을 경우 벌이는 순위 결정전) 성적으로 롤드컵 진출 팀을 결정한다 — 의 최고 동시 시청자 수는 517만 명으로 2021년 대비 47%나 증가했다. 하루 평균 순 시청자 수는 400만 명인데 그중 60% 이상이 해외 시청자로, LCK는 해외 게이머들 사이에서도 단연 인기가 높은 리그다. 아직 프랜차이즈제가 도입된 지 오래되지 않았고 최근 리그 운영상의 문제점이 발생하거나 다른 리그와의 수준 차가 줄어드는 등 대내외적으로 아쉬운 부분도 있지만, 지금까지 LCK 팀들의 활약을 바탕으로 앞으로도 LCK의 위상은 점점 증가할 것으로 기대된다.

## 잘 알려지지 않은 이스포츠 시장

지금까지 LoL 위주의 이스포츠 시장에 대해 이야기했는데, 그렇다면 이스포츠를 시도한 다른 게임들은 없을까? 배틀그라운드, 오버워치 등 다양한 인기 게임들이 이스포츠화를 시도했지만, 아직까지 LoL만큼 탄탄한 체계를 갖추고 상업적으로 성공한 게임은 없는 상황이다. 다만 국내에서는 잘 알려지지 않았지만, 해외 게이머들 사이에서 인기 있는 게임으로 '도타 2DOTA 2'와 '발로란트VALORANT'가 이스포츠 시장에 진출해 있다.

도타 2는 게임 '카운터 스트라이크Counter-Strike' 시리즈와 게임 플랫폼 스팀을 개발한 회사인 밸브 코퍼레이션Valve Corporation에서 만든 게임으로 LoL과 장르가 유사하다. 도타 2가 이스포츠를 진행하는 방식은 LoL처럼 지역별 리그를 통한 폐쇄적인 형태보다는 더 개방적이다. 공식적으로 개발사에서 주최하는 게임 대회는 '디 인터내셔널The International'(일명 TI) 하나고, 그 외에 개발사에서 후원하거나 비공식적으로 개최되는 수많은 게임 대회가 있다. 이 중 디 인터내셔널은 상금 규모 면에서 수많은 화제를 불러일으키고 있는 대회다. 게임 내에서 판매되는 특정 아이템(기록서와 배틀 패스)의 판매 수익 일부가 상금으로 주어지기 때문에 상금 규모가 다른 프로 스포츠에 비해서도 높은 편이다. 최근 2021년 개최된 디 인터내셔널 10은 총상금 규모가 무려 4천만 달러(약 560억 원)로 우승팀이 이 중 45%를 받기 때문에 당시 우승팀은 한화로 250억 원 이상의 상금을 받은 셈이다. LoL이 인기 및 유저 수는 더 많지만, 도타 2 역시 압도적인 수준의 상금을 자랑하는 화끈한 이스포츠 경기를 통해 많은 게이머들의 눈길을 사로잡고 있다.

발로란트는 LoL의 개발사인 라이엇게임즈가 2020년 출시한 FPS(1인칭 슈팅 게임)다. 저사양 컴퓨터를 고려한 그래픽, 지속적인 업데이트와 밸런스 패치, 기존 히트작들(오버워치, 카운터 스트라이크 등)의 장르적 특성을 잘 버무려 FPS 시장에서 후발 주자임에도 불구하고 출시

1년 만에 MAU 1,400만 명을 돌파하며 글로벌한 인기를 얻고 있다. 한편 LoL을 통해 습득한 노하우를 바탕으로 발로란트도 이스포츠 활성화를 위해 큰 노력을 기울이고 있다. 롤드컵처럼 지역별 리그를 거쳐 선별된 팀들이 '발로란트 챔피언스'를 진행해 최종 우승팀을 선정한다. 발로란트 역시 2023년에는 프랜차이즈제를 도입할 것이라 발표했는데, 이로 미뤄볼 때 앞으로도 LoL과 유사하게 이스포츠 사업을 진행할 것으로 예상된다.

이외에도 많은 게임 개발사들이 게임 출시 시점부터 이스포츠를 염두에 둘 정도로 이스포츠는 게임 산업의 주요 요소로 발전하고 있다. 단순히 '게임을 한다'는 관점을 넘어서 '게임을 보면서 소비한다'는 콘텐츠적 확장이 이뤄지는 것이다. 게임을 플레이하는 재미와 이스포츠를 통해 얻는 재미는 완전히 다른 종류로, 스타크래프트부터 LoL까지 이스포츠 산업은 지난 20년간 어떠한 시장보다도 급변하며 게이머들을 즐겁게 만들고 있다. 게이머들의 취향과 눈높이를 맞춘 이스포츠 콘텐츠 제작은 앞으로도 지속해서 늘어날 것으로 예상된다.

이제까지 살펴본 주제만 놓고 봤을 때도 오늘날 게임 시장이 매우 빠른 속도로 변하고 있음을 느낄 수 있을 것이다. 고착화된 국내 게임 시장에서 신선한 바람을 몰고 온 서브컬처 장르, 엘든 링과 PS5로부터 시작된 국내 콘솔 시장의 저변 확대, 출시 후 수십 년이 지났지만 여전한 인기를 자랑하는 블리자드의 IP 파워, 이토록 많은 사람들이 열광하고 있다는 사실이 놀라운 이스포츠까지, 다채로운 개인의 취향만큼 게임을 즐기는 방법도 더욱 다양해지고 세분화되는 세상을 맞이하고 있다.

한편 로스트아크의 글로벌 선전은 K-게임에 경종을 울리는 사건이었다. 기존 게임 시장이 과거 다른 콘텐츠 시장과 유사하게 아시아 지역, 특히 중국 시장을 중심으로 성장했다면 현재는 전 세계 공략을 시도하고 있으며 그 한가운데 로스트아크가 있다. 특히 게임 산업의 본고장 격으로 시장 규모가 큰 북미와 유럽에서의 성공은 지금까지와는 차원이 다른 성과로 평가받는다. 그러나 여전히 해결해야 할 과제는 있다. 2017년 배틀그라운드와 2022년 로스트아크의 성공으로 국산 게임도 글로벌에서 통할 수 있다는 사실을 계속해서 증명하고 있지만, "K-게임은 무엇이다"라고 무릎을 '탁' 칠 만한 장르적 특성에 대해서는 계속해서 고민이 필요하다. 지나친 과금 구조로 비난받는 모습에서 벗어나 글로벌 게이머들에게 사랑받는 K-게임이 탄생할 수 있을지, 2023년의 게임 산업에 커다란 기대를 걸어본다.

# 심플함과 스피드로 글로벌 유저를 잡아라

**변지훈** | 111% 블록체인 게임 계열사 대표
글로벌 모바일 게임 회사 111%는 2015년 1인 개발자로 시작해 현재 임직원 200여 명 규모의 기업으로 성장했다. 창업 이래 매년 2배 이상 성장했으며 대표작은 '랜덤 다이스'다. 특히, 2020년 1,500억 원대 매출을 올리며 급성장했고, 2021년에는 한국무역협회에서 '5천만 불 수출의 탑'을 수상했다. 매출액의 60% 이상이 해외에서 발생하는 111%는 현재 글로벌 NO.1 모바일 게임사로 도약 중이다.

2022년 현재 국내 게임 시장에서 가장 핫한 게임은 '우마무스메 프리티 더비'입니다. 물론 기존에도 서브컬처 장르의 게임이 종종 출시됐지만, 특별히 우마무스메가 이렇게 성공하게 된 이유는 무엇일까요? 이러한 서브컬처 게임이 국내에서 계속 롱런할 수 있을까요? 우마무스메는 2021년 출시 후 일본 현지에서 이미 큰 성공을 거뒀을 만큼, 그 게임성이 입증됐습니다. 고퀄리티의 디자인은 물론, 캐릭터들이 가진 스토리와 그 인물들과의 관계 등 탄탄한 세계관을 통해 유저들이 게임에 더욱 몰입하게 만들었죠. 과거와 달리 유저들의 성향이 서브컬처에 대해 점점 호의적으로 바뀐 것도 우마무스메의 성공에 한몫했습니다. 2020년 중국 출시 후, 국내에서도 큰 성공을 거둔 게임인 '원신'이 그 시작이었는데요. 원신은 모바일과 PC, 플레이스테이션과 닌텐도 스위치까지 지원하며 대중적인 인기를 끌었습니다. 이는 서브컬처 장르가 비주류라는 그동안의 인식을 바꾸는 계기가 됐죠.

카카오게임즈가 우마무스메의 퍼블리싱을 맡으며 버스, 지하철, 옥외광고 등 전방위적 채널을 통한 마케팅을 펼친 것 역시 서브컬처가 더 이상 특정 유저들만 즐기는 분야가 아닌 대중적인 장르라는 인식을 갖게 하는 데 큰 역할을 했다고 봅니다. 도심 한복판 어디서든 우마무스메 광고를 볼 수 있을 정도로 공격적인 마케팅을 진행했고, 이는 유저들이 이 게임이 '최근 대세'임을 느끼기에 충분했습니다.

2년 전 원신을 시작으로 최근 우마무스메의 인기까지, 서브컬처 게임은 더 이상 오타쿠들만의 영역이 아닌 주류로서 대중들에게 관심받고 있습니다. 이러한 시장 흐름에 힘입어 게임 제작사들 역시 앞으로는 지금보다도 서브컬처 게임의 출시를 적극적으로 검토할 것이고, 기존에 서브컬처 게임을 즐기는 것을 부끄러워했던 이른바 '샤이오덕' 유저들 상당수도 수면 위로 나올 것으로 예상됩니다.

**최근 스팀에 출시되며 엄청난 동시 접속자 수를 기록한 '로스트아크'와 게임스컴에서 3관왕을 차지한 'P의 거짓' 등 국내 PC 및 콘솔 게임에 대한 기대치와 관심이 높아지고 있습니다. 이처럼 국내 PC 및 콘솔 게임이 해외에서 관심을 받게 된 이유는 무엇일까요?**

우리 삶에 있어 최근 10년간 가장 큰 변화는 바로 스마트폰의 대중화일 것입니다. 이에 국내 게임 개발사들은 높은 수준의 개발력과 기획력을 바탕으로 국내외 모바일 유저들을 타깃으로 다양한 게임을 출시했고 지금까지 괄목할 만한 성장을 이뤄왔습니다. 모바일 시장은 게임 산업에서 여전히 가장 큰 비중을 차지하고 있지만, 새로운 IP나 게임을 기획하고 개발하는 데는 큰 자본이 들어가기 마련이죠. 그렇기에 기존에 인기 있었던 IP를 다방면으로 활용하는 방식으로 사업 다각화를 추진하게 됐고, 이러한 맥락에서 플랫폼의 확장도 진행됐습니다. 특히 최근 코로나 사태로 모바일 게임 시장과 더불어 콘솔 게임 시장이 더욱 확대됨에 따라, 자연스럽게 콘솔 게임에 대한 투자도 증가했다고 보이고요.

스마일게이트를 시작으로 NC소프트, 넥슨, 넷마블 등 국내 우수 게임사들이 앞다퉈 콘솔 게임 출시를 준비하고 있는데요. 이들 출시 예정작에는 기존 모바일 게임에서 성공을 거둔 IP들의 콘솔 버전 역시 다수 포함된 것으로 보아 국내 개발사들이 이전에 비해 콘솔 게임 시장 공략에 더욱더 적극적이라는 것을 알 수 있습니다.

뛰어난 아트 그래픽과 기술 개발력으로 무장한 국내 게임 개발사들이 모바일에서 콘솔로 눈을 돌리며 양질의 콘솔 게임들이 출시됨에 따라 자연스레 좋은 평가를 받는 게임들도 나오게 됐고, 글로벌 시장에서도 이목이 쏠리고 있습니다. 기존에는 미국과 일본 게임사들만이 콘솔 게임에 집중했다면, 이제는 국내 게임사들도 콘솔 게임 시장에 뛰어들면서 한국 콘솔 게임에 대한 해외 유저들의 관심이 더욱 커질 것으로 예상됩니다.

**게임의 성공을 위해서는 그래픽, 기획력, IP 등 다양한 부분이 중요할 텐데요. 글로벌 진출에 있어서 특히 더 중요하게 여겨지는 부분이 있나요?**

어떤 게임인가에 따라 성공 전략 및 요소는 너무나도 다양할 텐데요. 그동안 경험했던 캐주얼 게임(자투리 시간을 이용해 간편하게 즐길 수 있는 게임)의 글로벌 진출 전략 측면에서 제가 중요하게 생각하는 점은 바로 '심플함'과 '스피드'입니다.

심플하다는 것은 특정 국가나 문화권의 취향을 타지 않고 대중적으로 쉽게 접근할 수 있다는 장점이 있습니다. 게임 본질에만 충실한 디자인, 누구나 쉽게 이해할 수 있는 규칙, 어렵지 않은 조작 방법, 한눈에 들어오는 UI 등 처음 이 게임을 접하는 사람이라도 쉽게 즐길 수 있도록 하는 게 중요합니다. 캐주얼 유저들 대부분은 고객 평생 가치Life Time Value, LTV,

출처: 111%

111%에서 개발한 대표적인 게임 '랜덤 다이스'. 다양한 능력을 가진 주사위로 몰려오는 적을 막는 디펜스 게임이다. 111%의 전 COO이자, 현재는 블록체인 게임 관련 계열사를 맡고 있는 변지훈 대표는 캐주얼 게임의 글로벌 성공 요소로 '심플함'과 '스피드'를 꼽았다.

즉 해당 고객이 회사에 총 얼마의 매출을 가져다줄 것인가에 대한 기대가 비교적 높지 않기 때문에 보다 많은 유저에게 다가가는 것이 중요한데요. 이처럼 다양한 취향을 가진 글로벌 유저들을 잡기 위해서는 심플함이 필수겠죠.

또한 최근 글로벌 트렌드를 보았을 때 사람들의 콘텐츠 소비 속도가 빨라짐에 따라 유행이 변하는 속도, 유저의 취향이 바뀌는 속도도 점점 빨라지고 있습니다. 캐주얼 게임 역시 인기 있는 게임들의 특징이 매년 바뀌며 스테디셀러의 힘이 점점 약해지고 있습니다. 이렇게 빠르게 변화하는 세상에서 성공하는 콘텐츠를 만드는 가장 좋은 방법은 바로 '빠르게 만들어서 선보이고 피드백을 받는 것'입니다. 하나의 콘텐츠 제작에 수년의 시간을 들였는데 이미 유행이 지나버리거나 출시했을 때 반응이 좋지 않으면, 그간 투자했던 자본과 시간이 너무 아까워지는 거죠. 글로벌 트렌드를 따라가기 위해선 게임 개발 계획을 '연 단위'에서 '월 단위'로 단축하고 더욱 빠르게 움직이는 것이 필요한 상황입니다.

**최근 코인 시장이 주춤하고 있습니다. 그렇지만 게임사의 'P2E Pay to Earn' 시장 진출 의지는 여전하고, 오히려 "버블이 빠졌기에 이제야 제대로 게임 콘텐츠로 승부를 볼 수 있는 시장이 열릴 것이다"라는 예측도 있는데요. 향후 P2E 시장의 전망은 어떨까요? 그리고 P2E 게임이 성공하기 위해서는 어떤 부분들에 집중해야 할까요?**

P2E 게임은 돈을 벌기 위해 플레이한다는 점에서 기존 게임과 그 목적을 달리하지만, 이

역시 게임이라는 점에서 본질적으로 '재미'가 있어야 한다는 점은 동일합니다. 작년 코인 시장이 호황을 누리던 당시에 유행했던 P2E 게임들을 보면 사실상 게임이라기보다 돈을 벌기 위한 일종의 '노동'에 가까웠습니다. 1시간 게임을 했을 때 얻을 수 있는 돈의 액수가 중요했기에 게임 개발사들은 노가다성 콘텐츠에 집중할 수밖에 없었고, 유저는 게임에 몰입해 즐기기보다는 컴퓨터 여러 대를 놓고 기계적으로 플레이하는 일명 '작업장' 형태로 게임을 할 수밖에 없었어요. 재미가 아닌 노동으로 게임에 접근하다 보니 코인의 가치가 떨어지자 노동 생산성 역시 급격히 하락하게 됐고, 유저들의 관심은 급속도로 식어버렸습니다.

P2E 게임이 성공하기 위해서는 게임 자체가 재미있는 것은 기본이고, 게임을 통해 특정 재화(보상)를 얻는 상황을 추가했을 때 플러스알파로 더 재밌게 느껴져야 합니다. 학창 시절 점심시간마다 했던 축구 경기를 예로 들어볼까요? 축구 그 자체도 재미있었지만, 음료수 내기 등 보상을 걸고 했을 때 더 짜릿하게 느껴졌던 것과 비슷한 맥락입니다. 누군가는 이를 두고 도박과 유사한 게 아니냐고 할 수도 있겠지만, 도박은 실제 돈을 걸어야만 게임이 성립된다는 점에서 다르다고 생각합니다.

한편, P2E는 '코인'으로 하는 게임입니다. 게임이 재미있어야 하는 것과 별도로 근본적으로 그 재미의 흐름이 코인을 적절히 사용하는 방향으로 이어지도록 순환 구조를 잘 만들어야 합니다. 유저들이 게임에서 얻은 코인을 시장에 계속 팔기만 한다면 자연스레 코인의 가격은 내려갈 거예요. 따라서 코인을 재투자할 수 있는 내부 콘텐츠를 꾸준히 만드는 것이 무엇보다 중요할 것입니다.

CHAPTER

# 6

# 가장 현실적인 가상현실, 메타버스

# 메타버스 프롤로그

1992년에 출간된 닐 스티븐슨Neal Stephenson의 SF 소설 《스노 크래시Snow Crash》에 '메타버스Metaverse'라는 단어가 등장했다는 사실은 우리를 놀라게 한다. 무려 30여 년 전임에도 불구하고 작가는 매우 자세하고 그럴싸하게 메타버스와 아바타에 대해 묘사했다. 소설에서 메타버스는 아바타를 통해서만 갈 수 있는 가상 세계를 의미하는데, 이는 오늘날 우리가 경험하고 있는 메타버스의 형태와 매우 흡사하다. 2005년, 미국 시사주간지《타임》에서 선정한 '1923년 이후 출간된 베스트 영문 소설 100' 안에《스노 크래시》가 포함된 것만 봐도 이 소설이 얼마나 영향력 있는지 알 수 있다. 수많은 기업과 전문가들이《스노 크래시》를 보고 메타버스가 펼쳐지는 세상을 꿈꾸고 도전해왔을 것이다.

## 뉴노멀 디지털 시대의 신문명

코로나19로 인한 비대면화로 우리의 일상과 콘텐츠 소비 행태는 여러 면에서 달라졌다. 이러한 변화 중 하나인 메타버스에서는 지금 무슨 일이 벌어지고 있는가. 광고 플랫폼 기업 인크로스가 2022년 4월 발표한 〈미디어 플래닝을 위한 타깃 리포트-10대, 30대 편〉을 살펴보면 메타버스에 대한 10대와 30대의 인지도가 확연히 차이 난다. 10대의 경우 전체의 94.7%가 다양한 메타버스 경험을 가지고 있다고 응답한 반면, 30대는 전체의 30.9%에 불과했다. 디지털 콘텐츠 소비문화 측면에서 10대에게 메타버스가 얼마나 익숙한지 알 수 있는 부분이다.

메타버스에 대한 부정적인 시각도 존재한다. 소셜 미디어의 최강자 페이스북은 2021년 사명을 '메타'로 바꿀 정도로 메타버스에 집중했지만, 이에 관한 사업(리얼리티 랩스Reality Labs)은 2022년 1분기에 무려 4조 원 가까이 되는 영업 손실을 기록했다. 메타버스에 힘을 실어줄 것만 같았던 블록체인 플랫폼 이더리움ethereum의 설립자 비탈릭 부테린Vitalik Buterin은 트위터에 "메타버스에는 갈 수 있더라도, 의도적으로 메타버스를 만들려는 기업의 시도는 아무 곳에도 갈 수 없다"라고 글을 남겼는데, 이를 보면 메타를 비롯한 글로벌 기업들의 메타버스는 아직 이렇다 할 좋은 성과는 내지 못한 것으로 보인다.

이러한 상황에서 우리는 메타버스를 어떻게 이해하고 받아들여야 할까? 답은 아직 정해지지 않았다. 메타버스는 받아들이는 사람에 따라 서비스일 수도 있고 콘텐츠일 수도 있으며 누군가에게는 현실과 연계된 무언가로 나타날 수도 있다. 2006년 한국의 1세대 UCC 크리에이터로 출발한 필자는 싸이월드와 다음 TV팟의 동영상 업로드를 시작으로, 2012년부터는 유튜브 콘텐츠를 기획하고 크리에이터를 육성하는 사업을 진행해왔다. 이후 인스타그램과 틱톡을 지나 이제는 메타버스 플랫폼인 '이프랜드ifland'에서 공식 인플루언서로도 활동하고 있다. 따라서 이번 챕터에서는 메타버스의 기술적인 부분에 관해 이야기를 하기보다는 크리에이터의 관점에서 메타버스의 흐름을 함께 살펴보고자 한다. 이를 통해 자신과 가장 잘 맞는 메타버스 플랫폼을 찾아 즐기면서, 새로운 도전을 해나갈 수 있기를 바란다. 자율주행 자동차와 폴더블 스마트폰이 지금 우리에게 너무나도 당연해진 것처럼, 메타버스 역시 곧 우리의 일상에서 당연하게 느껴질 테니 말이다.

## 글로벌 톱티어Top-tier 기업의 메타버스는 어떤 모습일까?

메타버스 구축을 위해서는 가상에서 형체 하나하나를 실감 나게 보여줄 가상현실Virtual Reality, VR과 현실 세계에서 가상의 이미지를 겹쳐서 보여주는 증강현실Augmented Reality, AR, 그리고 이것이 적절히 섞인 혼합현실Mixed Reality, MR, 마지막으로 이 모든 것들이 조화를 이루는 확장현실eXtended Reality, XR이 필요하다. 글로벌 시가총액 1위 기업 애플은 매우 섬세한 기술로 VR·AR 헤드셋 '리얼리티 프로Reality Pro'를 제작하고 있으며 2023년에 출시 예정임을 밝혔다. 애플 특유의 고급스러운 디자인은 물론, 착용한 사람의 시선과 손동작까지 추적하며 고품질의 공간 음향을 제공한다. 구글 역시 '프로젝트 아이리스Project Iris'라는 이름의

VR·AR 헤드셋을 개발 중이며 2022년 5월 '구글 I/O개발자 콘퍼런스'에서 실시간으로 3D 버전의 도시와 건물을 체험할 수 있는 XR을 선보였다. 이는 스마트폰으로 지도를 검색하는 정도가 아니라, 기기를 통해 자신이 직접 서 있는 위치에서 현실감 있게 길을 찾을 수 있는 수준이었다.

B2B의 관점에서 메타버스를 적용하려는 기업도 있다. 마이크로소프트는 2022년 7월 글로벌 게임 기업 블리자드를 687억 달러에 인수하는 빅딜을 마무리했다. 이로써 자사의 엑스박스에 가상 세계를 입혀, 게임을 넘어선 수준으로 메타버스 산업을 확장할 예정이다. 이뿐만 아니라 그들이 가장 잘해왔던 '기업을 위한 혁신적인 서비스'로 메타버스를 개발하고 있다. 실제로 마이크로소프트는 2022년 5월 자사의 연례 개발자 대회인 '빌드 2022'에서 공장 내부를 똑같이 구현한 공간에서 기기 점검을 할 수 있는 가와사키 중공업川崎重工의 사례를 공개했다.

자타공인 그래픽 분야의 선두자인 엔비디아는 글로벌 엔지니어링 기업 지멘스Siemens와 손을 잡고 산업용 메타버스 개척에 힘쓰고 있다. 그들의 명성에 걸맞게 가장 현실감 있고 실제적인 산업 자동화를 위한

출처: gori.me, 로이터

애플(왼쪽)과 구글(오른쪽)의 VR·AR 헤드셋 예상 이미지.

메타버스 조성에 주력하고 있다. 2022년 8월 발표한 '엔비디아 옴니버스 아바타 클라우드 엔진NVIDIA Omniverse Avatar Cloud Engine'(이하 '옴니버스 ACE')은 가상 세계에서 가상 비서나 디지털 휴먼을 통해 대화형 아바타를 좀 더 쉽고 빠르게 만들고 배포할 수 있는 서비스다. 그리고 최근 이 옴니버스 ACE에 지멘스의 액셀러레이터를 연결해 제품 생산과 라이프 사이클 프로세스를 실제 현실과 똑같이 가상에서 파악할 수 있는 환경을 구축했다. 옴니버스 ACE는 게임, 금융, 숙박, 유통, 요식업, 미디어 등 다양한 분야에서 상용화될 수 있을 것으로 기대된다.

메타는 앞서 언급했듯이 2022년 1분기 메타버스 사업 손실액이 4조 원 가까이 되는 데다가 메타의 2인자였던 셰릴 샌드버그Sheryl Sandberg 전 COO와 메타의 가상현실 소셜네크워크 플랫폼인 '호라이즌Horizon'의 비벡 샤르마Vivek Sharma 전 부사장이 2022년 8월에 사임하면서 여러 악재를 맞이했다. 하지만 같은 달, 세계에서 가장 인기가 많은 팟캐스트인 '조 로건의 익스피리언스The Joe Rogan Experience'에 출연한 마크 저커버그는 "메타가 기존에 보유한 VR 기기인 '메타 퀘스트 2' 이외에 VR 헤드셋을 추가 제작 중이며, 이는 AR이 상용화되는 현실을 맞이하기 위한 하나의 정거장일 뿐"이라고 말했다. 또한 그는 "우리의 메타버스 세상이 무척이나 달콤하고, 많은 이들에게 경제적인 기회를 제공한다"라고 덧붙였다. 전 세계 소셜 미디어 시장의 대부 격인 저커버그가 이렇게 말한 것을 보면 많은 기업들이 메타버스를 B2C 관점에서 바라보고 있고, 기존의 SNS에서의 크리에이터 이코노미도 결국에는 메타버스로 넘어갈 것임을 확신하는 것으로 보인다.

## 국내 기업의 다양한 메타버스 비즈니스

이번에는 국내로 눈을 돌려보자. 이제는 명실공히 글로벌 기업이 된 삼성도 메타버스에 관심이 많다. 이미 삼성은 '기어 VR'(2014년 출시)과 '오디세이 플러스'(2018년 출시)로 메타버스 기기의 기초는 다져놓은 셈이다. 여기에 2019년에는 미국의 AR 전문 기업 디지렌즈DigiLens에 600억 원 가까이 투자했고, 2022년 8월에는 이재용 회장이 직접 삼성 SDS를 찾아 메타버스에 대한 전략을 논의했다. 그리고 2022년 하반기에는 삼성 바이오로직스가 메타버스 채용 설명회를 진행하기도 했다. 이때 8만 3천 평에 달하는 인천 송도 사업장을 메타버스에 사실적으로 구현해 주목받기도 했다.

국내 통신 기업들의 경우, SK텔레콤은 메타버스 플랫폼 이프랜드를 기반으로 메타버스 크리에이터 생태계 조성에 앞장서고 있고 KT는 '메타 라운지'를 통해 B2B형 메타버스 사업에 우선적으로 집중하는 모양새다. LG유플러스는 직장인을 위한 가상 오피스와 어린이를 위한 키즈 동물원 등 연령대별 타깃에 맞춘 메타버스 활성화에 무게를 두고 있다.

오프라인 공간 중개를 비즈니스로 하는 기업이 온라인에 입주한 사례도 있다. 잘 알려진 부동산 정보 플랫폼 직방은 코로나로 인해 2021년 2월부터 원격 근무를 시작했는데, 2021년 6월 자사의 사무실 계약이 종료되자 메타버스 오피스인 '메타폴리스' — 경기도 동탄에 있는 아파트가 아니라 가상 공간이다 — 를 만들었던 바 있다. 2022년 5월에는 전 세계 기업과 직장인들이 쓸 수 있는 가상 업무 지구 '소마

Soma'를 론칭했는데, 여기에는 이미 식품 기업 아워홈과 글로벌 물류 기업 AIF를 비롯한 20여 개의 기업이 입주해있다. 2021년 마이크로소프트가 선도적으로 출시한 클라우드 기반의 플랫폼 '메시Mesh'와 형제격인 셈이다. 물론 그 완성도는 계속해서 정교하게 높여야겠지만, '공간'의 본질에 충실한 참신한 시도 덕에 2022년 7월 미국 ABC 뉴스에도 소개됐다.

이처럼 국내외 많은 기업이 당장의 업무 효율성과 미래의 먹거리 찾기를 위해 각자의 방식으로 메타버스에 집중하고 있다. 물론 "2020년대 후반에는 전 세계 10억 명 이상의 사람들이 메타버스에서 상거래를 하며 수백 달러씩 쓸 것이다"라고 호언장담한 저커버그의 야심이 구현될지는 미지수지만, SNS, 커머스, 검색 포털, 엔터테인먼트, 오피스 같은 실생활에 메타버스 서비스가 상당 부분 더해지면서 메타버스가 거스를 수 없는 대세 흐름인 것만은 확실해진 듯하다.

이처럼 내로라하는 기업들이 판을 제대로 깔아주면, 부지런한 개인들은 장사할 곳을 찾아 나서기 마련이다. 2013년 1세대 디지털 크리에이터와 블로거들이 (남들은 UCC를 깔깔대며 보기만 할 때) 신속히 유튜브

출처: 직방

직방의 글로벌 가상 오피스 '소마'.

에 진입하며 수익을 창출했던 것처럼, 이제 제2의 크리에이터 이코노미를 메타버스 세계에서 기대해볼 만하지 않을까.

엄밀히 말해, 팬데믹 시기를 겪으며 우리는 이미 메타버스와 관련된 넘치는 정보와 담론을 읽고, 듣고, 보고, 체득해왔다. 메타버스라는 산업의 비전과 생태계 구축에 대한 중요성은 익히 잘 알고 있다는 뜻이다. 그러므로 본 챕터에서는 '콘텐츠가 전부'인 세상에서 유튜브와 페이스북, 인스타그램과 틱톡을 지나 메타라는 새로운 유니버스에서 어떤 콘텐츠로 어떻게 누구와 돈을 벌 수 있는지를, 즉 '크리에이터 이코노미'에 대해 더욱 집중적으로 공략할 계획이다. 가상이면서도 또 가장 현실적이기도 한 이 세계에서 우리 개인은 무엇을 할 수 있으며, 이는 어떻게 수익으로 연결될까?

지금부터 'How to Make Money'의 메타버스판 가이드를 시작한다.

# #HowtoMakeMoney @메타버스
# 1. '이것' 해서 돈 번다

크리에이터 이코노미는 더 이상 SNS에서만의 이야기가 아니다. 자신만의 콘텐츠를 만들고 이를 통해 수익을 창출할 수 있는 생태계가 이미 메타버스에서도 조성됐다. 'X2E Something to Earn'라고 불리는 이 개념은 후술할 'C2E'를 비롯한 다양한 'Earn'을 통해 이미 메타버스와 연결되고 있다.

사실 X2E의 개념은 메타버스 이전에도 존재했다. 예를 들어 금융 서비스 토스의 경우 2019년 7월에 시작한 '만보기 기능' 및 2021년 선보인 '방문 미션'을 통해 이용자가 걷거나 미션 장소를 방문하면 현금으로 리워드를 지급해 큰 인기를 끌었다. 그 외 다양한 금융 앱을 비롯해 마케팅 서비스에서도 간단한 행위만으로도 현금성 포인트를 지급하는 이른바 '앱테크(앱을 통한 재테크)'가 성행했다. 이러한 기존의 앱테크에서 한 걸음 더 나아가 블록체인, NFT 등과 결합한 형태로 발전

되는 것이 메타버스의 X2E라고 할 수 있으며, 이때 이용자가 직접 만드는 아이템이나 환경을 바탕으로 다양한 콘텐츠가 생성되고 수익으로까지 이어지는 게 특징이다. 그렇다면 과연 어떻게 메타버스를 통해 'Make Money' 할 수 있는지 한번 알아보도록 하자.

## 크리에이터 이코노미, 메타버스에서는 C2E와 P2E

'C2E Create to Earn'는 쉽게 말해 '벌기 위해 만드는 것'이다. 네이버 제페토의 경우 제페토 스튜디오를 활용해 누구나 아이템을 디자인하고 제작해서 판매할 수 있다. 네이버제트는 2022년 6월을 기준으로 제페토에서 누적 1억 5천만 개의 아이템이 판매됐으며 그 거래액은 300억 원 수준이었다고 밝혔다.

출처: 제페토 스튜디오

'벌기 위한 창작'의 대표적인 사례, 제페토 스튜디오.

제페토 스튜디오에서는 2D와 3D 디자인이 가능하고, 기본적으로 제공하는 템플릿에 원하는 그림을 넣거나 디자인을 입히면 자동으로 의상이 만들어져 간편하다. 의상뿐만 아니라 각종 액세서리와 신발, 양말, 심지어는 제페토 내의 공간을 의미하는 '월드'를 디자인할 수도 있다. 디자인한 파일이

심사를 거친 후 승인되면 제페토 내에서 통용되는 화폐인 '젬ZEM'으로 판매할 수 있고, 젬은 현금화가 가능하다.

제페토를 활용한 C2E는 제페토 외에서도 이루어진다. 제페토 스튜디오를 통해 만든 아바타를 활용해 새로운 콘텐츠를 제작하는 것인데, '이호', '월간', '벨멜', '한예리' 등의 유튜브 채널에서는 제페토의 메타버스와 아바타를 활용한 드라마 콘텐츠를 접할 수 있다. 즉, 제페토 스튜디오와 제페토에 국한되지 않고, 외부 플랫폼에 드라마를 제작 및 유통해 또 다른 수익을 만들어낼 수 있는 것이다. 편의점 브랜드 GS25는 자사 유튜브 채널 '이리오너라(2리5너라)'에서 2022년 8월 제페토 드라마 〈나의 아름다운 세상은〉을 선보이기도 했다.

게임 분야에서는 'P2EPlay to Earn'가 있다. 다양한 게임사가 P2E와 더불어 C2E에도 집중하고 있어 C2E와 P2E의 경계가 분명하진 않지만, 핵심은 둘 다 수익을 만들어낼 수 있다는 것이다. 대표적인 P2E, C2E 게임으로는 '로블록스Roblox'를 이야기할 수 있다. 1989년 교육용 시뮬레이터에서 출발한 로블록스는 유저들이 다른 유저들을 위한 게임을 만들면서 서로 연결고리가 생성되고, 이렇게 연결된 전 세계 유저들이 한자리에 모일 수 있는 메타버스 게임 플랫폼이다. 여러 게임을 각각 다운로드 하지 않고 로블록스 내에서 각 게임을 설치해 쉽게 플레이할 수 있는 것도 특징이다.

국내 게임 기업 크래프톤과 넥슨도 C2E를 제대로 구축하는 모양새다. 크래프톤은 2023년에 C2E 메타버스 프로젝트인 '미글루Migaloo'를 공개할 예정이다. 미글루 역시 제페토와 로블록스처럼 '가상공간, 크리에이터 스튜디오, 수익화'라는 세 가지 특징을 갖는다. 크리에이터가 아바타, 의상, 액세서리, 건물 등을 디자인해 판매할 수 있고, 여기서 더 나아가 게임, 콘서트, 전시 등의 다양한 콘텐츠를 만들어 수익화할 수 있다. 네이버제트와 서비스 기획 및 파트너십 부분에서 협업한다고 하니 더 정교하고 현실감 있는 메타버스가 구축되지 않을까 예상해본다.

2022년 9월, 넥슨은 그들의 대표 IP인 '메이플스토리'를 활용한 '메이플스토리 월드'와 넥슨의 다양한 게임 리소스를 바탕으로 구현한 '넥슨 타운'을 시범적으로 선보였다. 메이플스토리 월드도 단순히 P2E만 하는 것이 아니라, 유저들이 자신만의 콘텐츠를 제작하고 공유해 수많은 사람과 소통할 수 있는 장치를 마련했다. 넥슨 타운에서는 유저들이 넥슨 게임의 인기 캐릭터들로 변신해 서로 소통할 수 있으며, 추후 통합 플랫폼을 업데이트해 개별 게임에 접속하지 않고도 아이템 거래를 할 수 있도록 구현할 예정이다. '마비노기', '크레이지 아케이드', '카트라이더' 등의 추억 속의 캐릭터들로 P2E, C2E를 할 수 있다면 색다른 재미를 느낄 수 있을 듯하다.

## 운동하고, 잠자고, 운전하고… 돈도 벌고!

지금까지 우리는 피트니스 센터에 가서 돈을 내면서 운동을 했지만, 메타버스에서는 돈을 받으며 운동할 수 있다. 이를 'M2E Move to Earn', 'E2E Exercise to Earn'라 부르는데, 이는 걷거나 운동을 하면서 돈을 버는 서비스의 형태로 C2E, P2E와는 또 다른 느낌이다. 예를 들어 NFT 운동화를 구매한 후에 걷거나 달리면 코인을 획득할 수 있고, 그 코인을 환전해 수익화하거나 또 다른 NFT를 구매하는 방식이다.

블록체인 데이터 분석 플랫폼 듄 애널리틱스Dune Analytics는 대표적인 M2E 앱 '스테픈Stepn'이 2022년 들어 입소문을 타면서 MAU가 70만 명에 달했으나, 매월 이용자가 급감하면서 2022년 8월에는 10만 명 미만으로 떨어졌다고 밝혔다. 그러나 스테픈의 인기가 사그라든 것은 M2E 자체에 대한 실패가 아니다. 가상 자산 시장이 전반적으로 침체하면서 C2E, P2E, M2E 모두 성장 속도가 둔화했기 때문이다. 지금도 여전히 국내 대기업들이 계속해서 M2E에 투자하는 것을 볼 때, 앞으로 어떤 식으로 M2E를 확장하고 사업을 키워나갈지 궁금해진다. 컴투스는 2022년 5월 투자사 크릿벤처스를 통해 블록체인 기반의 소셜 액티비티 리워드 플랫폼 '스니커즈SNKRZ'에 투자를 진행했고, 네이버는 운동화 거래 플랫폼인 자회사 크림KREAM과 함께 2022년 7월 걷기만

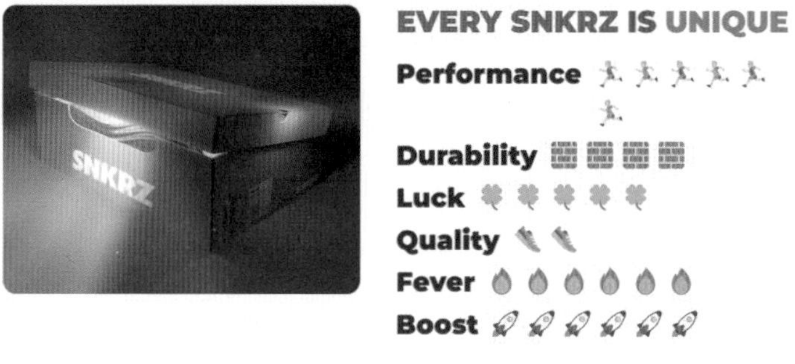


출처: 스니커즈

스니커즈의 한정판 운동화 NFT. 나만의 스니커즈를 신고 걷거나 달릴 때마다 리워드가 제공된다.

해도 토큰을 받는 블록체인 기반 리워드 앱 '슈퍼워크Superwalk'를 출시해 2023년에는 제페토와 연동을 계획하고 있다.

기존의 C2E, P2E는 자리에 앉아 이뤄지다 보니 다소 정적이라 할 수 있겠지만, 이와 다르게 직접 야외 운동을 통해 건강을 챙기고 돈도 번다는 것은 '갓생(God+생生, 부지런한 삶을 뜻하는 신조어)'을 살아가는 MZ세대에게 매력적임이 틀림없다. 초기에 구매하는 운동화 NFT가 일종의 투자금인 셈인데, 본전(운동화 가격)을 되찾고도 그 이후에 정말 돈을 벌 수 있는지는 한번 따져볼 일이다.

아마도 제일 쉬운 X2E가 아닐까 싶은 'S2ESleep to Earn'도 있다. 잠자며 돈도 버는 S2E는 건강과 더불어 숙면에 대한 중요성이 강조되면서 그 틈새시장을 노린 것으로 보인다. S2E에는 이름도 비슷한 '슬리피Sleepee'와 '슬리피SleeFi', 두 서비스가 눈에 띈다. 이용자의 수면 패턴을 분석한 뒤 여기에 점수를 매겨 보상해주는 형태다. 스니커즈에 신발 NFT가 있듯이 슬리피에는 침대 NFT가 있다.

운전을 하면서도 돈을 버는 'D2EDrive To Earn'도 있다. 세계 최초의 D2E 서비스인 '카립토CARYPTO'와 지도 회사가 만든 '하이브매퍼Hive-mapper' 등이 있는데, 이 둘은 형태가 조금 다르다. 카립토는 실제 차량을 비롯한 이동 수단의 GPS를 활용해 앱을 켜고 운행하면서 채굴(코인과 거래 수수료를 받기 위한 작업)을 해나가는 방식이다. 기본적으로 NFT 차량이 필요하고, 운전 데이터를 제공한 유저에게는 추가적인 보상을 준다(이 데이터는 안전 운전 표준 모델링과 자율 주행에 대한 빅데이터로 활용된다). 반면 하이브매퍼는 블록체인을 바탕으로 지도를 구성해 나가는 서비스로, 2022년 4월에 멀티 코인 캐피털 기업인 크래프트 벤처스Craft

Ventures, 솔라나 캐피털Solana Capital 등으로부터 1,800만 달러(약 252억 원)의 투자를 유치했다. 유저들의 차량에 있는 블랙박스를 바탕으로 각종 데이터와 지도 데이터를 업데이트하는 방식인데, 간혹 길에서 볼 수 있는 네이버 지도나 카카오맵의 로드뷰 차량 역할을 우리가 직접 하는 형태라고 생각하면 이해하기가 쉽다.

X2E와 관련된 서비스는 단순한 유행으로 끝날 것이 아니라, 더 참신하고 정교하게 업그레이드될 것으로 보인다. 다만 C2E, P2E를 제외하고는 정착되기까지 시간이 좀 더 필요하며, 폰지사기Ponzi scheme✦와 연결된 서비스를 접하지 않도록 개개인이 각별히 주의해야 하는 단점이 있다.

✦ 새로운 투자자의 자금으로 기존 투자자에게 이자 등을 주는 금융 사기.

## #HowtoMakeMoney @메타버스
## 2. 초기 플랫폼 선점

이제 좀 더 접근이 쉬운 국내 메타버스 플랫폼에 대해 알아보자. 이들은 거의 국내 대기업이 제작한 서비스로 그 완성도나 안정성 측면에서 어느 정도 검증이 됐다고 할 수 있다. 메타버스를 낯설게만 바라보지 말고 유튜브나 인스타그램, 틱톡을 즐기는 것처럼 SNS적인 관점에서 접근한다면, 메타버스 플랫폼에서 또 다른 즐거움을 느낄 수 있다. 로블록스나 제페토의 경우 일찌감치 자리를 잡은 유저들이 이미 국내외에 매우 많으므로 (크리에이터로서) 이들과 경쟁하기란 현실적으로 쉽지 않다. 따라서 이제 막 떠오르기 시작한, 진입 장벽이 낮은 메타버스에 진입하는 것이 중요하다.

전작의 필진이자 약 650만 명의 틱톡 팔로워를 보유한 인플루언서 '듀자매'의 허영주 크리에이터는 초기에 틱톡을 선점해서 지금의 위치에 오른 케이스다. 그는 2018년 당시 국내에서는 인기가 없던 틱톡이 해외 앱 시장에서 1위를 차지한 것을 보고 이것이 '넥스트 유튜브'임을 직감했다. 초반에는 유저와 콘텐츠 수가 적었기 때문에 플랫폼에서 이들의 콘텐츠를 밀어주면서 빠르게 성장할 수 있었다. 이와 마찬가지로 메타버스 플랫폼도 콘텐츠 확보를 위해 초기 유저와 크리에이터를 다방면으로 지원해주고, 그들의 콘텐츠를 적극적으로 노출해준다. 다양한 메타버스 플랫폼 중 필자가 추천하는 것은 '이프랜드'와 '퍼피레드'다. 이들이 어떤 플랫폼이고 우리가 어떻게 진입해 'Make Money' 할 수 있는지 알아보자.

## 아직 블루오션이다, 이프랜드

SK텔레콤이 2021년 7월에 출시한 이프랜드는 메타버스로는 후발주자에 속한다. 물론 SK텔레콤보다 더 늦게 메타버스에 뛰어든 기업도 많지만, 네이버가 2018년에 제페토를 시작했음을 생각하면 다소 늦은 감이 있다. 초기의 이프랜드는 크리에이터 이코노미보다는 '체험형 메타버스' 정도로 보였다. 시각적인 기능이 보완돼서 좀 더 볼거리가 있는 '덜 심심한 클럽하우스'✦의 느낌이었는데, 이제는 다양한 사람들이 이프랜드에서 자신의 부캐를 만들어 활동하면서 인플루언서로서의 성장을 꿈꾸고 있다. 공식 인플루언서 그룹인 '이프렌즈ifriends'를 통해서 SK

✦ 2020년 3월 출시된 음성 기반의 글로벌 소셜 미디어로 기존 가입자로부터 초대를 받아야 참여할 수 있는 폐쇄성이 특징이다. 2021년 국내에서 두세 달 반짝 인기를 끌었다.

텔레콤의 지원을 받으며 활동할 수 있는데, 2022년 10월 기준으로 6기까지 모집을 완료했다.

이프랜드에서는 메타버스를 비롯해 NFT, 직장 생활 팁, 입시 정보, 북토크, 예술, 여행, 음식, 게임 등 다양한 분야의 모임에 참여해 즐길 수 있다. 또한 이프랜드에서 주기적으로 각계의 유명 연사들을 섭외해 특별 모임을 열기 때문에 유익한 콘텐츠들이 많다. 그리고 경품이나 상금이 걸린 퀴즈 쇼나 노래방 같은 모임도 있어서 누구나 쉽고 재밌게 참여가 가능하다. 이프랜드의 공식 인플루언서인 핀님, 엘리클래스, 홍춘이, 당도최고 4인으로 구성된 메타버스 걸그룹 '이프레젠디'도 있는데 아바타들이 펼치는 독특한 군무로 색다른 재미를 주고 있다. 또한 이들은 2022년 7월에 메타버스 기획사인 IF엔터테인먼트에서 발대식을 갖고, 두 달 후에 노래, 춤, 그림, 예능 등의 아티스트 오디션을 진행해서 메타버스 특유의 신선함도 보여줬다.

필자 역시 2022년 초 이프렌즈 3기로 활동하면서 직접 메타버스를 체험했다. 당시 유명했던 넷플릭스 〈오징어 게임〉의 '오일남' 캐릭터로 성대모사를 곁들여 초성 퀴즈 쇼를 진행해 많은 사람과 소통했으며, 이들을 실제로도 만날 기회가 있었다. 필자가 오일남 캐릭터로 이프렌즈가 될 수 있었던 것은 크리에이터 출신이기 때문이 아니다. 철저히 개인 신상 정보를 숨기고 다양한 모임을 즐기면서 사람들과 소통하고 성대모사에만 집중했는데, 방에 있던 사람들이 이프렌즈 지원을 추천했다. 그래서 퀴즈 쇼에 대한 기획을 냈는데 선발이 된 것이다. 다른 이프렌즈 역시 인지도가 높거나 특별한 능력이 있어서라기보다는 모임에 대한 기획과 열정만으로 선발된 사람이 많았다. 즉, 누구나 공식 인플루언서가 되고 이프랜드의 지원을 받을 수 있다는 뜻이다. 이프랜드 굿즈와 더불어 월 활동비가 주어지고 우수 성과자에 따라서는 추가 인센티브가 지급되기 때문에 수익 활동이 가능하다.

한편, 2022년 9월 진행한 업데이트를 통해 제페토와 마찬가지로 이프랜드에서도 의상을 비롯한 다양한 아이템을 제작할 수 있게 됐다. 이뿐만 아니라 출석, 미션 수행, 후원 등으로 포인트를 얻을 수 있어 추가적인 수익 활동이 가능하다. 또한 능수능란한 모임 진행 능력이 입증되면 SK텔레콤에서 진행하는 이프랜드 기반의 다양한 마케팅 콘텐츠, 행사와 컬래버레이션할 기회도 얻을 수 있다. 이러한 경험을 차곡차곡 쌓아온 이프랜드 인플루언서들은 유명 행사의 MC로 활동하면서 입지를 넓히고 수익을 높여가고 있다. 따라서 자신이 가장 잘할 수 있는 것 또는 가장 관심 있는 것 등에 대해 모임을 만들고 활동해보기를 추천한다. 제페토가 10대 중심의 글로벌 플랫폼이라는 특성을 갖는다면, 아직 국내로 한정돼 지식 공유나 강연이 많은 이프랜드는 기성세대에게 더 적합하다. 나만의 외국어 공부법이나 육아에 대한 팁, 이직 성공하는 법, 여행과 맛집 정보, 연애 비결 등 무엇이든 좋으니 모임을 개설해보고 소통해보자.

출처: 이프랜드

필자의 '오일남의 초성 퀴즈 쇼' 모임과 참여자들.

## 6년 만에 메타버스로 돌아온 퍼피레드

2003년에 출시해 300만 명 이상의 회원 수를 보유했던 인기 게임 '퍼피레드'가 2022년 8월 말 메타버스 버전으로 다시 돌아왔다. 네이버에 제페토가 있고, SK텔레콤에 이프랜드가 있다면, 카카오에는 퍼피레드가 있다. 웹툰, 웹소설, 드라마, K-팝 등 카카오의 엔터 산업을 쥐고 있는 카카오엔터테인먼트와 카카오게임즈가 메타버스 사업 확장을 위해 국내 모바일 게임 기업 넵튠 및 컬러버스(퍼피레드 개발사)와 손을 잡았다.

퍼피레드는 제페토와 이프랜드의 메타버스적 특성과 조금 다른 점이 몇 가지 있다. 첫째, 퍼피레드는 기존 퍼피레드의 게임 요소에 기반을 둔 생활 체험형 콘텐츠가 많다. 애완동물을 기르고, 아기를 돌보며, 식물을 채집하고, 요리를 하고, 낚시를 할 수 있다. 쉽게 말해 게임처럼 '퀘스트'가 존재하는 것이다. 둘째, 이프랜드와 제페토가 맵을 선택하고 '모임'을 하는 데 집중하는 것과 달리, 퍼피레드는 내가 만든 미

출처: 퍼피레드

2003년 출시 이후 국내에서만 총 300만 명 이상의 회원 수를 보유했던 'K-메타버스'의 원조 '퍼피레드'. 오른쪽 사진은 크리에이터 스튜디오 화면.

### ✻✻✻ 한눈에 보는 제페토, 이프랜드, 퍼피레드

| | 제페토 | 이프랜드 | 퍼피레드 |
|---|---|---|---|
| 모기업 | 네이버 | SK텔레콤 | 카카오 |
| 출시일 | 2018년 8월 | 2021년 7월 | 2022년 8월 |
| 공식 인플루언서 | 있음 | 있음 | - |
| 방당 최대 수용 인원 | 16명 | 131명 | 30명 |
| 크리에이터 스튜디오 | 지원 | 지원 | 지원 |
| 수익화 여부 | 가능 | 가능 | 구축 예정 |
| 특징 | 수익 활성화, 글로벌, SNS | 강연, 비즈니스 | 체험형 생활 콘텐츠, 미니 파크 |

2022년 9월 기준

출처: 보도자료 참고해 자체 제작

니 파크에 가족과 친구를 초대하거나 반대로 그들의 미니 파크에 내가 놀러 다니면서 콘텐츠가 만들어진다. 셋째, 퍼피레드는 마이크를 통해 음성으로 대화하지 않고 타이핑을 기반으로 유저 간 소통이 이뤄진다. 실제로 해보면 최첨단 메타버스 속에 있다는 느낌보다는, 과거 PC 게임에서 상대방과 채팅으로 대화를 나누던 레트로한 느낌이 든다. 넷째, 제페토와 이프랜드는 각 부캐의 '팔로워' 수에 포커스가 맞춰져 있다면 퍼피레드는 유저가 만든 '미니 파크'의 추천 수, 방문 수에 더 중점을 둔다. 파크별 좋아요 수와 함께 예전의 싸이월드 미니홈피처럼 투데이 수가 카운트된다.

퍼피레드는 이프랜드의 공식 인플루언서와는 달리, 공식 카페를 활성화할 서포터즈를 우선 모집했다. 친절하게 퍼피레드에 대한 가이드부터 탄탄하게 만들고 커뮤니티를 강화해 유저를 늘리려는 것으로 풀이된다. 서포터즈에게는 큰돈은 아니지만 퍼피레드 내에서 사용할 수 있는 현금성 '콩'과 캐시가 지급된다. 기존의 퍼피레드 유저와 팬들이 호기심에 많이 접속하면서 어느 정도 기본적인 유저는 확보했을 것으로 보이지만, 서비스 초기인 만큼 버그 등 해결해야 할 과제도 많다. 이러한 신생 서비스들의 안정화가 진행되는 기간에 해당 플랫폼을 선점해 자신의 영역을 구축해두는 것이 좋다.

지금까지의 이야기가 대기업 중심의 메타버스였다면, 눈에 띄는 스타트업의 메타버스도 있다. 바로 한국판 로블록스라 불리는 '레드브릭'이다. 전문가가 아닌 일반인들도 손쉽게 게임을 만들고 플레이할 수 있는 레드브릭은 그들의 비즈니스 가치를 인정받아 2022년 7월 180억 원 규모의 시리즈B 투자를 유치했다. 2022년 9월에는 누구나 참여할 수 있는 메타버스 창작 공모전인 '챌린저스'를 개최했다. 레드브릭의 3D 창작 툴로 만든 콘텐츠를 공모하는 행사로, 당선자는 상금과 더불어 국내 최대의 게임 행사인 '지스타 2022'에 자신의 작품이 전시되는 특전을 부여받는다. 이를 통해 레드브릭 역시 크리에이터 양성에 포커스를 두고 메타버스 생태계를 조성해나갈 계획임을 알 수 있다.

앞서 언급한 넥슨의 넥슨타운과 크래프톤의 미글루, 컴투스의 컴투버스, NC소프트의 미니버스, 드래곤플라이의 인피니티마켓 등 게임사 중심의 메타버스도 모두 윤곽을 드러내고 있다. 이처럼 우리가 진입해

선점할 수 있는 플랫폼의 선택지가 매우 많아지고 있다. 메타버스에 관심이 있다면, 나와 맞는 메타버스를 찾아 경험해보고, 적극적으로 공략해볼 것을 추천한다.

# 메타버스에 사는 또 다른 이들, 버추얼 인플루언서

메타버스에 존재하는 것은 우리의 부캐나 아바타만이 아니다. 컴퓨터 그래픽과 AI를 바탕으로 만들어진 가상 인간인 버추얼 휴먼Virtual Human들도 있다. 특히 그중에서도 사회적 영향력이 큰 이들을 '버추얼 인플루언서Virtual Influencer'라 부르는데, 이들은 광고나 게임, SNS 등 우리가 현실에서 접하는 다양한 콘텐츠 영역에서 활발히 활동하며 두각을 나타내고 있다. 즉, '가상 인간'이 가상에만 국한돼 있지 않다는 뜻이다.

버추얼 인플루언서를 구현하는 기술은 매우 다양하고 복잡하겠지만, 크게 3차원 기술과 딥페이크deepfake 기술, 두 가지로 이야기할 수 있다. 3차원 기술은 3D 그래픽으로 개체를 렌더링하는 것으로 더 깊이 들어가면 색을 입히는 텍스처링texturing과 뼈대를 만들어서 캐릭터가 움직일 수 있게 하는 리깅rigging 등으로 세분된다. 딥페이크 기술은 기존에 존재하는 실제 사람의 몸에 얼굴만 AI로 만들어서 덮어씌우는 것

### 가상 인간 제작 기술

**3차원3D 기술**

- 기존에 없는 새로운 형체 생성
- 제작 기간 및 비용 높음(1년 이상, 최대 10억 원)

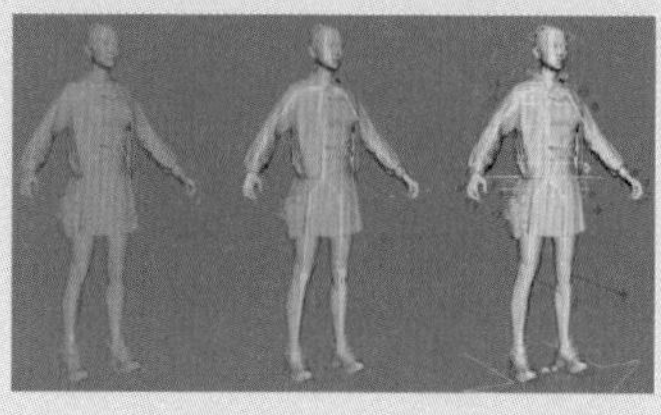

**딥페이크 기술**

- 기존에 존재하는 형체에 AI 기술 활용(2차원 형태)
- 제작 기간 및 비용 낮음(최대 1억 원)

출처: 지디넷코리아 자료 참고해 자체 제작. 이미지는 크래프톤, 디오비스튜디오

으로 딥페이크는 AI 기술 중 하나인 딥 러닝deep learning과 가짜를 뜻하는 페이크fake의 합성어다. 전체를 다 만드는 것을 3D, 전체 중 일부를 손보는 것을 2D라고 생각하면 좀 더 이해하기 쉽다. 2021년 한 보험사의 CF에서 멋진 춤을 선보이며 대중의 이목을 사로잡았던 '로지'는 전자의 경우다.

글로벌 데이터 기업 스태티스타Statista에 따르면 2021년 세계 AR 및 VR 시장의 규모는 약 307억 달러(약 43조 원) 수준이며, 2022년에는 587억 달러(약 82조 원), 2024년에는 무려 2,969억 달러(약 415조 원)에 달할 것으로 예측된다. 또한 시장 조사업체 이머전 리서치Immersion Research는 2020년에 100억 달러(약 14조 원) 규모였던 버추얼 인플루언서 시장이 2030년에는 5,275억 달러(약 738조 원)에 달할 것으로 내다봤다. 이는 앞으로 더 현실감 있는 버추얼 휴먼 및 관련 콘텐츠들이 나올

### 버추얼 휴먼 중심의 스타트업 투자 현황

| 기업명 | 버추얼 휴먼 | 누적 투자금액 |
|---|---|---|
| 딥브레인에이아이 | AI 윤석열 | 495억 원 이상 |
| 마인즈랩 | 은행원 | 464억 원 이상 |
| 딥스튜디오 | 정세진 | 81억 원 이상 |
| 라이언로켓 | 메타페르소나(기술) | 75억 원 이상 |
| 디오비스튜디오 | 루이 | 50억 원 이상 |
| 클레온 | 은하 | 40억 원 이상 |
| 네오엔터디엑스 | 리아 | 2억 원 이상 |

출처: 더브이씨, 보도자료

수 있음을 짐작하게 한다. 버추얼 휴먼 분야의 국내 시장 규모가 얼마나 되는지 아직 정확하게 파악할 수는 없지만, 관련 스타트업을 향한 투자가 계속되고 있고 대기업이 직접 뛰어드는 경우도 많은 것으로 볼 때 앞으로도 지속적인 성장이 예상된다.

버추얼 휴먼 관련 온라인 매체인 버추얼휴먼스Virtualhumans에 따르면 2022년 8월을 기준으로 소셜 미디어에 등록된 버추얼 인플루언서는 전 세계에 200여 명이 넘는다고 한다. 그렇다면 한국에는 어떤 버추얼 인플루언서가 활동하고 있을까?

## 버추얼 휴먼, 소속사 생기고 드라마 출연까지

레깅스 차림으로 잠수교를 달리고, 쇼호스트로도 활동하는 '루시'는 2021년 롯데홈쇼핑이 개발한 버추얼 휴먼이다. 2022년 6월 콘텐츠 제작사 초록뱀미디어와 전속 계약하면서 눈길을 끌었다. 2022년 7월에는 쌍용자동차 토레스의 쇼케이스에서 진행자를 맡았고, 앞으로 초록뱀미디어가 제작하는 드라마 출연을 비롯해 다양한 활동을 할 예정이다.

유튜브에서 활발히 활동하고 있는 '루이'도 있다. 버추얼 휴먼의 단점 중 하나인 '불쾌한 골짜기'✦를 없애기 위해 매우 현실감 있는 외모를 구현하는 데 힘썼다. AI 및 딥페이크 기술로 구현한 루이의 얼굴은 실제 사람과 함께 있어도 어색함이 거의 없다. 유튜브 채널 '루이커버리'를 통해 다양한 노래와 브이로그 영상을 선보이고 있으며, 한국관광공사의 명예 홍보대사로도 활동하고 있다.

게임사가 버추얼 휴먼을 만들면 어떤 느낌일까? 2022년 6월 크래프톤이 선보인 '애나'는 기존 버추얼 휴먼들과는 조금 다른 인상을 준다. 최첨단 3D 제작 프로그램인 언리얼 엔진Unreal Engine을 바탕으로 피부의 솜털, 잔머리, 얼굴의 점과 주근깨까지 사실적으로 표현했다. 게다가 사람이 더빙하는 것이 아닌 자연스러운 AI 목소리도 입혔는데, 이 모든 것을 크래프톤의 자체 기술력으로 구현했다. 독특한 캐릭터의 세계관을 더한 것도 기존 버추얼 휴먼들과의 차별점인데, 애나가 비눗방

✦ 인간이 인간과 흡사한 존재(버추얼 휴먼)를 보게 될 경우 그 대상에서 인간성을 발견하면서 호감도가 증가하다가, 그 유사성의 정도가 특정 수준에 이르면 오히려 강한 불쾌감을 느껴 호감도가 급하락하며, 인간과 거의 구별이 불가능할 정도로 유사해지면 다시 호감도가 급상승한다는 이론.

### ■■■ 국내의 주요 버추얼 휴먼

| 이름 | 나이 | 관심사 | 직업 | 제작사 | 소속사 |
|---|---|---|---|---|---|
| 로지 | 22세 | 요가, 여행 | 모델 | 싸이더스 스튜디오 엑스 | - |
| 루시 | 29세 | 조깅, 양궁 | 자동차 디자이너 | 롯데홈쇼핑 | 초록뱀미디어 |
| 한유아 | 19세 | 독서, 레고 | 가수 | 자이언트스텝,<br>스마일게이트 | YG케이플러스 |
| 김래아 | 23세 | 여행, 음악 | DJ | LG전자 | - |
| 루이 | 22세 | 음악 | 음악 크리에이터 | 디오비스튜디오 | - |
| 리나 | 미상 | 서핑, 볼링 | 모델 | 메타버스엔터테인먼트<br>(넷마블) | 써브라임 |
| 수아 | 미상 | 게임, 모빌리티 | 인플루언서 | 온마인드(SK텔레콤) | - |
| 애나 | 미상 | 동물, 환경보호 | 가수 | 크래프톤 | - |

출처: 보도자료 참고해 직접 제작

울 총을 쏘면 주위 사람들의 기분이 좋아진다는 재밌는 설정이 있다.

이들은 모두 본연의 직업이 있지만, 버추얼 휴먼은 마케팅 전략에 따라 수시로 직업을 바꿀 수 있으므로 사실 직업은 큰 의미가 없다. 그 외에 나이가 들지 않는다는 점, 각자 다양한 취미와 관심사를 갖고 있다는 점이 흥미롭다.

그런데 여기서 한 가지 궁금증이 생긴다. 바로 "왜 주요 버추얼 휴먼은 모두 여성인가?"라는 의문이다. 2021년 9월, 로지와 비슷한 시기에 선보인 남성 버추얼 휴먼 '우주'는 잠시 주목받다가 그 인기가 금방 사그라들었다. 이후 '질주', '테오', '류이드', '노아', '선우', 쌍둥이 형제 '호'와 '곤' 등이 만들어지고, 무신사가 마케팅을 위해 배우 유아인을 본떠 만든 '무아인'도 탄생했지만, 이들도 여성 버추얼 휴먼보다는 인기가 낮은 편이다. 그 이유는 패션, 뷰티, 식품, 리빙, 여행 등의 소비는 주로 여성층에서 더 많이 일어나므로 제작사들이 여성 버추얼 휴먼에 더욱 집중했기 때문으로 보인다. 특히 자신을 위한 투자를 적극적으로 하는 MZ세대 여성들에게 버추얼 휴먼은 연예인보다는 뭔가 평범하고, 내가 닮을 수 있는 존재로 인식되기 쉽다. 완벽한 미인이기보다는 '개성'이 강조되는 캐릭터를 보면서 자신도 그들처럼 트렌디한 라이프스타일을 즐길 수 있다고 기대하며 좀 더 자연스럽게 버추얼 휴먼을 받아들일 수 있는 것이다.

버추얼 휴먼 시장의 확장에 따라 콘텐츠 산업은 앞으로 큰 변화를

출처: 롯데홈쇼핑, 디오비스튜디오, 크래프톤

국내의 대표적인 버추얼 인플루언서들. 순서대로 루시, 루이, 애나.

겪을 것으로 예상된다. 급격한 기술 발전은 불쾌한 골짜기 문제를 해결하는 데 큰 도움이 될 것이며, 버추얼 휴먼이 가진 장점이 더욱 부각될 것이다. 버추얼 휴먼은 나이가 들지 않고 (이론상) 그 존재가 영원하며, 인성 논란이나 부정적인 과거사 문제에서도 자유롭다. 광고주나 콘텐츠 제작사 입장에서는 긍정적으로 받아들일 수밖에 없다. 버추얼 휴먼은 과거 사이버 가수 아담이나 류시아 때와는 차원이 다르게 성장했다. 머지않아, 버추얼 휴먼 배우들로만 구성된 드라마가 OTT에 등장할 수도 있지 않을까?

## 버추얼 유튜버, 빨간 약과 파란 약

앞서 언급한 버추얼 휴먼과 또 다른 재미를 주는 것이 '버추얼 유튜버' 혹은 '버추얼 스트리머'다. 버추얼 유튜버는 2D나 3D 캐릭터를 등장시켜 콘텐츠를 진행하는 크리에이터로 국내에서는 주로 게임 스트리밍 플랫폼 트위치에서 실시간 방송을 진행하기 때문에 버추얼 스트리머라고도 부른다. 2016년 10월 '키즈나 아이Kizuna AI'를 시작으로 세계적으로 다양한 버추얼 유튜버들이 등장하기 시작했는데, 2D나 3D 캐릭터가 실제 사람의 모션을 트래킹해 움직이면서 이야기하거나 노래하는 것이 주 콘텐츠다. 버츄얼 유튜버의 주요 활동 무대는 유튜브지만, 메타버스에서 콘서트를 열거나 실제 콘서트장에서 홀로그램을 통해 공연을 진행하기도 한다. 최근에는 뉴스 진행이나 기상 캐스터, 각종 방송 출연 등 다양한 영역으로 활동 범위를 넓히고 있다.

잠깐 영화 이야기를 해보자. 1999년 전 세계 사람들의 이목을 사로잡았던 《매트릭스》를 기억하는가? 영화에는 빨간 약과 파란 약을 두고 주인공 네오가 고민하는 장면이 나온다(가상 세계를 다룬 《매트릭스》는 지금의 메타버스 세계와 매우 유사하다). 빨간 약은 고통 속에서 진실을 보게 되는 것이고, 파란 약은 질서 있는 디지털 세상에서 원래대로의 삶(가상의 삶)을 사는 것이다.

버추얼 유튜버 시장에서는 매트릭스의 빨간 약과 파란 약 개념을 밈으로 사용한다. 빨간 약은 버추얼 캐릭터를 연기하는 실제 사람의 모습이고, 파란 약은 캐릭터 그 자체다. 즉, 파란 약에 집중해야 하는 버추얼 유튜버 판에서는 빨간 약, 즉 크리에이터의 실체를 알게 돼서 좋은 것이 없다. 파란 약으로 견고하게 쌓아 올린 우리의 환상이 깨질 수 있기 때문이다. 실제로 버추얼 유튜버, 버추얼 아이돌의 본체는 다양하다. 현직 성우나 배우도 있으며, 낮엔 전혀 다른 일을 하고 취미로 버추얼 유튜버 활동을 하는 사람도 있다.

국내에서 개인, 팀, 그리고 법인으로 활동하는 버추얼 유튜버는 300명이 넘는다. 국내 버추얼 유튜버 시장 확대에 큰 영향을 준 팀은 '이세계아이돌', 일명 이세돌이다. 오랜 인터넷 방송 역사와 인지도를 자랑하는 게임 스트리머 '우왁굳'이 기획한 아이돌로 메타버스를 연상시키는 '왁타버스'라는 세계관 내에서 활동한다. 2021년 말 직접 제작한 데뷔곡 '리와인드'의 뮤직비디오는 한국 유튜브 시장에 새로운 바람을 일으켰다. 900만 뷰 이상의 조회 수를 기록하고 2만 6천 개 이상의 댓글이 달렸다. 300명이 넘는 국내 버추얼 유튜버 중에서 1위부터 6위까지는 당연히 이세돌 멤버들의 차지인데, 실시간 시청자 수가 압도적이다. 이들이 트위치에서 라이브 방송을 한번 시작하면 1만 명 가까이 되는 사람들이 그 방송을 시청한다.

이세돌을 비롯한 버추얼 유튜버의 등장은 달라진 대중의 인식을 보여준다. 이들 콘텐츠는 더 이상 서브컬처라는 말이 어울리지 않는다. 만화나 애니메이션을 좋아하는 이른바 덕력을 지닌 사람이 아니더라도 누구나 버추얼 아이돌의 방송과 음악을 즐기는 트렌드가 만들어졌다. 인기 걸그룹 트와이스의 멤버 정연이 팬들에게 이세돌의 노래를 추천해서 화제가 되기도 했다.

취미로 시작한 버추얼 유튜버가 비즈니스로 확장된 사례도 있다. 성우이자 방송인인 서유리와 드라마 PD인 그의 남편 최병길은 2022년 8월 '로나 유니버스'라는 버추얼 아이돌 기획사를 만들어 다양한 아이돌을 육성하고 콘텐츠를 제작하고 있다. 본래 혼자 활동하는 버추얼 유튜버 로나의 친구들을 모집한다는 취지에서 시작된 방송이 팬들의 관심을 받으면서 규모가 커지고, 결국 걸그룹 오디션이 됐다. 걸그룹 1기 '솔레어 디아망', 2기 '솔레어 코메트', 3기 '솔레어 라피네', 그리고 보이그룹 '보이스위츠'가 소속돼 있으며 이들의 인원수만 29명에 이른다.

이세돌보다 데뷔가 빠른 보이그룹도 있다. 국내 프로게임단이자 MCN 기업인 카론 크리에이티브의 '레볼루션 하트'로 2021년 7월 8일 '등장'이라는 곡과 함께 진짜로 세상에 등장했다. 레볼루션 하트는 멤버 4명을 각각 상징하는 동물이 있는 것이 특징이다. 기존에는 버추얼 유튜버 구현을 위해 고가의 장비가 필요했지만, 최근에는 기술이 발달한 덕에 누구나 쉽게 저렴한 비용으로 버추얼 유튜버를 체험해볼

출처: 왁 엔터테인먼트, 로나 유니버스, 카론 크리에이티브

소속사에 소속돼 실제로 음반을 내고 활동하는 버추얼 아이돌인 이세계아이돌, 솔레어 디아망, 레볼루션 하트. 개성 있는 캐릭터와 고유한 세계관으로 인기를 끌고 있다.

수 있다. 웹캠과 자기의 얼굴에 입힐 캐릭터, 브이튜브 스튜디오VTube studio 등의 소프트웨어만 있으면 도전이 가능하다.

아직 버추얼 유튜버 시장이 크게 활성화됐다고는 할 수 없다. 그러나 메타버스 시대에 발맞춰 새로운 형식의 콘텐츠와 아티스트들이 등장했다는 점에서 큰 의미가 있다. 또한 트위치, 유튜브 콘텐츠뿐만 아니라 각종 굿즈, 온·오프라인 콘서트, 음원 발매, 애니메이션 및 웹툰화 등 OSMU가 가능하다. 버추얼 유튜버 시장이 잘 자리 잡고 다양한 성공 사례가 등장해서, 한국의 버추얼 아이돌이 세계 무대에 서기를 기대해본다.

## TV 방송까지 진출한 메타버스

방송사도 다양한 방식으로 메타버스를 활용한 콘텐츠를 만들고 있다. MBN은 2022년 8월 국내 최초 음악 서바이벌인 〈아바타싱어〉를 선보이며 TV 방송에 색다른 즐거움을 줬다. 모션 캡처 수트를 입은 실제 가수들과 똑같이 3D 아바타가 움직이면서 노래를 부르는 방식으로, 쉽게 말해 메타버스판 〈복면가왕〉이다. 개선해야 할 부분이 많고 기대에 못 미쳤다는 반응도 많았지만 아바타를 바탕으로 새로운 형태의 시각적, 청각적 콘텐츠를 시도했다는 점에서 의미가 있다.

JTBC는 MBN과는 다른 관점에서 메타버스를 녹였다. 2022년 8월 방영한 데이팅 프로그램 〈러브in〉은 가상현실에 존재하는 3D 아바타가 아닌, 실제 사람을 아바타로 활용해 기존의 연애 예능에 또 다른 재미를 더했다. 러브 타운이라는 공간 안에서 얼굴과 목소리를 전혀 모르는 출연자들이 아바타를 앞세워 소개팅 및 데이트를 하는 방식이다. 개인적으로 실제 사람을 아바타로 쓰지 않고 메타버스 플랫폼을 활용해 현실과 메타버스를 넘나들면서 출연자들을 매칭시켰다면 더 재밌지 않았을까 하는 아쉬움이 있다.

2021년 말 〈부캐전성시대〉로 한차례 메타버스 예능을 선보였던 TV 조선은 더 탄탄한 기술력과 잘 짜인 스토리를 기반으로 2022년 10월

출처: MBN, TV조선

방송에서 선보이는 다양한 메타버스 프로그램.

부터 〈아바드림〉을 방영했다. '드리머Dreamer'라고 불리는 이들이 상상했던 또 다른 자신의 부캐를 버추얼 아바타로 구현해 출연하고, 패널들과 시청자가 본캐가 누구인지 맞히는 형식이다. 방영 전, 교통사고로 하반신을 쓸 수 없게 된 가수 강원래가 아바타를 통해 휠체어에서 일어나 서 있는 모습이 포스터로 공개되면서 화제가 됐다.

기존에 존재했던 사람들을 버추얼 휴먼으로 복원하는 사례도 보인다. 앞서 언급한 〈아바드림〉에서는 가수 듀스의 멤버 고[故] 김성재와 고 김자옥이 AI로 복원돼 그를 그리워하는 많은 이들에게 감동을 줬다. 2022년 6월 야놀자는 방송인 고 송해를 모델로 한 캠페인을 공개할 예정이었으나, 6월 8일 송해가 별세함에 따라 방영을 할 수 없게 됐다. 그러나 "마지막까지 건강한 모습으로 국민들께 즐거움과 희망을 전하고 싶다"라는 고인의 생전 뜻에 따라서 딥 러닝과 딥페이크 기술로 완성한 광고를 유튜브에서 임시 방영해 36만 명에게 감동을 선사했다. 2020년부터 매해 선보이는 MBC의 VR 휴먼다큐멘터리 〈너를 만났다〉

역시 2022년 5월 시즌3에서 딸이 VR을 통해 위암으로 세상을 떠난 엄마를 만나는 영상으로 시청자들을 눈물짓게 했다. 또한 세상을 떠난 아티스트들을 AI로 복원해 노래까지 불러 가족들과 팬들에게 감동을 선사한 사례도 있다. 2022년 초 JTBC가 제작한 티빙 오리지널 〈얼라이브〉에서는 울랄라세션의 멤버 고 임윤택과 30년간 꾸준히 사랑받는 가수 고 유재하를 완벽하게 복원해 무대를 보는 이들의 탄성을 자아냈다.

초고화질 영상을 즐기는 오늘날, 뛰어난 수준으로 자연스럽게 3D를 구현해내고 또 이를 동시 송출하기란 쉽지 않으므로 여전히 기술적인 한계는 존재한다. 콘텐츠의 지속성에 대해서도 물음표가 있다. 단순한 호기심으로 시청하거나 한차례 이벤트성으로 끝날 수 있는 소재다 보니, 이를 해결하기 위해 보다 치밀한 기획 및 구성적인 보완이 필요하다. 하지만 기존에 볼 수 없었던 방송 형식이 만들어지고 본캐가 아닌 부캐로 새로운 콘텐츠를 생산해낸다는 점에서 이러한 메타버스 콘텐츠는 나름의 의미를 가진다. 메타버스가 2023년 방송 시장에 또 어떤 형태의 재미를 가져다줄지 기대되는 이유다.

# 메타버스 문화의 꽃, NFT

메타버스는 이미 현실과 교차하는 부분이 많으므로 '가상'의 개념으로만 둘 수 없다. 이때 우리가 메타버스 속에서 우리의 IP나 자산을 보호하면서 경제 활동을 할 수 있게 만들어주는 것이 바로 'NFT'다. NFT는 대체할 수 없도록 고유한 코드를 기재하기 때문에 복제품이나 유사품과는 다른데, 간단히 부동산 등기를 생각하면 이해하기 쉽다. 우리가 사는 현실에서 NFT의 거래가 이미 이뤄지고 있으므로 NFT는 메타버스와 현실을 잇는 중요한 연결통로라고 할 수 있다.

2022년 5월 암호화폐 '테라'와 '루나'가 대폭락하는 사건이 벌어졌다. 개당 약 14만 원대였던 루나 코인이 불과 한 달 만에 약 4원까지 떨어지며 -99.99% 하락이라는 끔찍한 기록을 만들었다. 동남아를 기반으로 2022년 P2E 게임으로 히트했던 '엑시인피니티AXEIFINITY'는 북한의 해킹으로 2022년 3월 약 7천억 원에 가까운 돈을 잃었다. 게다가 러시아 – 우크라이나 전쟁과 글로벌 금리 인상 등의 여파로 크립토Crypto(암호화폐) 시장은 암흑기가 왔다는 의견들이 많다. 실제로 NFT의 거래액 데이터를 살펴보면 2022년 초와 달리 하반기에는 거래 폭이 급락했다. 글로벌 가상화폐 뉴스 미디어 코인텔레그래프Cointelegraph에 따르면 글로벌 NFT 거래 플랫폼 오픈씨Opensea의 일 거래액은 2022년 5월 1일 약 4억 640만 달러(약 5,689억 원)를 기록했는데 2022년 8월 30일의 거래액은 1,360만 달러(약 190억 원) 수준으로 5월 1일 대비 약 97%가 하락한 것으로 나타났다.

하지만 이것이 NFT 몰락의 신호인 것은 아니다. 거래액은 급감했지만, NFT에 참여하는 사람은 계속 증가하는 추세다. 2021년 8월 30일 기준 오픈씨의 이용자 수는 8,700명이었는데, 2022년 8월 30일에는 약 3만 명으로 1년 사이 3배 이상 증가했음을 알 수 있다.

NFT가 잠시 숨 고르기를 하고 다시 달리기 시작한다는 것은 국내 시장을 통해서도 알 수 있다. NFT 자산 관리 서비스를 운영하는 국내 스타트업 컨택스츠아이오는 2022년 8월 말 자사 플랫폼 'NFT 뱅크'를 통해 4천억 원의 기업 가치를 인정받으며 카카오와 네이버 등으로부터 400억 원의 투자를 유치했다.

한편, 통신 3사도 NFT 사업을 키우겠다는 의지가 보인다. SK텔레콤은 앞서 언급한 메타버스 플랫폼 이프랜드를 통해 2023년 내로 NFT 마켓플레이스를 구축하면서 NFT를 활용한 경제 시스템 도입을 계획 중이다. KT는 NFT 발행 및 관리 플랫폼인 '민클MINCL'을 통해 자사의 NFT 자산 가치를 높이고 고객들에게 혜택을 주겠다고 밝혔으며, LG 유플러스는 자사 캐릭터 '무너'의 NFT 판매를 시작으로 NFT 발행을 적극적으로 시도할 예정이다. 그렇다면 이 외 다양한 기업들의 재미있는 NFT 사례에는 어떤 것들이 있을까?

## 우리도 합니다, NFT

유통 기업 신세계는 2022년 2월 꽃 모양의 NFT '스프링 바이브'를 무료로 증정하는 이벤트를 통해 NFT 시장에 뛰어들었다. 2022년 6월에는 2017년에 선보였던 자체 캐릭터 '푸빌라와 친구들'로 NFT를 발행해 판매했는데, 1초 만에 1만 개가 팔리는 진풍경이 벌어졌다. NFT 멤버십 제도도 도입했는데, 멤버십의 6개 등급 중 제일 상위의 등급은 기존 신세계백화점 VIP들이 누리는 VIP 라운지 이용권, 발레파킹 등의 혜택을 동일하게 누릴 수 있다.

이에 질세라 롯데홈쇼핑도 똑같이 곰 캐릭터로 승부수를 걸었다. 2018년 사내 공모 아이디어로 만든 '벨리곰'이 점점 인기를 끌면서 이를 활용한 다양한 마케팅을 진행했다. 2022년 3월 잠실 롯데타워 앞에 대형 벨리곰 조형물을 만들어 '벨리곰 성지'라고 불릴 만큼 화제가 된 SNS 인증샷 명소를 만들었고, 벨리곰 팝업 스토어의 굿즈들은 1시간 만에 모두 완판됐다. 2022년 8월 17~18일 양일간 벨리곰 NFT 9,500개를 판매했는데, 둘째 날에는 오픈 0.5초 만에 완판되는 기록을 세웠다. 인기 있는 벨리곰 캐릭터를 디지털화하고 NFT 구매자들에게 멤버십을 부여해 혜택을 제공하는 것이 2030세대에게 매력적으로 작용한 듯하다.

출처: 신세계, 롯데홈쇼핑, 한국조폐공사

자사 캐릭터를 활용한 유통 기업들의 캐릭터 NFT와 한국조폐공사의 NFT 미니 골드 상품권.

다소 의외의 기업인 한국조폐공사까지 NFT 열풍에 동참했다. 2022년 8월 금 1g을 10개로 쪼갤 수 있는 NFT 미니 골드 교환권을 내놓았는데, 색다른 점은 다른 NFT와 다르게 '실물'에 기반을 뒀다는 것이다. NFT를 구매하면 고유 번호가 매겨져 있는 교환권을 주는데 이 교환권 10장을 모아 카드 형태의 금으로 교환할 수 있다. 이제 금으로도 띠부띠부씰(떼었다 붙였다 하는 스티커)을 모을 수 있는 시대가 도래한 것이다.

## NFT 아트는 어디까지 진화할까?

2021년 12월에는 NFT 거래 시장에서 역사적인 일이 일어났다. 익명 작가의 작품이 NFT 거래의 최고가를 경신한 것이다. 〈The Merge〉라는 이 작품은 9,180만 달러(약 1,285억 원)에 거래가 되면서 2022년 9월 기준 세계에서 가장 비싼 NFT가 됐다. 어찌 보면 너무나도 단순한 서로 다른 크기의 원을 266,434개의 질량으로 쪼개서 3만여 명의 수집가들이 구매했다는 점이 굉장히 독특하다. 자기 집에 둘 수도 없고 몸에 소유할 수 없는 작품임에도 고가의 비용을 지불하고 구매한다는 것은, 아마도 오랜 시간 동안 이어져 온 예술 작품에 대한 인간의 소유 욕구가 새로운 방식으로 표현된 것이 아닐까?

실제 공간이 아닌 디지털 공간, 가상 공간에서 예술 작품을 전시하고 판매 및 구매가 이뤄지는 것에 대해 "예술이다", "지나친 상업이다" 하는 의견이 분분하다. 하지만 확실한 것은 NFT 예술은 이미 우리가 당연하게 받아들여야 하는 하나의 문화가 됐다는 점이다. 세계 최대의 미술 플랫폼 아트시Artsy의 카린 카람Carine Karam 부사장은 2022년 9월 서울에서 열린 세계 3대 아트페어인 '프리즈'에서 "디지털 아트는 거스를 수 없는 흐름이고, 이에 저항하거나 적응하지 못하면 낙오할 수

출처: 트위터(@Pak)

익명의 아티스트 'Pak'의 NFT 작품 〈The Merge〉. 전 세계에서 가장 비싸게 팔린 NFT다.

밖에 없다"라고 말했다. 사실상 NFT 예술품의 가치를 인정한 셈이다.

글로벌 기업으로 자리 잡은 국내의 양대 전자 기업도 이러한 흐름에 동참했다. 삼성전자는 2022년 1월 열린 국제 전자제품 박람회인 CES 2022에서 세계 최초로 NFT를 거래할 수 있는 플랫폼을 탑재한 스마트 TV를 선보였다. OTT에서 콘텐츠를 골라 시청하듯이, NFT 예술 작품을 불러와서 구매할 수 있고 자신의 NFT를 판매할 수도 있다. LG전자 역시 2022년 9월 이와 비슷한 서비스인 'LG 아트랩'을 출시했다. 앞서 소개한 아트페어 프리즈에서도 LG 아트랩을 통해 양질의 NFT 예술 작품을 초고화질로 감상할 수 있게 했다. 삼성과 LG 입장에서는 가장 빠르고 세련되게 NFT 산업에 진출할 수 있고, 자사 스마트 TV를 홍보할 수도 있으므로 한 번에 두 마리의 토끼를 잡은 셈이다.

NFT 콘텐츠의 또 다른 매력은 다양한 작가들의 데뷔가 한결 수월해질 수 있다는 점이다. 고가의 갤러리를 임대하는 등 작품 제작 및 전시를 위해 비용을 많이 들일 필요 없이 디지털 공간에서 자기 작품을 공개하고 수익을 마련할 수 있는 창구가 열리고 있다. 또한 국내의 대형 백화점은 그들이 보유한 온·오프라인 공간을 활용해 NFT 작가들이 대중들과 만날 수 있는 전시 기회를 제공하기도 한다.

이러한 NFT 트렌드와 다양한 이벤트들은 우리가 예술 작품 컬렉터가 아닐지라도 '콘텐츠'로서 NFT를 즐기고 더 가까이 다가가도록 만든다. 또한 누구나 NFT 아티스트에 도전할 수 있다는 인식과 함께, 그동안 진입장벽이 높게만 여겨지던 예술 분야에서도 새로운 형태의 크리에이터 이코노미가 탄생할 수 있음을 보여준다.

코로나 팬데믹을 지나며 우리는 이미 비대면 환경에서 업무, 교육,

진료, 배달 등 일상생활의 편의를 누리고 있다. 이프랜드에 개설된 대학교에서 전문 교수의 강의를 듣고, 제페토에 있는 병원에서 진료를 받으며, 퍼피레드 마트에서 산 물건이 집 앞으로 배달이 되고, 넥슨 타운에서 구매한 예술 작품이 내 집 거실에 전시되는 삶이 먼 미래의 일일까? 그렇지 않다. 이는 이미 자연스러운 흐름이다.

2000년대 초 싸이월드를 통해 우리의 디지털 라이프는 새로운 변화를 맞이했다. 미니홈피에 일상을 기록해서 일촌들과 나누고, 블로그를 통해 유용한 정보를 이웃들과 공유할 수 있었다. 그리고 IT 기술이 끊임없이 발전해오면서 2010년대 중반부터는 유튜브, 인스타그램, 틱톡을 통해 고화질의 영상을 언제 어디서든지 쉽게 촬영하고 편집해서 업로드할 수 있게 됐다. 그리고 이러한 활동을 통해 자연스럽게 수익을 만들어내는 크리에이터들이 등장했고, 이제는 그것이 정식 직업으로 인정받으며 수많은 사람들이 디지털 크리에이터를 꿈꾼다.

오늘날 메타버스가 구축되고 기술이 진보하면서 크리에이터 이코노미의 범주도 더욱 넓어졌다. 이제 더 이상 동영상에만 국한된 것이 아니라, 보다 다양한 분야의 크리에이터들이 등장했으며 수익화에 대한 기회도 많아졌다. 본 챕터에서 다룬 메타버스 비즈니스와 수익화 전략은 일부에 불과하다. 메타버스 시장을 비롯해, 콘텐츠 산업 전반의 빠른 변화에 대응하기 위해서는 기민하게 움직이면서 다양한 경험을 하고 열린 자세로 이를 이해하고 받아들여야 한다. 몇 달 전, 한 콘텐츠 전문가에게 메타버스와 NFT에 대한 의견을 물었을 때 그가 해준 답변으로 이야기를 마치고자 한다.

"메타버스는 이해하려고 하지 말고 받아들여라."

# 버추얼 휴먼의 경쟁력은 외면이 아닌 내면의 스토리텔링

**오제욱** | 디오비스튜디오 대표

디오비스튜디오는 AI 기술을 개발해 가상 얼굴 콘텐츠를 제작하는 기업으로 2020년 6월 설립 이후 만 1년 만에 국내는 물론 해외 10여 개국의 메이저 언론에 보도될 정도로 주목받고 있는 스타트업이다. '루이', '아일라' 등 자체 버추얼 휴먼들의 인플루언서 매니지먼트 사업과 기업 및 정부 기관의 수요에 맞는 버추얼 휴먼 콘텐츠를 제작해주는 사업으로 매출 또한 가파르게 성장하고 있다. 2021년 다수의 벤처캐피탈로부터 50억 원을 투자받았고, 2022년 코리아 메타버스 어워드의 콘텐츠·솔루션 부문에서 과기정통부장관상을 받았다.

**비교적 빠른 시기인 2020년부터 버추얼 휴먼 사업을 시작했는데, 그 계기는 무엇인가요?**

이전 창업 때 MCN 사업을 경험한 적이 있습니다. 매력적인 비즈니스 모델에도 불구하고 국내에서는 MCN 사업이 성공하기 어려운 한계가 명확해 보여서 아쉬웠어요. 그런 상황에서 미국의 버추얼 휴먼인 '릴 미켈라Lil Miquela'를 접하고 MCN을 비롯한 인플루언서 산업에 지각 변동이 올 거라는 확신이 들었죠. 버추얼 휴먼 사업을 기획하기 시작한 건 2019년부터인데요. 메타버스라는 키워드가 대중적으로 주목받기 전이었으니까 확실히 이른 편이긴 했지만, 이 분야가 주목받을 거라는 점은 명확해 보였습니다.

**전 세계적으로 버추얼 휴먼이 계속 증가하고 있고, 국내도 이미 인지도 있는 버추얼 휴먼이 10명 이상은 되는 것 같아요. 디오비스튜디오의 '루이'는 어떤 부분에서 다른 버추얼 휴먼과 차별화되나요?**

현존하는 대부분의 버추얼 휴먼은 제작 시 외모부터 결정합니다. 어떤 경우에는 외모가 그 버추얼 휴먼의 전부가 되기도 하죠. 그런데 루이는 외모보다 내면을 먼저 결정하고 만든 버추얼 휴먼입니다. 루이라는 부캐로 살아가고 있는 섀도액터Shadow Actor*와의 첫 만남에서부터 물어봤어요. 당신이 이루고 싶은 꿈이 뭐냐고요. 이러한 고민을 거쳐 탄생했기에 루이의 내면 자체가 스토리텔링이자 콘텐츠입니다. 루이는 인간의 내면에 자리한 본능, 즉 자아실현의 욕구와 타인과의 관계 속에서 사랑받고 인정받는 존재가 되고 싶은 욕구 등을 실현해주는 도구로서의 버추얼 휴먼이에요. 이런 점에서 루이는 여느 다른 버추얼 휴먼과 본질적으로 다른 존재라고 볼 수 있어요.

- 버추얼 휴먼을 개발하는 기술이 눈부신 발전을 했음에도 인간의 모든 것(사고, 언어, 얼굴, 몸)을 디지털로 동시에 구현하는 것은 어려운 일이다. 그래서 현재까지 출연한 버추얼 휴먼들의 대부분은 실제 사람이 버추얼 휴먼의 대역으로 사진, 영상을 촬영하고 해당 인물의 얼굴 또는 전신을 디지털 데이터로 치환하는 방식이다. 버추얼 휴먼에 따라 목소리만 연기하기도 하고, 몸(행동)까지 연기하기도 한다.

**'루이커버리' 유튜브 채널의 구독자 수가 8만 명을 넘어 유튜브 실버버튼을 향해 달려가고 있습니다. 다른 SNS 이외에 유튜브에 집중하는 이유는 무엇인가요?**

텍스트보다는 사진이, 사진보다는 동영상이 보다 많은 정보를 담을 수 있으며, 순간에 이뤄지는 소통의 영향력 또한 크기 때문이죠. 아직 생소할 수밖에 없는 버추얼 휴먼이 대중에게 인정받고 사랑받으려면 동영상으로 콘텐츠를 제작해야 한다고 생각했어요. 동영상이 기술적으로도 다른 기업들이 쉽게 따라오기 어려운 콘텐츠 형식이기도 했고요.

**'불쾌한 골짜기'를 해결하기 위해 대표님과 디오비스튜디오는 어떤 노력을 하고 있나요?**

디오비스튜디오를 창업할 때 딥 러닝 기술로 가상 얼굴을 만드는 파이프라인을 설계하며 최우선 과제로 삼았던 것이 바로 불쾌한 골짜기를 없애는 것이었어요. 루이가 처음 대중에게 알려졌을 때 기억에 남는 반응 중에 "불쾌한 골짜기를 아예 부숴버렸다"라는 댓글이 있었어요. AI를 필두로 그래픽 기술의 발전 속도가 정말 빠르기 때문에 사실상 불쾌한 골짜기 현상은 이미 극복됐다고 생각해요. 물론 반응 속도나 경제적인 부분에 있어 더욱 개선돼야 할 현실적인 과제들이 남아있기는 하지만요.

**버추얼 휴먼을 다루는 입장에서 '이세계아이돌'을 비롯한 3D 캐릭터 기반의 버추얼 스트리머 시장에 대해 어떻게 바라보나요?**

'브이튜버Vtuber'라고 불리는 일본의 키즈나 아이나 하츠네 미쿠를 필두로 한 3D 캐릭터 버추얼 스트리머들은 디오비스튜디오를 창업할 때 벤치마킹 삼았던 릴 미켈라보다 더 원조격인 버추얼 휴먼들입니다. 캐릭터라는 가면 뒤에서 목소리만으로 팬들을 사로잡은 섀도액터들이죠. 예전에는 루이와 같은 하이퍼 리얼리즘 버추얼 휴먼에 비해 이들 브이튜버가 소구되는 시장 규모가 작고 지나치게 매니악하다는 생각이었어요. 그러나 이세계아이돌의 바이럴을 보며 이제는 결코 마이너한 시장이 아님을 느끼고 있습니다. 특히 라이브 스트리밍을 주 콘텐츠로 생산하는 버추얼 스트리머들의 순발력과 예능 감각은 앞으로 비주얼(3D 애니메이션 캐릭터, 하이퍼 리얼리즘 등)이 어떤지보다 더 중요해질 것입니다. 그렇다면, 버추얼 휴먼의 기획 단계에서 섀도액터를 선정할 때 이런 부분들을 잘 고려해야 하겠죠.

루이(@ruuui_li)

아일라(@usher_ocean)

**향후에는 메타버스와 NFT 시장에서 버추얼 휴먼이 어떤 역할을 할 수 있을까요?'**

버추얼 휴먼은 섀도액터의 익명성을 보장해주고, 원하는 대로 비주얼을 디자인할 수 있으며, 다양한 영역에서 지속적인 부가가치를 창출할 수 있다는 점에서 앞으로 더 주목받을 겁니다. 더 많은 사람이 버추얼 휴먼 기술을 활용해 콘텐츠 프로슈머로 등장할 수 있어요. 메타버스에서는 볼거리, 즐길 거리가 더욱 넘쳐나겠죠. 메타버스가 활성화되는 데 필수 요소 중 하나인 콘텐츠 수급에 있어서 버추얼 휴먼은 중요한 역할을 담당할 것입니다.

한편, NFT를 비롯한 블록체인 기술은 IP의 보호와 디지털 자산 가치의 증명, 콘텐츠의 개인화와 대중성 사이에서 소규모의 강력한 디지털 커뮤니티를 형성하는 데 중요한 역할을 할 것입니다. 버추얼 휴먼이 NFT 시장에서 직접적인 역할을 담당할지는 미지수지만, 자산 거래와 커뮤니티 활동 등 인류의 실제 삶이 메타버스로 옮겨갈 때 그곳이 허구가 아닌 실재임을 느끼게 해주는 역할은 분명히 할 것 같아요. 사람과 사람 사이의 끈끈한 상호작용을 가능케 해줌으로써 말이죠.

**루이 이후에 '아일라'도 탄생한 것으로 알고 있습니다. 아일라는 어떤 활동을 하고 있고, 앞으로 어떤 식으로 세계관 및 활동 영역을 넓혀갈 계획인가요?**

2022년 5월 선보인 아일라는 인류를 동경하는 버추얼 인어입니다. 메타버스 기술을 활용해서 목소리를 빼앗기지 않고도 인간처럼 육지에서의 삶을 살 수 있게 됐죠. 왕자와 행복한 생활을 꿈꿨던 인어공주처럼 뭍에서 친구도 사귀고, 맛있는 것도 먹으러 다니고, 인싸들이 하는 건 다 따라 해보면서 천진난만한 모습을 보여주고 있어요. 아직 팔로워는 많지 않지만 틱톡과 인스타그램 릴스에서 좋은 반응을 얻고 있어서 계속 숏폼 위주로 활동할 계획입니다. 아일라가 홍보대사로 활동하고 있는 포항시를 비롯해 여러 해안 도시를 여행하는 모습도 자주 보여드리려 해요. 아직 구상 단계지만 아일라를 통해 이종 콘텐츠와의 크로스오버 컬래버레이션도 추진하려 합니다. 예를 들면 아일라의 육지 한 달 살기를 소재로 하는 웹툰을 제작한다든지, 인어가 등장하는 영화나 애니메이션에 아일라가 깜짝 출연한다든지 하는 식이죠. 아일라가 동화 속 인어공주보다 더 유명한 인어가 됐으면 좋겠습니다.

# 감사의 말

마지막으로 우리 저자들은 Super Ego, Jin, 신유진님, 채희정님, 김하준님, 김하성님, 태윤정님, 변승민님, 박민엽님, 한정훈님, 김재원님, 지현숙님, 신여진님, 금강선님, 이승규님, 최원준님, 김용호님, 황진우님, 변지훈님, 김선중님, 이낙준님, 전상협님, 임재형님, 유현규님, 오제욱님, 최원진님, 노성규님, 김한양님, 이주연님, 한예린님, 김태호님, 이정훈님, 김정현님, 조형석님, 박정엽님, 허영주님, 이소영님, 김미경님, 김조한님, 이은영님, 이주연님, 김우정님, 임창혁님, 빈쭈님, 임태진님, 백민정님, 허규범님, 이정훈님, 서유리님, 최병길님, 김경미님, 김건엽님, 남명희님, 최정미님, 신용진님, 황형준님, 최신규님, 최종일님, 이민석님, 임희준님, 박진희님, 김현기님, 옥태석님, 송화룡님, 신병휘님, 송재룡님, 이학성님, 김대욱님, 오진세님, 홍준기님, 유준호님, 이신혁님, 오세진님, 추지웅님, 김은택님, 이승미님, 김동규님, 강진숙님, 신홍식님, 김기현님, 박창선님, 남건우님, 박준휘님, 안소연님, 최하나 변호사님, 그리고 미래의창 출판사 여러분에게 가장 큰 고마움을 전한다.

노가영, 김봉제, 이상협

**2023 콘텐츠가 전부다**

초판 1쇄 발행 2022년 11월 1일
초판 3쇄 발행 2023년 2월 16일

**지은이** 노가영 · 김봉제 · 이상협
**펴낸이** 성의현
**펴낸곳** (주)미래의창

**편집주간** 김성옥
**책임편집** 안대근
**디자인** 공미향 · 윤일란
**홍보 및 마케팅** 연상희 · 이보경 · 정해준 · 김제인

**출판 신고** 2019년 10월 28일 제2019-000291호
**주소** 서울시 마포구 잔다리로 62-1 미래의창빌딩(서교동 376-15, 5층)
**전화** 070-8693-1719 **팩스** 0507-1301-1585
**홈페이지** www.miraebook.co.kr
ISBN 979-11-92519-18-0 03320

※ 책값은 뒤표지에 있습니다.